O GRUPO

CHRISTIE TATE

O GRUPO

Como um terapeuta e um círculo de desconhecidos salvaram a minha vida

Tradução de
Juliana Amato

1ª edição

Rio de Janeiro | 2023

TÍTULO ORIGINAL
Group: How One Therapist and a Circle of Strangers Saved My Life

ADAPTAÇÃO DE CAPA
Renata Vidal

CIP-BRASIL. CATALOGAÇÃO NA PUBLICAÇÃO
SINDICATO NACIONAL DOS EDITORES DE LIVROS, RJ

T216g Tate, Christie
O grupo : como um terapeuta e um círculo de desconhecidos salvaram a minha vida / Christie Tate ; tradução Juliana Amato. - 1. ed. - Rio de Janeiro : BestSeller, 2023.

Tradução de: Group: how one therapist and a circle of strangers saved my life
ISBN 978-65-5712-266-2

1. Tate, Christie. 2. Psicoterapia de grupo - Paciente - Biografia. 3. Autobiografia. I. Amato, Juliana. II. Título.

23-83634
CDD: 616.89152092
CDU: 929:615.851

Gabriela Faray Ferreira Lopes - Bibliotecária - CRB-7/6643

Texto revisado segundo o novo Acordo Ortográfico da Língua Portuguesa.

Edição original publicada pela Avid Reader Press, um selo da Simon & Schuster, Inc.

Impresso no Brasil

ISBN 978-65-5712-266-2

Seja um leitor preferencial Record.
Cadastre-se e receba informações sobre nossos lançamentos e nossas promoções.

Atendimento e venda direta ao leitor:
sac@record.com.br

Para meu terapeuta e
todo o grupo com o qual tive
o privilégio de dividir as sessões.

Parte 1

1

Da primeira vez que eu desejei a morte — tipo, que desejei mesmo que sua mão ossuda me cutucasse no ombro e dissesse "venha por aqui" —, estava com duas sacolas com frutas, legumes e verduras no banco do carona do meu carro. Repolho, cenouras, algumas ameixas, pimentões, cebolas e duas dúzias de maçãs vermelhas. Fazia três dias que eu tinha ido à sala do tesoureiro, onde o secretário do curso de direito me entregou uma ficha com minha classificação na turma, um número que havia começado a me assombrar. Girei a chave na ignição e esperei o motor ganhar vida ao atingir o calor de trinta graus. Peguei uma ameixa da sacola, verifiquei se estava firme e dei uma mordida. A casca estava mais durinha, e a polpa, macia. Deixei o sumo escorrer pelo meu queixo.

Eram 8h30. Manhã de sábado. Não tinha aonde ir nem nada para fazer. Ninguém esperava me encontrar até a manhã de segunda-feira, quando eu apareceria para trabalhar no Laird Griffin & Griffin, o escritório de direito trabalhista no qual fazia um estágio de verão. Na empresa, apenas a recepcionista e o sócio que me contratou sabiam da minha existência. Quarta-feira seria o feriado de 4 de julho, o que queria dizer que eu teria de passar por mais um dia sufocante e vazio no meio da semana. Poderia procurar um desses grupos de apoio anônimos e torcer para que o pessoal quisesse sair para tomar um café depois da reunião. Talvez outra alma solitária estivesse a fim de ir ao cinema ou comer uma salada. O motor já zumbia, então acelerei e saí do estacionamento.

Bem que alguém podia me dar um tiro na cabeça.

Um pensamento tranquilizante sob uma aura obscura. Se eu morresse, não teria de preencher as 48 horas restantes do fim de semana, as do feriado de quarta-feira ou as do fim de semana depois dele. Não teria de sobreviver às horas de solidão quente e pesada que se estendiam diante de mim — horas que se transformariam em dias, meses, anos. Uma vida inteira sem nada além de mim, uma sacola de maçãs e a frágil esperança de que os retardatários da reunião de anônimos pudessem estar à procura de companhia.

Uma notícia recente de um tiroteio fatal em Cabrini Green, o infame projeto habitacional de Chicago, invadiu minha mente. Fiz uma curva na Clybourn, e depois à direita, na Division. Quem sabe alguma bala perdida pudesse me atingir.

Alguém, por favor, me dê um tiro.

Repetia como um mantra, um feitiço, uma oração que provavelmente não seria atendida, pois eu era uma mulher branca de 26 anos dirigindo um Honda Accord branco de dez anos em uma manhã ensolarada de verão. Quem atiraria em mim? Eu não tinha inimigos — mal existia. De qualquer forma, essa fantasia dependia totalmente da sorte — ou do azar, dependendo do seu ponto de vista —, mas outras ideias foram surgindo... Pular de um andar alto. Até me jogar nos trilhos do Chicago L. Quando parei na esquina da Division com a Larrabee, já estava considerando métodos mais exóticos de morrer, como me masturbar enquanto me enforcava... Mas a quem eu queria enganar? Era reprimida demais para algo assim.

Tirei o caroço da ameixa e devorei o restante da fruta. Será que eu queria mesmo morrer? Aonde esses pensamentos iriam me levar? Será que já configuravam ideação suicida? Depressão? Será que eu pretendia levá-los adiante e agir? Deveria? Baixei o vidro e arremessei o caroço o mais longe que consegui.

Na inscrição para a faculdade de direito descrevi meu sonho de advogar pelas mulheres com corpos fora do padrão (obesas) — mas isso só era verdade em parte. Meu interesse no direito feminista era real, mas não minha principal motivação. Também não estava atrás dos grandes salários nem dos looks imponentes. Na verdade, entrei para a faculdade de direito porque advogados trabalham de sessenta a setenta horas por semana. Advogados marcam conferências on-line no recesso de Natal e são requisitados nas salas de reunião no feriado do Dia do Trabalho. Advogados jantam em seus escritórios, rodeados por seus colegas de mangas arregaçadas com pizzas de suor sob as axilas. Advogados podem ser casados com o trabalho — um tão importante que eles não se importam, nem sequer se dão conta de que a sua vida pessoal está tão vazia quanto um estacionamento de madrugada. Ser advogada poderia funcionar como um disfarce socialmente aceito para minha vida pessoal deprimente.

Fiz a primeira prova para entrar na faculdade de direito da mesa onde trabalhava em um cargo administrativo sem futuro. Tinha um mestrado inútil e um namorado que também não servia para muita coisa. Anos depois, eu me referiria a Peter como um workaholic etilista, mas naquela época eu ainda o chamava de "amor da minha vida". Ligava para o escritório dele às 21h30, já pronta para dormir, e o acusava de nunca ter tempo para mim. "Eu *preciso* trabalhar", ele respondia e desligava o telefone. Quando eu ligava de novo, ele não atendia. Nos fins de semana, íamos de bar em bar pela região de Wicker Park para que ele pudesse tomar cervejas artesanais e debater as qualidades dos primeiros discos do R.E.M., enquanto eu rezava para que ele ficasse sóbrio o suficiente para conseguir transar, o que quase nunca acontecia. Enfim, percebi que eu precisava de algo que me fizesse gastar a energia dedicada a meu relacionamento fracassado. Uma mulher do meu trabalho ia começar a faculdade de direito no outono seguinte.

— Posso dar uma olhada no seu livro de simulados? — perguntei. E li a primeira questão:

> Um professor precisa agendar reuniões com sete alunos em um dia, em sete períodos consecutivos, numerados de um a sete.

Em seguida, havia uma série de afirmações como: "Mary e Oliver devem estar em períodos consecutivos" e "Sheldon deve estar depois de Uriah". As instruções da prova determinavam 35 minutos para responder a seis questões de múltipla escolha sobre o professor e seus agendamentos misteriosos. Levei quase uma hora. Errei a metade.

Ainda assim, me dedicar e me preparar para a prova e para a faculdade de direito parecia mais fácil do que consertar o que quer que tivesse feito eu me apaixonar por Peter e o que quer que me fizesse reviver a mesma batalha toda noite.

A faculdade de direito poderia satisfazer todos os meus anseios de pertencer a outras pessoas e de juntar meus desejos aos delas.

Quando eu estava no primeiro ano do ensino médio em uma escola só para garotas, no Texas, me inscrevi em uma disciplina eletiva de cerâmica. Começamos fazendo apenas cumbuquinhas, mas fomos nos aperfeiçoando até começar a usar o torno. Depois que aprendemos a moldar o corpo dos objetos, a professora nos ensinou a colocar as alças. Quem quisesse unir duas peças de argila — a xícara e a asa, por exemplo — precisava marcar a superfície de ambas. A marcação — entalhes horizontais e verticais feitos na argila — ajuda a manter as peças unidas quando levadas ao forno. Eu estava sentada em meu banquinho, segurando uma das minhas "canecas" esculpidas grosseiramente e sua asa em forma de C, enquanto a professora demonstrava o processo para fazer os entalhes. Não quis estragar a superfície daquela "caneca" tão adorável que eu mesma tinha feito, então apertei a asa contra ela sem entalhar a argila. Alguns dias depois, queimadas e reluzentes, nossas peças estavam dispostas em uma estante no fundo do estúdio. A caneca sobrevivera, mas a asa estava em pedacinhos ao seu lado.

— Problema no entalhe — explicou a professora ao ver minha cara de decepção.

Sempre imaginei que a superfície do meu coração fosse igual — lisa, oleosa, isolada. Sem nada para agarrar, sem entalhes. Ninguém poderia se prender a mim depois que eu fosse tocada pelo inevitável calor da vida. Acho que a comparação pode ser ainda mais profunda:

eu tinha medo de danificar meu coração com os entalhes que surgiam naturalmente entre as pessoas, os choques inevitáveis entre desejos, necessidades, mesquinharias, preferências e todas as negociações cotidianas que fazem parte de um relacionamento. É preciso entalhar para se relacionar, e meu coração não tinha os sulcos.

Eu também não era órfã, embora a leitura desses primeiros parágrafos sugira o contrário. Meus pais ainda eram casados e felizes, vivendo no Texas na mesma casa de tijolinhos onde morei durante minha infância. Quem passasse pelo número 6.644 da Thackeray Avenue veria uma cesta de basquete caindo aos pedaços e uma varanda enfeitada com três bandeiras: a dos Estados Unidos, a do estado do Texas e uma cor de vinho com o logotipo da Texas A&M, a universidade em que meu pai — e eu — estudamos.

Meus pais me ligavam algumas vezes por mês para saber como eu estava, quase sempre depois da missa de domingo. Eu sempre voltava para casa no Natal. Eles compraram um casaco Eddie Bauer enorme para mim quando me mudei para Chicago. Minha mãe me mandava cheques de US$ 50 para que eu tivesse um dinheirinho para gastar, e meu pai identificou por telefone mesmo o problema no freio do meu Honda. Minha irmã mais nova estava terminando a pós-graduação e prestes a ficar noiva do namorado de longa data. Meu irmão e a esposa, juntos desde a época da graduação, viviam em Atlanta perto de seus muitos amigos da faculdade. Nenhum deles sabia do meu coração sem entalhes — para todos, eu era a filha e a irmã esquisitona que votava no Partido Democrata, gostava de poesia e vivia acima da linha Mason-Dixon. Eu era amada, mas não combinava muito com eles ou com a vida no Texas. Quando eu era criança, minha mãe tocava o grito de guerra da Texas A&M no piano e meu pai o cantava a plenos pulmões: "Hullaballo--canek-canek, Hullaballo-canex-canek." Ele me levou na excursão à Texas A&M e, quando escolhi estudar lá — principalmente porque poderíamos pagar —, ficou muito emocionado por ter outro Aggie na família, como eram chamados os alunos dessa faculdade. Meu pai nunca me contou, mas certamente se decepcionou quando descobriu que, durante os jogos de futebol americano do time da universidade, eu ficava na biblioteca sublinhando trechos de *Walden* enquanto vinte mil torcedores cantavam, sapateavam e torciam alto o suficiente para fazer as paredes da biblioteca estremecerem quando o time marcava pontos. Todos na minha família e o Texas inteiro, aparentemente, amavam futebol americano.

Eu ficava deslocada. Carregava um segredo profundo: o de não me encaixar. Em lugar nenhum. Passava metade do meu tempo obcecada por comida e pelo meu corpo e as coisas estúpidas que fazia para controlar ambos, e a outra metade tentando compensar a solidão com conquistas acadêmicas. Passei da lista dos primeiros da turma, no ensino médio, para a lista do reitor, na faculdade, por ser avaliada com nota 4 — a nota máxima na escala de ingresso na lista — em quase todos os semestres, para então entupir o cérebro com teorias legais, sete dias por semana. Sonhava com o dia em que ia voltar ao número 6.644 da Thackeray Avenue, no meu peso ideal e de braços dados com um homem saudável e funcional, e minha coluna ereta apontando diretamente para o céu.

Nem pensei em me abrir com minha família quando meu perigoso desejo de morrer veio à tona. Podíamos conversar sobre o clima, sobre o Honda e sobre os Aggies. Nenhum dos meus medos e desejos secretos se encaixava nessas categorias.

Meu desejo de morrer era um desejo passivo — eu não mantinha um estoque de remédios e não assinei a newsletter da Hemlock Society, a organização que defendia o direito de morrer e o suicídio assistido. Não pesquisei como comprar uma arma ou como improvisar uma forca com um cinto. Não tinha um plano, um método, nem uma data. Mas sentia esse incômodo, constante como uma dor de dente. Aquilo não era normal, esperar passivamente que a morte viesse me levar. Alguma coisa na maneira como eu estava vivendo me fazia desejar não estar mais viva.

Não me lembro de quais palavras usei quando pensei nesse meu mal-estar. Sabia que sentia um desejo que não conseguia articular e não sabia como satisfazer. Às vezes, dizia a mim mesma que só queria um namorado ou que tinha medo de morrer sozinha, e essas afirmações eram verdadeiras. Resvalavam os ossos do desejo, mas não chegavam à medula do meu desespero.

No meu diário, eu usava palavras vagas que expressavam desconforto e sofrimento: "Estou com medo e ansiosa em relação a mim mesma.

Tenho medo de que não esteja tudo bem, de que nunca vá ficar tudo bem, de que esse seja o meu destino. Isso é muito desconfortável. O que há de errado comigo?" Na época, não sabia que havia uma palavra que descrevia meu mal-estar tão perfeitamente: solidão.

Na ficha do tesoureiro com minha classificação na turma, a propósito, constava o número um. *Uno. First. Primero. Zuerst.* Os outros 170 estudantes tinham a média abaixo da minha. Superei a meta inicial que havia traçado, que era ficar entre a primeira metade da classe, o que, depois de minha pontuação medíocre naquele primeiro simulado — nunca consegui descobrir quando a reunião de Uriah deveria acontecer —, pareceu um objetivo bem distante. Eu deveria ter ficado emocionada. Deveria ter ido atrás de um cartão de crédito sem limite. Comprado um par de saltos Louboutin. Fechado um contrato de aluguel em um apartamento chiquérrimo na Gold Coast. Em vez disso, eu era a primeira da turma e invejava o vocalista do INXS, que, na época, as pessoas afirmavam ter morrido de asfixia autoerótica.

Qual era meu problema? Eu vestia 40, tinha seios tamanho 44 e dinheiro suficiente do financiamento estudantil para o aluguel de um apartamento tipo estúdio em um bairro promissor na parte norte de Chicago. Por oito anos, participei de reuniões de Doze Passos que me ensinaram a comer sem enfiar o dedo na garganta meia hora depois. O futuro brilhava à minha frente, como a prataria polida da vovó. Tinha todos os motivos para ser otimista, mas cada célula do meu corpo guardava o desprezo que eu sentia por minha estagnação — estava a quilômetros de qualquer outro ser humano, a eras de qualquer relacionamento romântico. Havia uma razão para me sentir tão isolada e sozinha, uma razão que explicasse meu coração escorregadio. Não sabia qual era, mas a sentia pulsando toda vez que me deitava para dormir e desejava não acordar.

Eu já frequentava uma reunião de Doze Passos. Fiz o inventário do Quarto Passo com minha madrinha do grupo que vivia no Texas e me retratei com as pessoas que havia magoado. Voltei à Ursuline Academy, meu colégio católico do ensino médio só para garotas, com um cheque de US$ 100 para devolver o dinheiro que roubei enquanto cuidava do estacionamento no primeiro ano. O programa de Doze Passos acabou com meu transtorno alimentar, e não tenho dúvida de que salvou minha vida. Então por que agora eu queria que essa vida acabasse? Confessei à minha madrinha que estava tendo pensamentos obscuros.

— Todos os dias tenho vontade de morrer.

Ela me aconselhou a dobrar a frequência das reuniões.

Tripliquei, e me senti mais sozinha do que nunca.

2

Alguns dias depois de receber minha classificação na turma, uma mulher chamada Marnie me convidou para jantar depois da reunião dos Doze Passos. Como eu, ela também era uma bulímica em recuperação. Diferentemente de mim, tinha uma vida sensacional: era apenas alguns anos mais velha, mas trabalhava em um laboratório de pesquisas inovadoras em tratamentos de câncer de mama; ela e o marido haviam acabado de pintar a entrada da casa da cor Osage Orange, da Sherwin-Williams; e estavam acompanhando as ovulações dela. Marnie não tinha uma vida perfeita — o casamento às vezes era meio tempestuoso —, mas tinha conseguido o que desejava. Meu impulso imediato foi negar o convite e ir para casa, tirar o sutiã e comer meus cem gramas de peru moído com cenouras assadas, sozinha, assistindo a *Scrubs*. Era isso o que eu normalmente fazia — dar uma desculpa — quando as pessoas me convidavam para tomar um café ou jantar depois das reuniões. "Camaradagem", como chamavam. Porém, antes que eu abrisse a boca para recusar, Marnie tocou meu braço.

— Vamos! Pat está viajando e não quero jantar sozinha.

Sentamo-nos de frente uma para a outra em um desses restaurantes que servem refeições "saudáveis" com pães de grãos e batata-doce frita. Marnie parecia mais animada que o normal. Estava usando gloss?

— Você parece bem — falei.

— É por causa do novo terapeuta!

Empurrei uma folha de espinafre pelo prato com o garfo. Será que um terapeuta poderia me ajudar? Deixei a esperança surgir, devagar. No verão anterior ao início da faculdade, fiz oito sessões gratuitas com uma assistente social — cortesia de um programa de auxílio aos funcionários. Fui encaminhada para uma mulher muito gentil chamada June, que vestia saia camponesa — porque gostava. Não contei a ela nenhum de meus segredos, pois não queria assustá-la. Terapia, ou seja, ficar realmente próximo de alguém, parecia uma experiência que eu jamais poderia acessar, ficando apenas com a testa e o nariz amassados contra a janela, do lado de fora.

— Estou participando de um grupo só de mulheres.

— Um grupo?

Senti uma tensão imediata no pescoço. Tenho profunda desconfiança em relação a grupos desde o sexto ano, quando meus pais me transferiram da pequena escola católica, em que o número de alunos na turma minguava cada vez mais, para uma escola pública local. Ali, acabei me juntando com as garotas populares, lideradas por Bianca, que distribuía balas no recreio e usava um colar com contas feitas de ouro. Certa vez, fui dormir na casa de Bianca e a mãe dela levou a gente em seu Mercedes prateado para assistir a *Footlose*. Mas Bianca se revoltou comigo no meio do ano. Ela achava que seu namorado gostava de mim porque sentávamos próximos um do outro na aula de história. Um dia, no recreio, ela distribuiu as balas de sempre para todo mundo na mesa — menos para mim. Em vez disso, colocou um bilhete debaixo de minha lancheira: "Não queremos mais você na nossa mesa." Todas as meninas assinaram o bilhete. Naquele momento, eu soubera que havia algo errado na forma que eu me conectava com as outras pessoas. Senti no estômago que não sabia como me manter unida a ninguém, como não ser deixada de lado. Conseguia aguentar as reuniões de Doze Passos porque os frequentadores iam sempre mudando, já que cada um poderia ir e vir conforme quisesse, sem que ninguém soubesse seu nome completo. Não havia ninguém no comando das reuniões — nenhuma Bianca Rainha do Baile que pudesse expulsar os outros. Um conjunto de princípios espirituais mantinha os grupos de Doze Passos unidos: anonimato, humildade, integridade, unidade e serviço. Se não fosse por eles, eu nunca teria continuado. Além disso, as reuniões eram basicamente de graça, embora fosse sugerida uma contribuição de US$ 2. Pelo preço de uma latinha de Coca-Cola sem açúcar eu poderia passar sessenta minutos reconhecendo meu transtorno alimentar e ouvindo os dramas e sucessos alimentares das outras pessoas.

Espetei um pedaço de tomate e pensei em assuntos interessantes que poderia debater com Marnie — a execução do terrorista de Oklahoma City, Timothy McVeigh, ou qualquer coisa envolvendo Colin Powell. Sentia a urgência de impressioná-la com meu conhecimento sobre as atualidades e mostrar minha compostura. Mas fiquei curiosa em relação ao grupo de terapia que ela mencionara. Fingi certa indiferença quando perguntei como era.

— Somos apenas mulheres. Mary está perdendo a audição, Zenia pode perder a licença para exercer medicina por causa de uma acusação de fraude no sistema do seguro de saúde. O pai da Emily é viciado em drogas e vive a ameaçando com e-mails cheios de ódio enviados de seu apartamento de um quarto em Wichita. — Marnie elevou o braço e apontou para a parte inferior do seu antebraço macio e carnudo. — A menina nova se mutila. Está sempre de manga comprida. Ainda não sabemos qual é a história dela, mas com certeza é bem pesada.

— Intenso. — Nada a ver com o que eu estava imaginando. — Não tem problema você me contar essas coisas?

Marnie fez que não.

— O terapeuta tem uma teoria de que guardar segredos é um processo tóxico, então nós, que fazemos parte do grupo, podemos falar do que quisermos, onde quisermos. O terapeuta precisa cumprir a confidencialidade entre médico e paciente, mas nós, não.

Sem confidencialidade? Recostei-me na cadeira e balancei a cabeça. Torci o guardanapo em volta do pulso embaixo da mesa. De jeito nenhum eu conseguiria. Certa vez, insinuei à Sra. Gray, uma professora meio justiceira do ensino médio, que minha alimentação era toda ferrada. Quando ela chamou meus pais para sugerir que eu fizesse terapia, minha mãe ficou furiosa. Eu estava devorando um prato de biscoitos, assistindo a Oprah Winfrey entrevistar Will Smith, quando minha mãe entrou em casa, mais descontrolada do que uma vespa sem uma asa. "Por que você fica contando suas coisas para os outros? Você precisa se proteger!"

Minha mãe é uma típica mulher sulista criada em Baton Rouge na década de 1950. Contar coisas íntimas aos outros era cafona e poderia trazer sérias consequências sociais. Ela tinha certeza de que eu seria excluída se as pessoas soubessem que eu tinha transtornos mentais e queria me proteger. Quando, ainda na escola, comecei a frequentar as reuniões dos Doze Passos, precisei de toda a coragem que tinha para confiar que as pessoas levariam a parte do anonimato tão a sério quanto eu.

— E como as pessoas melhoram?

Era perceptível que Marnie estava muito melhor que eu. Se estivéssemos em um comercial de absorventes, eu seria aquela preocupada com vazamentos e com o mau cheiro; ela seria a outra, dançando de jeans branco no dia de fluxo mais intenso.

Ela deu de ombros.

— Você devia ver como é.

Já passei por uma terapia. No ensino médio, houve um breve período em que tive sessões com uma mulher que parecia Paula Dean e vestia terninhos de tons pastel. Meus pais me mandaram para o consultório dela depois da conversa com minha professora, mas eu estava tão ocupada obedecendo ao comando de me preservar que nunca disse uma palavra sobre como me sentia. Em vez disso, ficamos numa conversinha sobre se eu deveria arrumar um emprego no shopping durante as férias de verão. Em que loja: Express ou GAP? Um dia, ela me mandou para casa com um questionário psicológico de quinhentas perguntas. A esperança fluía entre meus dedos enquanto eu marcava cada bolinha de resposta; aquelas questões finalmente revelariam por que eu não conseguia parar de comer, por que me sentia deslocada em qualquer lugar para onde fosse e por que nenhum dos garotos se interessava por mim quando todas as outras meninas já estavam beijando e sendo apalpadas.

Paula Dean leu os resultados com sua voz perfeitamente controlada de profissional: "'Christie é uma menina perfeccionista e tem medo de cobras. A profissão ideal para ela seria restauradora ou cirurgiã.'" A terapeuta sorriu e balançou a cabeça. "Cobras dão mesmo muito medo, né?"

Nunca me passou pela cabeça revelar a ela minhas lágrimas e meu pânico. Para me abrir, eu precisava de um terapeuta que fosse capaz de escutar os ecos da minha dor em meus silêncios e enxergar os indícios das verdades ocultas sob minhas negações. Paula Dean não conseguia. Depois daquela sessão, fiz meus pais se sentarem e contei a eles que tinha sido liberada da terapia. Já estava tudo ótimo. Meus pais sorriram orgulhosos e minha mãe compartilhou um pouco de sua filosofia de vida: "Você precisa decidir ser feliz. Focar nas coisas positivas. Não gaste nenhuma energia com pensamentos negativos!"

Concordei. Ótima ideia. No corredor, voltando para meu quarto, parei no banheiro e vomitei o jantar, um hábito que havia adquirido depois de ler um livro sobre uma ginasta que vomitava tudo o que comia. Adorava a sensação de livrar meu corpo da comida e a descarga de adrenalina de ter um segredo. Aos 16 anos, acreditava que a bulimia era um jeito muito incrível de controlar meu apetite surreal, o que fazia eu me empanturrar de biscoitos, pães e massas. Só depois que fui para a recuperação foi que compreendi que a bulimia era um jeito de controlar as ondas de ansiedade, solidão, raiva e sofrimento sem fim e das quais eu não tinha nenhuma ideia de como me libertar.

Marnie molhou mais uma batatinha no catchup.

— O Dr. Rosen pode conversar com você e...

— Rosen? Jonathan Rosen?

Eu *definitivamente* não podia recorrer ao Dr. Rosen. Blake era paciente dele. Blake era um rapaz que conheci em uma festa no verão anterior à faculdade de direito. Ele se sentou do meu lado e disse: "Que tipo de transtorno alimentar você tem?" Ele apontou para as cenouras no meu prato e continuou: "Nem me olhe com essa cara. Já saí com uma anoréxica e duas bulímicas que queriam ser anoréxicas. Conheço gente assim."

Ele frequentava o A.A., estava num intervalo entre dois trabalhos, e me convidou para velejar. Pedalamos pela beira do lago para ver os fogos de artifício do 4 de julho. Ficamos deitados no deque do barco dele, lado a lado, observando a linha do horizonte de Chicago e falando sobre recuperação. Provávamos comida vegana no Chicago Diner e íamos ao cinema nas tardes de sábado, antes dos encontros do A.A. Quando perguntei a ele se era meu namorado, não tive resposta. Às vezes, Blake desaparecia por alguns dias e ficava escutando Johnny Cash trancado em seu apartamento escuro. Mesmo que eu conseguisse frequentar o mesmo terapeuta de Marnie, *não* poderia me consultar com o mesmo terapeuta do meu ex-sei-lá-o-quê. Imagina só, eu ligaria para esse Dr. Rosen e diria: "O senhor se lembra da garota que fez sexo anal com Blake no outono passado para curá-lo da depressão? Bem, fui eu! Você atende pelo convênio?"

— Qual o valor dessa terapia?

Não custava nada perguntar, embora, conscientemente, eu não tivesse nenhuma intenção de me juntar ao tal grupo.

— É baratinho! Só US$ 70 por semana.

Minhas bochechas começaram a esquentar. Setenta dólares era troco de pão para Marnie, que administrava um laboratório na Universidade Northwestern e cujo marido era herdeiro de uma pequena fortuna. Se eu deixasse de comprar besteiras no mercado e andasse de ônibus em vez de dirigir, *talvez* conseguisse ter US$ 70 sobrando no fim do mês. Mas por semana? Ganhava US$ 15 por hora no meu estágio de verão, e meus pais eram do tipo "Você só precisa querer ser feliz", então não poderia pedir a eles. Em dois anos eu teria um emprego garantido, mas com meu orçamento de estudante, de onde viria o dinheiro?

Marnie me passou o número de seu terapeuta em voz alta, mas não anotei.

Porém, em seguida ela disse mais uma coisa:

— Ele acabou de se casar outra vez, sorri o tempo todo.

Na hora, imaginei o coração do Dr. Rosen: um coração vermelho recortado na pré-escola para o Dia dos Namorados com a superfície cheia de marcas de picotes, como galhos sem folhas no inverno. Nem o conhecia, mas já o imaginava como alguém que passara por um divórcio angustiante e depois vivia suas noites solitárias num apartamento alugado descongelando o jantar no micro-ondas. Porém, uma reviravolta: uma segunda chance no amor com uma nova esposa. No peito de um terapeuta sorridente batia um coração devidamente entalhado. A curiosidade me invadiu, junto com uma esperança remota de que ele talvez pudesse me ajudar.

Deitada na cama naquela noite, pensei nas mulheres do grupo de Marnie: a que teoricamente se cortava, a criminosa, a filha do adicto. Pensei em Blake, que havia formado vínculos fortes com os rapazes de seu grupo. Depois das sessões, ele sempre voltava para casa com histórias de Ezra, que namorava uma boneca inflável, e Todd, cuja esposa arremessara todos os seus pertences na calçada ao pedir o divórcio. Será que eu era muito pior do que esse povo? Será que minha doença, fosse ela qual fosse, era tão impossível de curar? Nunca tinha dado uma chance de verdade para os psiquiatras. Eles têm um diploma em medicina — talvez meu problema exigisse as habilidades de alguém que já tivesse dissecado um coração humano durante a formação. Talvez o Dr. Rosen tivesse algo a me dizer — algo que poderíamos resolver em uma ou duas sessões. Talvez ele pudesse indicar um remedinho para minimizar meu desespero e fazer os entalhes certos em meu coração.

3

Duas horas depois do jantar com Marnie, encontrei o número do Dr. Rosen na lista telefônica e deixei uma mensagem na caixa postal dele. Ele retornou a ligação na manhã seguinte e o nosso diálogo durou menos de três minutos. Pedi para marcar uma consulta, ele sugeriu um horário e eu aceitei. Quando desliguei o telefone, estava em pé no escritório e meu corpo todo tremia. Tentei me sentar duas vezes para retomar o trabalho burocrático, e em ambas as vezes levantei da cadeira trinta segundos depois, para andar de um lado para o outro. Minha mente insistia que marcar uma consulta com um médico não era nada de mais, mas a adrenalina que percorria meu corpo dizia o contrário. Naquela noite, escrevi: "Desliguei o telefone e comecei a chorar. Senti como se tivesse dito algo errado e ele não gostasse de mim e me senti exposta e vulnerável." Pouco me importava se ele poderia me ajudar; estava mais preocupada se iria gostar de mim ou não.

A sala de espera era a de um típico consultório médico: uns lírios brancos, uma fotografia em preto e branco emoldurada com um homem alongando os braços para trás e erguendo o rosto em direção ao sol. Na estante, livros como *Codependência nunca mais* e *Mapas do amor tóxico*, e dezenas de circulares dos Alcoólicos Anônimos. Próximos à porta interior, havia dois botões: em um deles estava escrito GRUPO e, no outro, Dr. Rosen. Apertei o botão Dr. Rosen para avisar da minha chegada e me acomodei em uma poltrona na parede oposta à porta. Para me acalmar, peguei uma *National Geographic* e a folheei, me vendo diante de fotos do majestoso lobo-marinho do Ártico galopando por uma planície sem árvores. Ao telefone, o Dr. Rosen parecera sério. Notei um sotaque da Costa Leste dos Estados Unidos. Ouvi uma gravidade sem sorrisos, um padre severo e sem humor. Parte de mim esperava que ele não tivesse nenhum horário disponível pelas próximas semanas ou meses, mas ele me ofereceu uma consulta para dali a 48 horas.

A porta da sala de espera deu sinal de vida exatamente às 13h30. Um homem pequeno, de meia-idade, vestindo uma camisa de golfe vermelha, calça cáqui e mocassins de couro pretos a abriu. Sorria discretamente — amigável, mas profissional —, e sobre a cabeça levava o que restara de seus cabelos grisalhos e eriçados, um pouco parecido com Einstein. Jamais olharia duas vezes se cruzasse com ele na rua. Uma análise rápida me permitiu dizer que ele era muito novo para ser meu pai e muito velho para me atrair sexualmente, o que parecia um arranjo ideal. Acompanhei-o por um corredor até o consultório onde janelas na direção norte revelavam o altíssimo prédio da Marshall Field and Company. Havia algumas opções para os pacientes se sentarem: um sofá de estofamento que parecia áspero, uma cadeira de escritório imponente ou uma poltrona preta gigante, ao lado de uma mesinha. Escolhi a poltrona. Uma coleção de diplomas de Harvard chamou minha atenção. Respeito toda essa coisa em relação a Harvard, e até sonhei um dia em fazer parte da Ivy League, porém… tinha o orçamento e as notas para uma faculdade estadual. Para mim, os diplomas da Ivy League significavam que ele era dos bons. Da elite. *Crème de la crème*. Mas também significava que, se ele não pudesse me ajudar, eu estava mesmo com um sério problema. De verdade.

Depois de me sentar na poltrona, dei uma boa olhada no rosto dele. Meu coração bateu mais forte enquanto absorvia o nariz, os olhos e os lábios finos. Juntei todos esses dados e me veio um estalo: eu conhecia aquele cara. Fui comprimindo os lábios conforme a ficha caía. Eu conhecia *mesmo* aquele cara.

Ele era o mesmo Jonathan R. que conheci em uma reunião de apoio para pessoas com transtornos alimentares três anos antes. Nas reuniões de Doze Passos, as pessoas se apresentam apenas com o primeiro nome e a inicial do sobrenome, para preservar o anonimato. Elas são como reuniões do A.A. — os membros se reúnem nos fundos das igrejas para compartilhar histórias sobre como a comida está acabando com a vida deles. Assim como nossos irmãos mais famosos do A.A., cujas reuniões foram encenadas em filmes com Meg Ryan e em séries como *The West Wing* e *NYPD Blue*, pessoas com compulsão alimentar acumulam medalhas e arrumam padrinhos para aprender a viver sem se empanturrar, vomitar, passar fome ou mutilar o próprio corpo. Diferentemente do A.A., a maioria das reuniões de Doze Passos de que participei estavam cheias de mulheres. Em dez anos, dava para contar nos dedos a quantidade de homens que vi nos encontros. Um deles era o psiquiatra formado em Harvard que estava sentado a pouco mais de meio metro de mim, esperando que eu abrisse a boca.

Eu sabia algumas coisas sobre Jonathan R. como pessoa. Como homem. Um homem com transtorno alimentar. Lembrei-me de algumas coisas que ele tinha dito sobre a mãe, sobre ter sido uma criança sempre doente e dos sentimentos que tinha em relação ao próprio corpo.

A gente sempre pensa que os terapeutas deveriam ser como telas em branco. Mas, na do Dr. Rosen, havia algumas manchas.

Virei o corpo para que ele pudesse me enxergar de frente. Quando me reconhecesse, será que me mandaria embora? Sua expressão era de expectativa, curiosidade. Cinco segundos se passaram. Ele não pareceu me reconhecer e estava esperando que eu falasse. Naquele momento, aquela coisa toda de Harvard começou a me intimidar. Como eu poderia parecer espirituosa e atormentada, como Dorothy Parker ou David Letterman? Queria que aquele terapeuta levasse a sério meus pensamentos recentes sobre a morte, mas também que me achasse irresistivelmente charmosa e meio pegável. Imaginei que estaria mais disposto a me ajudar se me achasse atraente.

— Meus relacionamentos são um fracasso e tenho medo de morrer sozinha.

— O que isso significa?

— Não consigo me aproximar das pessoas. Alguma coisa me bloqueia, como se houvesse um muro invisível. Consigo sentir minha hesitação, sempre presente. Com os homens, costumo me apaixonar por aqueles que bebem até vomitar ou desmaiar...

— Etilistas. — Não foi uma pergunta, foi uma afirmação.

— Isso. Meu primeiro amor, na escola, fumava maconha todos os dias e me traiu. Na faculdade, me apaixonei por um colombiano lindo de uma fraternidade que era etilista e tinha namorada, e depois saí com um maconheiro. Depois conheci um cara legal, mas dei um pé na bunda dele...

— Por quê?

— Ele me acompanhava até a sala de aula, me presenteava com seus livros favoritos e pedia permissão antes de me beijar. Ele me deixava arrepiada.

— Medo de rapazes emocionalmente disponíveis. Imagino que de mulheres também. — O Dr. Rosen sorriu. Mais constatações.

— Homens sensatos que demonstram interesse por mim me fazem querer vomitar. Acho que pode ser verdade com relação às mulheres também.

Minha mente voltou a uma cena do Natal anterior, quando fui ao Texas visitar minha família e esbarrei em uma amiga da época da escola na Banana Republic. Quando ouvi Lia chamar meu nome, congelei ao lado dos blazers e camisas sociais enquanto ela me dava um abraço caloroso. Quando se afastou, pude notar de relance uma expressão devastada — tipo "pensei que fôssemos amigas" — e em seguida ela me perguntou sobre Chicago e a faculdade de direito. Enquanto conversávamos entre os clientes procurando por promoções pós-festas, minha mente ficava repetindo que ela não queria conversar comigo de verdade, porque agora ela era uma fisioterapeuta bem-sucedida sem nenhum transtorno alimentar ou aflição estranha que a paralisasse ao receber um abraço de alguém do passado. Lia e eu havíamos sido muito amigas no ensino médio, mas me afastei no último ano, quando meu transtorno alimentar se intensificou e fiquei obcecada por fazer meu primeiro namorado parar de me trair.

— Você é bulímica? — perguntou o Dr. Rosen.

— Em recuperação, com direito até aos Doze Passos — respondi rapidamente, esperando não reavivar a memória dele de quando me apresentei como *Christie, bulímica em recuperação.* — Os Passos me ajudam com a bulimia, mas não consigo resolver esse problema das relações...

— Não vai conseguir sem ajuda. Quem é sua rede de apoio?

Falei da minha madrinha, Cady, uma dona de casa e mãe de filhos já crescidos que vivia na zona rural do Texas, onde fiz faculdade. Era muito próxima dela, mais que de qualquer outra pessoa — telefonava a cada três dias, mas não a via fazia mais de cinco anos. Havia uma variedade aleatória de mulheres, como Marnie, que eu encontrava às vezes durante e depois das reuniões de recuperação. Colegas da faculdade de direito que não sabiam que eu estava em tratamento. Amigas da época do colégio e da faculdade no Texas que tentaram manter contato, mas eu nunca retornava suas ligações nem me organizava para fazer uma visita.

— Estou começando a ter pensamentos sobre a morte... — Cerrei os lábios. — Desde que descobri que sou a primeira da turma na faculdade de direito.

— *Mazel Tov!*

Seu sorriso foi tão verdadeiro que tive que virar a cabeça para os diplomas de Harvard tentando não cair no choro.

— Não é em Harvard, nem nada — comentei, e o vi arquear as sobrancelhas. — E, de qualquer forma, eu vou ter uma grande carreira pela frente... mas e daí? Não vou ter nada além disso...

— Foi por isso que você escolheu o direito.

Aquele diagnóstico tão preciso foi, ao mesmo tempo, reconfortante e perturbador. Ele não era nenhuma Dra. Paula Dean com perguntas sobre cobras.

— Na sua cabeça, qual é a história que conta como você se tornou você? — perguntou ele.

— Toda família tem um filho problemático.

Não sei por que respondi isso.

— Ser a primeira da turma de direito é ser problemática?

— Ser a primeira da turma não significa nada se eu for morrer sozinha e sem vínculos.

— O que você quer? — indagou ele.

Aquela palavra *quer* ficou ecoando na minha cabeça. *Quer, quer, quer*. Busquei uma maneira de expressar meu desejo com palavras afirmativas, sem dizer simplesmente que não queria morrer sozinha.

— Eu quero... — Empaquei. — Eu queria... — Empaquei de novo. — Quero ser real. Com as outras pessoas. Quero ser uma pessoa de verdade.

Ele me encarou como se dissesse "E o que mais?". Outros desejos foram surgindo em minha mente: queria um namorado que cheirasse a roupa limpa e saísse todos os dias para trabalhar. Queria passar menos de 50% das horas em que estava acordada pensando nas proporções do meu corpo. Queria fazer todas as minhas refeições com outras pessoas. Queria gostar e procurar sexo tanto quanto as personagens de *Sex and the City*. Queria voltar para as aulas de balé, uma paixão que abandonei quando meus peitos cresceram e fiquei com coxas roliças. Queria amigos que viajassem pelo mundo comigo depois que eu passasse no exame da Ordem, em dois anos. Queria retomar o contato com minha colega de quarto da época da faculdade, que vivia em Houston. Queria abraçar minhas amigas da escola quando as encontrasse por acaso no shopping. No entanto, não falei nada disso, pois pareciam coisas muito específicas. Sentimentais. Eu ainda não sabia que a terapia, assim como a escrita, se baseava no detalhe e nas especificações.

Ele disse que me colocaria em um grupo. Não deveria ter sido uma surpresa para mim, mas a palavra *grupo* me atingiu como um soco no estômago. Um grupo seria cheio de pessoas, pessoas que poderiam não gostar de mim e que se intrometeriam em minha vida. Além disso, estaria violando o decreto de minha mãe de não expor a angústia que eu sentia às outras pessoas.

— Não posso participar de um grupo.

— Por que não?

— Minha mãe ia surtar. Todas essas pessoas sabendo das minhas coisas...

— Então não conte a ela.

— Por que não posso fazer sessões individuais?

— O grupo é a única maneira que conheço para levá-la aonde você quer chegar.

— Te dou cinco anos.

— Cinco anos?

— Cinco anos para mudar a minha vida, e, se não funcionar, eu caio fora. Talvez me mate.

Queria tirar aquele sorrisinho idiota da cara dele e queria que soubesse que eu não estaria disponível para sempre, que não iria até o centro da cidade para falar sobre meus sentimentos com outros problemáticos se isso não trouxesse mudanças significativas para minha vida. Em cinco anos, eu teria 32. Se ainda tivesse esse coração escorregadio, liso, aos 32 anos, fim da linha para mim.

— Você quer relacionamentos íntimos em sua vida em até cinco anos? — Perguntou o Dr. Rosen, se inclinando para a frente.

Fiz que sim, tentando suportar o desconforto do contato visual.

— Podemos conseguir.

Eu estava com medo dele, mas como duvidar do psiquiatra de Harvard? Sua intensidade me assustava — aquele sorriso, aquelas afirmações —, mas também me deixou intrigada. Que confiança! “Podemos conseguir.”

Assim que concordei em entrar no grupo, tive a certeza de que algo terrível aconteceria com o terapeuta. Imaginei um ônibus passando por cima dele na frente de uma Starbucks. Imaginei seus pulmões tomados por tumores malignos, seu corpo definhando pela esclerose múltipla.

— Se você encontrar o Buda na estrada, acabe com ele — disse o Dr. Rosen na segunda sessão, quando lhe contei dos meus receios.

— Você não é judeu?

Havia o sobrenome judeu, o *Mazel Tov*, o bordado com letras do alfabeto hebraico pendurado entre os diplomas...

— Essa expressão significa que você deveria rezar para eu morrer.

— E por que eu faria isso?

— Se eu morrer — o Dr. Rosen uniu as palmas das mãos e sorriu como um elfo maluco —, alguém melhor vai aparecer.

O rosto dele reluziu de contentamento, como se ele acreditasse que qualquer coisa, qualquer coisa mesmo, poderia acontecer, e seria melhor e mais magnífica do que o que veio antes.

— Certa vez presenciei um acidente em uma praia no Havaí. Uma pessoa que estava comigo se afogou — comentei.

Senti um aperto cada vez mais forte em meu peito enquanto observava os olhos dele se arregalarem diante da bomba que eu acabara de soltar.

— Meu Deus. Quantos anos você tinha?

— Faltavam três semanas para eu completar 14 anos.

Meu corpo todo zunia de ansiedade, como sempre acontecia quando eu lembrava do Havaí. Naquele verão, naquele doce momento entre o fim do ensino fundamental e o início do ensino médio na nova escola, a católica só para meninas, minha amiga Jenni me convidou para ir ao Havaí em uma viagem de férias com a família dela. Passamos três dias explorando a ilha principal — praias de areia preta, cachoeiras, luaus. No quarto dia, fomos a uma praia isolada bem na ponta da ilha, e o pai de Jenni se afogou na ressaca. Nunca soube como falar dessa experiência. Minha mãe chamava de "o acidente", outras pessoas chamavam de "o afogamento". Naquela noite, a mãe de Jenni telefonou para os familiares em Dallas e, em meio aos soluços, anunciou: "David morreu." Eu não tinha palavras para contar o que havia acontecido ou como foi carregar a lembrança de arrastar um corpo sem vida para fora da água, então nunca falei sobre aquilo.

— Quer dizer mais alguma coisa?

— Não vou torcer para você morrer.

Se você pesquisar "ver Buda mate" no Google, vai encontrar um livro em inglês cujo título seria mais ou menos assim: *Se encontrar o Buda na estrada, acabe com ele! — A jornada dos pacientes em psicoterapia*. Aparentemente, os pacientes de psicoterapia, que agora são meus chegados, devem ter consciência de que os terapeutas são pessoas que estão se esforçando tanto quanto seus pacientes. O comentário sobre Buda já era um sinal de que o Dr. Rosen não iria me trazer respostas, de que talvez ele não tivesse nenhuma para me dar. À cena de sua morte em minha imaginação acrescentei a imagem de mim enfiando uma estaca de madeira no coração dele — o que foi um tanto perturbador, e não só porque acabei confundindo Buda com Drácula.

Na minha época de caloura na faculdade, algumas garotas alegres e populares de Austin me convidaram para uma viagem de carro até Nova Orleans. A ideia era ficar na casa da prima de uma delas e curtir a noite no French Quarter até chegar a hora de voltar para o campus. Respondi que precisava pensar, mas já sabia qual seria minha resposta. Usei as tarefas de casa como desculpa, embora aquela fosse a segunda semana de aula e tudo o que eu tivesse para fazer fosse ler a primeira metade de *Beowulf* — que já tinha lido no ensino médio.

Grupos me intimidavam, mesmo tantos anos depois de Bianca e suas balas. Onde eu iria dormir em Nova Orleans? E se eu não entendesse as piadas delas? E se ficássemos sem assunto? E se descobrissem que eu não era rica, descolada ou feliz como elas? E se descobrissem que eu não era virgem? E se descobrissem que eu só tinha transado com um garoto? E se descobrissem meus segredos em relação à comida?

Como eu poderia fazer parte de um grupo com as mesmas pessoas todas as semanas?

— Conheço você! Das reuniões — deixei escapar, no meio da segunda sessão. Estava com receio de que um dia ele se lembrasse de mim e me expulsasse do tratamento porque nos sentávamos próximos nas reuniões. — Faz alguns anos, quando eu morava perto do Hyde Park.

O Dr. Rosen inclinou a cabeça para o lado e estreitou os olhos.

— Ah, verdade. O seu rosto me pareceu familiar mesmo.

— Isso significa que você não pode me atender?

Seus ombros sacudiram quando ele soltou uma risada élfica.

— Vejo um desejo nessa pergunta…

— O quê? — Fiquei encarando seu rosto alegre.

— Se você está pensando em fazer um tratamento comigo, vai começar a arrumar desculpas e razões para justificar que não vai dar certo.

— Era um medo real.

Mais risadas.

— O que foi?

— Se você entrar em um dos meus grupos, quero que diga a todos cada mínima coisinha que você se lembra de ter ouvido nessas sessões.

— Mas e o seu anonimato?

— Você não precisa me proteger. Essa não é sua função. Sua função é *falar*.

Depois da segunda sessão, escrevi em meu diário algo estranhamente premonitório: "Estou nervosa por expor meus problemas alimentares na terapia... Tenho muitas sensações em relação ao Dr. Rosen e seu papel na minha vida. Receio que meus segredos sejam revelados. É um medo muito grande."

O Dr. Rosen falava por meio de frases enigmáticas.

— Aquele que tem fome não tem fome até dar a primeira mordida.

— Eu não sou anoréxica.

Ah, é óbvio que desejei ansiosamente um ataque de anorexia durante o ensino médio, quando não conseguia parar de me empanturrar de batatas Pringles e Chips Ahoy, mas nunca foi minha praia.

— É uma metáfora. Quando você permite que o grupo faça parte de sua vida, quando dá a primeira mordida, é que você percebe o quanto estava só.

— E como é que eu deixo que "o grupo faça parte de minha vida"?

— Você compartilha com ele tudo o que tenha a ver com relacionamentos. Amizades, família, sexo, encontros, romance... Tudo.

— Por quê?

— É assim que você permite que façam parte da sua vida.

Antes de começar no grupo, tivemos três sessões individuais. Na última, meus ombros relaxaram quando me recostei na poltrona de couro do consultório. Girei a pulseira com o dedo indicador e fiquei escorregando os pés para dentro e para fora dos sapatos. Já estava habituada à presença do Dr. Rosen; ele se tornara meu velho amigo esquisitão. Não havia nada a temer. Eu dissera que já o conhecia das reuniões, ele respondera que isso não era um problema. Só faltava acertar alguns detalhes, como o grupo em que ele iria me colocar. Ele ofereceu um misto às terças-feiras de manhã, cheio de médicos e advogados que se reuniam das sete às nove horas. Um grupo de "profissionais". Não tinha imaginado que haveria homens em meu grupo. Nem médicos. Nem advogados.

— Espera, o que vai acontecer comigo quando eu começar no grupo?

— Você vai se sentir mais sozinha do que nunca.

— Calma aí, Sr. Harvard! — Ajeitei a postura na poltrona. — Vou me sentir ainda *pior*?

Tinha acabado de me reunir com o tesoureiro dos estudantes da faculdade para pedir um empréstimo privado de assistência médica a juros de 10% para pagar minha nova terapia. E agora ele estava me dizendo que o grupo me faria sentir pior do que na manhã em que dirigi por aí toda babada de ameixa torcendo para que uma bala perdida acertasse minha cabeça?

— Exatamente. — Ele assentiu como se estivesse tentando derrubar algo que estivesse em cima dela. — Se quer mesmo ter relacionamentos íntimos com os outros ou se tornar uma pessoa de verdade, como você mesma disse, precisa experimentar todos os sentimentos que estão te sufocando desde sua infância. A solidão, a ansiedade, a raiva, o medo...

Será que eu conseguiria lidar com isso tudo? Será que eu queria? A curiosidade em relação a esse homem, seus grupos e como poderiam marcar meu coração afastaram um pouco minha relutância, mas não tanto.

— Posso te ligar para confirmar?

Ele fez que não com a cabeça.

— Preciso do seu comprometimento agora.

Engoli em seco, olhei para a porta e ponderei minhas opções. O comprometimento me apavorava, mas eu tinha mais medo de sair daquele consultório de mãos vazias: sem grupo, sem outras opções, sem esperança.

— Certo. Vou me comprometer.

Então agarrei a bolsa para poder escapulir de volta para o trabalho e me preocupar com aquilo com que acabara de me comprometer.

— Só mais uma pergunta: o que vai acontecer comigo quando eu começar no grupo?

— Todos os seus segredos virão à tona.

4

— *Por cima ou por baixo?*

Um rapaz corpulento com grandes olhos verdes e óculos de armação de metal jogou essas boas-vindas durante minha primeira sessão no grupo. Mais tarde, descobri que o nome dele era Carlos e que era um médico homossexual de trinta e muitos anos que frequentava os grupos havia um bom tempo.

— Na cama. Por cima ou por baixo? — elucidou.

De canto de olho, vi o Dr. Rosen olhar alternadamente para os membros do grupo, como se tivesse um temporizador. Ajeitei a parte da frente de minha saia. Se eles queriam a Christie indecente e libertina, era isso que teriam.

— Por cima, é lógico.

Obviamente, essa Christie era uma versão inventada de mim mesma que recebia com um sorriso perguntas invasivas de estranhos. Sob meus nervos agitados e meu pulso acelerado, senti vontade de chorar, pois a verdadeira resposta à questão é que eu não fazia ideia de como gostava de transar. Nunca saí com caras que fizessem sexo de forma consistente, devido à depressão e às drogas. Respondi por cima porque tinha uma memória distante de prazer com meu namorado da escola, o maconheiro-e-estrela-do-basquete que costumava me comer no banco da frente do Chevy do meu pai.

O Dr. Rosen soltou um pigarro teatral.

— O que foi? — perguntei.

Era a primeira vez que olhava diretamente para ele desde o início da sessão. Ele abrira a porta da sala de espera e me chamara, junto com Carlos e mais duas outras pessoas, para a salinha na outra ponta do corredor, do lado oposto ao lugar onde fizemos nossas sessões individuais. Na sala de 16m², sete cadeiras giratórias estavam dispostas em um círculo. A luz do sol passava por entre as ripas das persianas pequenas. Em um canto, havia uma estante de livros, tomada por títulos sobre vícios, codependência, etilismo e terapia em grupo. Na prateleira debaixo espremiam-se um monte de bichinhos de pelúcia e uma freira com luvas de boxe. Escolhi uma cadeira de frente para a porta, duas cadeiras à direita do Dr. Rosen. O assento era bem duro e rangia quando girava de um lado para o outro. Sinceramente, esperava instalações mais bem equipadas de um ex-aluno de Harvard.

— E a resposta sincera? — perguntou o Dr. Rosen.

Seu sorriso largo me desafiava, como se ele não tivesse dúvidas de que eu iniciara a minha carreira no grupo fingindo ser uma mulher sexualmente saudável.

— Como assim?

— Que você nem gosta de sexo.

Corei. Eu jamais descreveria a mim mesma dessa maneira.

— Não é verdade. Eu adoro sexo, só não consigo encontrar alguém que queira transar comigo.

Já experimentei orgasmos e sexo de revirar os olhos — na faculdade, o colombiano etilista tocava meu rosto enquanto me beijava, e aquilo me deixava louca. E realmente gostava de ficar por cima naquelas poucas vezes com meu namorado da escola, mexendo os quadris e explorando minha sexualidade como apenas uma garota de 17 anos bêbada consegue. Não sabia onde haviam ido parar essas partes ocultas de mim ou por que não conseguia me agarrar a elas.

Um tiozão que usava um corte de cabelo estilo militar e o cavanhaque do coronel Sanders — um proctologista aposentado — interveio:

— O quê? Uma moça bonita como você? Impossível.

Será que ele tinha segundas intenções?

— Os caras não... reagem a mim.

Lágrimas começaram a brotar em meus olhos. Dois minutos de sessão e eu já estava sucumbindo. Lembrei-me de quando fui com as meninas da escola católica para um retiro espiritual no segundo ano e a líder do retiro começou com uma história sobre seu passado bulímico. Minha reação foi cair no choro e confessar minha bulimia para uma sala cheia de meninas de 14 anos, de quem tinha jurado guardar segredo. Foi a primeira vez que contei a alguém sobre os vômitos. Ao lado do coronel Sanders, senti a mesma confusão daquele retiro voltando, pairando ao meu redor: será que abrir a boca para contar a verdade a estranhos iria salvar minha vida ou me destruir, como minha mãe tinha dito?

— O que você quer dizer com "reagem"?

É, ele estava mesmo flertando.

— Os caras *sempre* se aproximam das minhas amigas, mas nunca de mim. Sempre foi assim, desde a época do colégio.

Em grupos mistos nos bares ou nas festas eu sempre ficava meio de lado, sem saber direito o que fazer com as mãos e achando impossível rir em meu tom habitual ou me engajar na conversa, pois estava sempre tentando imaginar o que fazer para os rapazes gostarem de mim. E não eram só os rapazes nos Estados Unidos. Minha colega de quarto, Katie, e eu, viajamos por toda a Europa quando nos formamos e nenhum garoto chegou em mim. Nem na Itália. Ao mesmo tempo, carinhas de Munique, Nice, Locarno e Bruges se derretiam por Kat — e me ignoravam.

Uma campainha soou e o Dr. Rosen apertou um botão na parede atrás dele.

Três segundos depois, uma mulher sorridente que aparentava quase 50 anos com esmalte turquesa lascado, cabelos ruivos supertingidos e voz de fumante entrou na sala. Sua camisa de franjas estava mais para Woodstock do que para o centro de Chicago. Já tinha visto aquela mulher em algumas reuniões de Doze Passos.

— Eu sou Rory — disse para mim e para outro rapaz que estava sentado à minha frente, que pelo jeito também era novo no grupo.

Como uma chefe dos escoteiros, apontou cada um e disse os seus nomes e profissões. O nome do coronel Sanders era Ed. Carlos era dermatologista. Patrice era sócia em uma clínica de obstetrícia. Rory era advogada de direitos civis. O rapaz novo, Marty, tinha as sobrancelhas do Groucho Marx e o hábito de fungar a cada dez segundos. Ele se apresentou como um psiquiatra que trabalhava com refugiados do sudeste asiático.

— Quer dizer que você está aqui porque quer fazer mais sexo? — perguntou o coronel Sanders.

Dei de ombros. Literalmente momentos antes eu tinha dito isso, mas agora estava em dúvida por causa de certas frases carimbadas em minha medula: garotas legais não querem fazer *isso*. Feministas não precisam *disso*. Meninas virtuosas não falam *nisso* de jeito nenhum, principalmente na presença de homens. Minha mãe morreria se soubesse que eu estava falando sobre *isso* com estranhos.

De mim, a conversa passou para Rory, que comentou ter precisado pedir dinheiro ao pai para pagar as contas. O Dr. Rosen a conduziu pelo relato de sobrevivência do pai dela ao Holocausto, que se escondeu dentro de um baú, na Polônia, por vários anos. Sem nenhuma suavidade, o tópico da conversa mudou para o paciente de Carlos que se recusava a pagar pelas consultas.

Conforme o grupo ia mudando de assunto, eu também ia mudando a posição naquela cadeira dura, apoiando o peso em uma nádega de cada vez. Suspirei e limpei a garganta, frustrada. Nada resolvido. Ninguém queria respostas? Soluções? E o pior: como tinha acabado de chegar, não sabia o contexto de nenhuma das histórias. Por que a assistente do Carlos tinha pedido demissão? Por que Rory tinha esse jeito antissemita se o seu pai conseguira sobreviver ao Holocausto dentro de um baú? Qual era o problema dela com a fatura atrasada do cartão de crédito?

Em certo momento, comecei a passar os dedos nas contas de minha pulseira de pérolas, como se fosse um rosário, para me acalmar. O Dr. Rosen me observou — o ratinho mais novo de seu laboratório. Será que mais tarde ele iria anotar tudo aquilo na minha ficha? "CT mexe na pulseira com as pontas dos dedos durante a conversa do grupo. CT demonstra todos os sinais clássicos de quem tem grandes problemas com intimidade, repressões severas. Caso complicado."

Saí das três primeiras sessões individuais sentindo que, apesar de sua arrogância e de seu estranho senso de humor, o Dr. Rosen e eu tínhamos um vínculo. Eu achava que ele me compreendia, mas naquele momento parecíamos completos estranhos. Mentalmente chamei-o de babaca.

Havia um regulamento não escrito no grupo.

— Você cruzou as pernas! — apontou o coronel Sanders.

Olhei para baixo, e a coxa direita estava mesmo cruzada sobre a esquerda. Todo mundo olhou para mim.

— E daí? — perguntei, defensiva.

— Não fazemos isso aqui — explicou ele, olhando mais uma vez para as minhas pernas.

Descruzei-as rapidamente.

— Por que não?

Se me fazer sentir idiota fosse me ajudar a melhorar, eu estaria ótima quando chegasse o Natal.

— Significa que você não está aberta — explicou Carlos.

— Que está com vergonha — adicionou Rory.

— Que você está se fechando emocionalmente — finalizou Patrice.

Aquele grupo era um aquário. Não havia como me esconder dos seis pares de olhos em volta do círculo. Eles sabiam ler meu corpo. Fazer avaliações. Tirar conclusões. Eles podiam me *enxergar*. Aquela exposição me fez querer cruzar as pernas até o fim da sessão. Até o fim dos tempos.

— O que você está sentindo? — perguntou o Dr. Rosen, como se voltando à vida.

Em vez de soltar logo alguma resposta que pensei que fosse me render alguns pontos — estava me sentindo empoderada pela dinâmica de grupo —, respirei fundo e busquei a verdade. Tinha perdido a compostura, mas cheguei à conclusão de que a verdade poderia funcionar. Tinha funcionado nos encontros de Doze Passos — eu mesma estava viva porque havia contado a verdade sobre minha bulimia encontro após encontro. Nada na vida me empoderara tanto — boas notas, um corpo magro, me amassar com o bonitão latino de uma fraternidade — como falar a verdade nua e crua sobre vomitar minhas refeições. A primeira vez que tive uma sensação real de poder foi durante uma daquelas reuniões, quando me sentei num banco ao lado de uma mulher e lhe contei que andava me empanturrando compulsivamente e depois vomitando a comida que roubava pelo campus. Senti o poder de dar as costas às recomendações de minha mãe sobre contar meus segredos. Libertei um segredo, sem me importar quem de minha família iria me abandonar, pois havia compreendido, enfim, que manter o segredo era uma forma de abandono de mim mesma. Se havia algum caminho para a sanidade em um grupo de terapia — e eu não tinha certeza se havia —, sua base deveria ser construída sobre a verdade. Não tinha outro jeito. E ninguém ali conhecia minha mãe ou alguma de suas amigas. Então, bastava de mentiras.

— Na defensiva.

Como eu iria adivinhar que *nós* não cruzamos as pernas?

O Dr. Rosen fez que não com a cabeça.

— Isso não é um sentimento.

— Mas foi exatamente isso que...

Agora estava puta da vida, e com *certeza* isso era um sentimento.

Outra regra:

— Descreva como se sente com duas sílabas ou menos: raiva, dor, só, triste, medo... — O Dr. Rosen explicava os sentimentos como se fosse Fred Rogers falando com criancinhas. Pelo jeito, quando ultrapassamos as duas sílabas estamos raciocinando demais, fugindo com sucesso da simples verdade de nossos sentimentos.

— E feliz — adicionou Rory.

— Mas você não vai se sentir feliz aqui — disse Carlos.

Todos riram. Esbocei um sorriso.

O Dr. Rosen assentiu para mim.

— O que é "na defensiva", então?

Minha primeira provinha oral. Queria dar a resposta certa. Ela me pareceu tão difícil quanto descobrir a data da reunião naquela questão do livro de simulados da mulher do meu trabalho. Repassei mentalmente a lista de sentimentos. *Frustrada* me veio à mente, mas tinha três sílabas. *Irada*? Não, três sílabas. Três ratinhos cegos. Três vezes o galo cantou. Três vezes Jesus caiu. Três era sagrado. Três era bíblico. Por que não podia escolher uma palavra de três sílabas? Minha primeira escolha: *tchauzinho*.

— Raiva? — arrisquei.

— Ouvi outra coisa. E essa é a nossa única exceção: que tal vergonha*?

— Envergonhada? — perguntei, num tom mais alto.

Achei que vergonha fosse algo com o qual os sobreviventes de incesto e abusos tivessem que lidar. A vergonha estava na vida daqueles que haviam cometido pecados sexuais graves ou feito coisas constrangedoras em público, pelados. O que eu tinha a ver com aquilo? Eu sempre usava minhas roupas, até para dormir — e, às vezes, transava de sutiã. Seria *vergonha* a palavra para descrever a sensação de que tudo estava errado comigo e tinha que ser maquiado por resultados perfeitos nas provas? Era vergonha o que eu sentia nas aulas de balé infantil, quando ansiava por ter um corpo pequeno como o das outras meninas? Era esse o nome da repulsa física que eu sentia em minhas entranhas durante a infância e adolescência quando sentava perto de meus amigos e de minha irmã mais nova e comparava o tamanho das minhas coxas com seus corpos delicados de passarinho?

Eu queria ser a melhor da terapia, assim como era a melhor na faculdade de direito. O problema em ser a número um, é óbvio, é que isso não curava minha solidão e não me aproximava nem um centímetro das outras pessoas. Também havia o fato de que eu não tinha a menor ideia de como ser “boa” na terapia em grupo.

A regra principal daquela terapia era que não houvesse segredos entre os membros do grupo, e isso veio à tona quando Carlos apresentou na sessão o caso de uma mulher chamada Lynne, que estava em outro grupo do terapeuta. Segundo Carlos, Lynne estava pensando em abandonar o marido, em parte por causa dos problemas de disfunção erótil. Cocei o nariz e lancei um olhar fulminante na direção do Dr. Rosen. Como ele permitia que discutíssemos o pênis inútil de um pobre homem? E se eu o conhecesse? Quando Marnie mencionou essa coisa toda de não ter segredos não pensei que o terapeuta iria de fato tolerar fofocas sobre outros pacientes *no meio da sessão*.

— Ei, e a confidencialidade? — perguntei.

— Não temos isso aqui — respondeu Rory.

* Em inglês, *shame*, uma palavra de uma sílaba. [*N. da E.*]

Patrice e Carlos confirmaram enfaticamente com a cabeça. A lembrança da bronca que levei de minha mãe no ensino médio ressurgiu em minha mente. Tinha feito um voto para deixar os colegas dos Doze Passos entrarem em minha vida, mas entre nós prevalecia o princípio espiritual do anonimato, que estava bem ali, no nome do programa. O que prevalecia entre esses falastrões?

— E como é que vamos nos sentir seguros?

— O que faz você achar que a confidencialidade te deixa segura? — indagou o Dr. Rosen, que parecia pronto para me sabatinar.

— Terapias em grupo são sempre confidenciais. — Tudo o que eu sabia sobre terapias em grupo era que uma amiga da faculdade teve que assinar um termo de confidencialidade ao entrar em uma. — Talvez eu não queira que meus segredos acabem na boca do grupo.

— Por que não?

— Você não entende por que eu quero privacidade?

Ninguém mais parecia indignado.

— Talvez você precise refletir um pouco sobre por que está tão obcecada com a privacidade.

— Essa não é uma prática comum?

— Pode ser. Mas esconder segredos de outras pessoas é mais tóxico do que eles saberem das suas coisas. Manter segredos é um jeito de manter vergonhas que não pertencem a você.

De certa forma, entendi o que ele estava dizendo. Comedores compulsivos melhoram quando contam suas histórias. Porém, no início de toda reunião de Doze Passos, há um lembrete: "O que se ouve aqui fica aqui quando vamos embora." Quando essa instrução é lida, as pessoas respondem: "Isso mesmo!" Como psiquiatra, o Dr. Rosen tinha a obrigação ética de guardar meus segredos, mas ali havia cinco outras pessoas que ouviriam cada palavra que eu dissesse. As paredes da sala do grupo não eram uma fronteira para o mundo lá fora. E se um dia eu desviasse dinheiro do meu futuro escritório de advocacia? E se eu desenvolvesse a síndrome do intestino irritável e cagasse na calça em plena Michigan Avenue? E se eu dormisse com alguém que não sabe usar pontuação corretamente? Como eu iria me sentir sabendo que um Joe Schmo, que frequenta o grupo de homens às quartas-feiras, poderia saber de detalhes do sexo acrobático que eu desejava fazer algum dia?

— O que vou ganhar com isso?

Naquele momento eu ainda não sabia que essa pergunta sairia da minha boca tantas vezes que se tornaria em parte um mantra, em parte uma frase feita.

— Um lugar onde se pode dizer tudo e ninguém pede para você guardar segredos de ninguém. Nunca.

No fim da sessão, o Dr. Rosen uniu as palmas das mãos.

— Por hoje é só.

Todos se levantaram.

— Encerramos do mesmo jeito que as reuniões dos Doze Passos, dando as mãos em círculo e fazendo a oração da serenidade — explicou-me ele. — Se você não se sentir confortável com isso, não precisa participar.

Olhei para ele com um sorriso de "esse filme eu já vi". Acabara de passar noventa minutos em um grupo de terapia. Se alguém precisava da oração da serenidade, esse alguém era eu. Essa oração familiar tinha a função de ajudar os adictos a entrar em contato com uma força maior que eles mesmos sem evocar nenhuma tradição religiosa: "Senhor, conceda-me a serenidade para aceitar aquilo que não posso mudar, a coragem para mudar o que me for possível e a sabedoria para saber discernir entre as duas."

Depois da oração, cada um virou para a pessoa ao seu lado e a abraçou. Rory e Patrice. Marty e Ed. Carlos e o Dr. Rosen. Eu os observei, despreparada para dar um passo adiante e encostar meu corpo aos deles, porém, quando Patrice abriu os braços para mim, dei um passo adiante e permiti que ela me abraçasse. Meus braços permaneceram ao lado do tronco como mangas vazias. O Dr. Rosen ficou em pé ao lado de sua cadeira, e os outros membros do grupo se aproximaram para abraçá-lo, um a um.

Avancei, envolvi os ombros do Dr. Rosen entre os meus braços e o pressionei rapidamente — rápido demais para sentir seu cheiro ou guardar a lembrança de seus braços em volta do meu corpo, ou dos meus em volta dele. Foi tão ligeiro que pareceu que nada tinha acontecido. Aquele abraço não deixara nenhuma marca em meu corpo. Abracei-o porque queria me sentir parte do grupo, fazer o que todos estavam fazendo e não atrair nenhuma atenção para mim mesma. Anos depois, eu observava novos pacientes chegarem e se recusarem a abraçar as pessoas, principalmente o Dr. Rosen, e ficava boquiaberta pensando que nunca passara pela minha cabeça *não* o abraçar. Eu não tinha aquele tipo de *não* em nenhum lugar de meu corpo.

Depois da experiência com o grupo, peguei o trem para o norte, rumo à faculdade. Minha cabeça fervilhava com os novos rostos, o novo vocabulário de sentimentos, o novo mundo que acabara de conhecer. O terapeuta agia como se soubesse tudo sobre mim. Seu veredito definitivo — "você nem gosta de sexo" — me irritava. Tão convencido! Ser um psiquiatra chique não significava que ele sabia tudo. Já fui bem aberta ao prazer uma vez, e, se ele tivesse se preocupado em me perguntar, olharia para ele e para cada colega do grupo com as pernas descruzadas e contaria tudinho a eles.

Na noite do meu primeiro orgasmo, o clima de primavera no Texas estava tão agradável que abri as janelas do meu quarto.

Eu não conseguia dormir, então liguei o rádio e ouvi: "*Falando de sexo* está no ar...". Ahhhhh... Esse programa de rádio *não* era para crianças. Eu me enfiei debaixo das cobertas. A irmã Mary Margareth nos dissera que sexo era apenas para adultos casados que tentavam ter um bebê — e que transar em quaisquer outras circunstâncias significava ir direto para o inferno, longe de Deus, da família e dos bichinhos de estimação. Minha mãe confirmou aquela verdade católica certa noite durante o jantar, quando explicou que havia dois pecados que nos conduziriam à danação eterna com passagem só de ida: "Assassinato e sexo antes do casamento."

Não foi difícil me imaginar sendo arrastada para longe de Deus enquanto aumentava o volume do rádio.

Uma ouvinte confessou que não conseguia chegar ao orgasmo com o parceiro. Ao ouvir isso, a Dra. Ruth Westheimer ofereceu algumas instruções para conhecermos nosso corpo por meio da masturbação e, muito solícita, explicou onde fica o clitóris e o que ele faz. Ela falava como se estivesse lidando com uma criança da pré-escola.

Eu não podia desperdiçar tanto conhecimento sagrado. Escorreguei a mão entre as pernas e toquei a delicada pérola que às vezes incomodava quando eu andava de bicicleta por muito tempo. Devagar, fiz alguns movimentos circulares com o dedo até que senti algo acontecendo — uma onda quente, que me fez tensionar as pernas. Minha imaginação foi longe: Tad Martin, de *All My Children*, beijava meu rosto e dizia que me amava mais do que a qualquer mulher em Pine Valley. Esfreguei com um pouco mais de força. A pressão não machucou. Meu corpo buscava sua primeira liberação sexual gloriosa. E logo ele tremia de prazer por completo, exatamente como a Dra. Ruth prometera. Pela primeira vez na vida, pensei: *meu corpo é poderoso e extraordinário.*

Ali, na privacidade suave e escura do meu quarto de criança, comecei a investigar minha sexualidade sob a gentil supervisão da Dra. Ruth, e me senti muito crescida por ter descoberto os segredos sexuais da vida adulta. Essa automanipulação e a onda quente e intensa de prazer que sentia em meu corpo devia ser errada, porque ninguém falava nela. Masturbação era a palavra mais grosseira que eu poderia imaginar, e ela nunca sairia de minha boca.

No quinto ano, já estava marinando no autodesprezo havia alguns anos. Eu era barriguda — pelo menos era isso o que ouvia de minha querida professora de balé desde os 4 anos: "Christie", dizia ela, "a barriga." Era um lembrete para colocá-la para dentro, escondê-la, fazê-la desaparecer. Ela favorecia as garotas cujos collants não esticavam e cujas coxas não encostavam uma na outra. Mais do que qualquer coisa, eu queria ser bailarina e ser uma queridinha da professora, e a única coisa que me impedia era meu corpo. Também suspeitava de que os olhares de minha mãe quando eu experimentava roupas nos provadores de lojas de departamento indicavam um desejo de que eu fosse mais magrinha. Sei que eu queria. Acreditava que meninas ágeis e magrinhas, como minha irmã e as outras garotas das aulas de balé, eram mais felizes por causa do corpo menor que tinham. Com certeza eram mais amadas. Na tentativa de me tornar uma dessas meninas miúdas, travei pequenas batalhas contra meu apetite — tentando comer somente a metade de um sanduíche no almoço ou deixando a sobremesa de lado —, mas ele sempre vencia. Todos os dias, chegava à cozinha determinada a tomar um copo de água e comer três biscoitos, mas acabava engolindo um punhado de batatas chips e, para descer, meia garrafa de refresco de uva. Por que eu não conseguia controlar meu apetite? Por que meu corpo estava me impedindo de ser quem eu deveria ser?

Eu era uma criança sensível e já iniciava uma guerra com meu corpo que se estenderia por anos e anos através da bulimia, mas, na escuridão de meu quarto, com a mão entre as pernas, vivi um prazer físico genuíno. Durante aqueles poucos minutos, eu ficava em paz com minha carne e pegava no sono.

O Dr. Rosen não sabia das aventuras da pequena Christie pelo mundo da masturbação. Aquela garotinha tinha coragem de ligar o rádio e explorar.

5

— *Christie, por que você não conta para o grupo o que comeu* ontem? — perguntou o Dr. Rosen.

— Não! — Minha voz quicou pelas paredes. Pulei da cadeira e fiquei dando saltinhos no meio do círculo, como se tentasse apagar um incêndio. — Não, não e não! Por favor, não me peça uma coisa dessas! — implorei, como uma criança. *Isso não, por favor, isso não.* Eu nunca tinha agido assim na minha vida. Mas também ninguém nunca tinha me pedido diretamente para falar da minha alimentação.

— Meu Deus, criatura. Se você reagiu assim, vai ter que contar pra gente — disse Carlos.

E nem estávamos falando sobre comida. Conversávamos a respeito das despesas médicas do furão de Rory.

Eu já estava fazendo o tratamento havia um mês. Nas quatro terças-feiras anteriores, eu e o grupo passamos por todo o ritual básico do quem-é-você-na-fila-do-pão e eles sabiam que comecei a terapia por causa do meu problema com relacionamentos. Sabiam da bulimia e de toda a história da Dra. Ruth. Mas isso? Dizer àquelas pessoas o que tinha comido no dia anterior? De jeito nenhum.

Meu transtorno alimentar não era mais digno de um filme dramático — eu não ia de drive-thru em drive-thru comendo e vomitando, mas era bem esquisitona. Por exemplo: toda manhã eu comia uma fatia de queijo muçarela enrolada em uma folha de couve e depois uma tigela de pedacinhos de maçã cozidos no micro-ondas sobre os quais eu colocava um pouco de leite desnatado e comia tudo de colher. "Apple Jacks", como eu chamava. Esse era o meu café da manhã havia quase três anos. McMuffin de calabresa? Croissant de chocolate? Barrinha de cereais? Jamais! Se eu não pudesse comer o meu café da manhã secreto e especial, no sossego da minha cozinha, eu pulava a refeição. Esse café da manhã era seguro. Ele nunca, jamais me direcionou a enfiar o pé na jaca.

Meus colegas da faculdade de direito só observavam meu almoço esquisito todos os dias porque eu não conseguia escondê-lo: uma latinha de atum em água sobre uma cama de folhas de couve temperada com mostarda amarela. Eles tiravam sarro de mim, com razão, dizendo que era nojento e sem graça. Uma pessoa em sã consciência não comeria isso de almoço mais de uma vez, que dirá todo santo dia como eu fazia. Na hora do almoço, os outros estudantes perambulavam pelo campus atrás de sanduíches cheios de carnes rosadas e queijos brancos escorrendo um molho vinagrete pedaçudo, enquanto eu ficava sentada no refeitório para comer como um coelhinho em um campo de beisebol, me preparando para a aula seguinte. Eles não sabiam que, antes de eu começar a recuperação, minha relação com a comida me fazia agachar, de cara na privada, depois de todas as refeições. A memória corporal de perder o controle de meu apetite e acabar literalmente na privada me assombrava. Quase tive uma morte vergonhosa durante a universidade. Podiam dizer o que quisessem do meu almoço — que é sem graça, pouco nutritivo e garantia de azia e queimação —, mas ele me mantinha longe de perder o controle. Será que aqueles sanduíches elaborados também conseguiriam?

No jantar, eu comia uma mistura de carne de peru moída, brócolis, cenouras ou couve-flor e uma colher de sopa de queijo parmesão. De vez em quando usava frango moído no lugar do peru. Tentei, uma vez, comer carne de carneiro, mas era muito gordurosa e deixou meu apartamento fedendo. Quando comecei a tratar a bulimia, escolhi uma porção de alimentos que pareciam "seguros" porque eu jamais os comera compulsivamente. E me faltava coragem para ir além deles.

Mas a comilança dava as caras em todo o resto. Esse era o segredo apodrecendo dentro de mim. Todas as noites, de "sobremesa", comia três ou quatro maçãs — talvez até mais. Às vezes eram umas oito. Quando mencionei esse consumo de maçãs para minha madrinha Cady, no Texas, ela me garantiu que, contanto que eu não ingerisse açúcar branco, não importava se eu comesse uma macieira por dia. Açúcar branco era o veneno maligno para muitas pessoas em recuperação — ele as levaria à morte por causa de um donut. Cady permitiu que eu colocasse as maçãs na lista de "alimentos seguros", independentemente de quantos quilos eu comesse por semana.

Eu gastava mais com maçãs do que com TV a cabo, gasolina e transporte. Era por causa delas que eu não tinha colegas de quarto: a ideia de ser descoberta me apavorava, mas também não conseguia me imaginar comendo apenas uma maçã todas as noites.

— Conta pra gente — pediu Rory, com sua voz calma e gentil.

Fechei os olhos com força e falei bem rápido, como um leiloeiro numa exposição de gado:

— Queijo, couve, maçã, leite, couve, atum, mostarda, uma laranja, frango, cenoura e espinafre.

Eu me detive, com receio de continuar. Não conseguia imaginar contar sobre as maçãs, mas, de repente, esse segredo se tornou insustentável. Eles diriam que eu não tinha me recuperado coisa nenhuma, que não tinha trabalhado os Doze Passos direito, que eu era um fracasso. Gritava histericamente por dentro até não conseguir me conter.

— E depois comi seis maçãs.

É difícil dizer o que me envergonhava mais: comer meia dúzia de maçãs depois do jantar ou que o maior vilão de meu diário alimentar fosse a queridinha do hortifrúti. Participei de centenas de reuniões de Doze Passos ouvindo as pessoas contando segredos bizarros e aterrorizantes envolvendo cheesecakes de cereja, caramelos de alcaçuz, batatas gratinadas. E lá estava eu, com um saco de maçãs na conta.

E o descontrole da noite anterior já fazia parte da rotina. Comi uma maçã logo depois do jantar e jurei que não comeria mais nada naquele dia. Mas minha barriga ainda se agitava: seria fome? Um sinal físico de que eu precisava de mais calorias? Eu não fazia ideia. Uma mulher que conheci na recuperação sempre dizia que, se sentimos compulsão por comida depois do jantar, devemos nos sentar na cama até passar. Tentei — e me sentei de pernas cruzadas sobre o edredom, ouvindo os barulhos da rua lá embaixo —, mas o desejo por maçãs me fez levantar e seguir até a cozinha, onde peguei mais uma da gaveta da geladeira. Comi outra maçã, rápido demais, como se uma engolida em menos de sessenta segundos não entrasse para a conta. Logo a vergonha — aprendi essa palavrinha no grupo — por ter comido uma maçã tão rápido, sozinha, em meu apartamento, chegou ao ápice, então comi mais duas. Minha barriga doía ao mínimo toque. O que é que eu estava fazendo? Não sabia ao certo, mas comi duas outras. Quando, enfim, voltei para baixo das cobertas para dormir, as extremidades cortantes dos pedaços de maçã que não mastiguei direito cutucavam as paredes de meu estômago. O ácido queimava minha garganta.

Como eu podia dizer que estava "em recuperação" em relação à forma como me alimentava se fazia isso comigo mesma todas as noites? Como alguém poderia amar uma pessoa que comia como eu? Minha vida era assim havia anos. Como isso iria acabar?

O Dr. Rosen perguntou se eu queria alguma ajuda. Lentamente, fiz que sim com a cabeça, apavorada com a possibilidade de ele sugerir que eu comesse hambúrgueres de bisão e pizza de alcachofra, seguidos de um pote inteiro de sorvete, todas as noites, como qualquer pessoa solitária normal. Ou, pior, que eu parasse de comer maçã.

— Ligue para Rory todas as noites e conte a ela o que você comeu.

Rory me direcionou um sorriso tão gentil que tive que desviar o olhar, senão ia começar a chorar — como quando ouvi o *Mazel Tov* do Dr. Rosen sobre minha classificação na turma. Atos diretos e simples de gentileza aqueciam meu plexo solar como uma lâmpada incandescente e deixavam meus olhos marejados.

Revelar meu ritual com tantos detalhes era como ter uma camada de pele desprendida do corpo. A principal característica de minha alimentação era o segredo. Na pré-escola, pegava escondida biscoitos da gaveta de "besteiras". No fim de semana de Ação de Graças no início do ensino médio, comi toda a cobertura de uma torta de nozes-pecãs. Roubava comida de todas as minhas colegas de quarto. Mesmo durante a recuperação, em que não provocava mais o vômito, ainda mantinha o segredo e algum tipo de compulsão.

— Não estou tentando impedir que você coma as maçãs — continuou o Dr. Rosen. — Coma quantas quiser. Não são elas que estão te torturando, e, sim, o segredo. E a questão é que — ele inclinou o corpo e baixou o tom de voz —, se deixar esse grupo fazer parte do seu relacionamento com a comida, você estará dando um passo adiante nos relacionamentos íntimos. Comece com Rory.

Olhei para Rory e imaginei como seria contar a ela sobre cada pedaço de tudo o que eu comia. Meu corpo todo ficou tenso, principalmente de medo, mas também de esperança. Aquela era uma chance de me conhecerem mesmo com a zona que era minha alimentação — algo que nunca tinha me permitido viver.

Não era uma grande surpresa para mim que toda essa coisa com a comida e com os relacionamentos brotassem das mesmas partes fragilizadas de minha personalidade. A surpresa era o Dr. Rosen compreender tudo aquilo. Paula Dean não enxergara nada disso, e eu estava de fato botando tudo para fora naquela época.

— Será que ligar para Rory vai curar minha compulsão por maçãs?

— Você não precisa ser curada. Você precisa ser ouvida.

Eu queria a cura. Maçãs são caras demais.

No segundo ano da faculdade me apaixonei por um colombiano sentimental com covinhas profundas como poças de água. Ele me ligava, bêbado, depois que os bares fechavam e dávamos uns amassos atrás da casa das Kappa Kappa Gamma. Foi ele quem me ensinou tudo o que um beijo poderia ser. Antes de conhecê-lo, não via nada de extraordinário em encostar meus lábios nos de outra pessoa, mas entendi tudo no instante em que aquela língua macia tocou a minha. Um beijo bom pode chegar a todos os nossos órgãos, a cada célula. Pode tirar seu fôlego e fazer de sua boca um santuário. Aqueles beijos me acordaram.

E então acabaram comigo. O colombiano era alerta vermelho duplo: etilista e comprometido. Na única vez em que dormi em seu apartamento, ele estava tão bêbado que mijou no chão do closet achando que ali fosse o banheiro. E onde eu estava quando ele foi se aliviar a um metro e meio da cama às duas da manhã? Na cozinha, engolindo as sobras do bolo de aniversário. Quando saí para a caminhada da vergonha, algumas horas depois, ignorei o show de migalhas de bolo de chocolate e da mancha de glacê no piso de linóleo.

Era comigo que ele pulava a cerca quando sua namorada de verdade, a loira elegante da irmandade Chi Omega, ia visitar os pais, em San Antonio.

No fim de semana do baile de primavera da fraternidade desse colombiano em Galveston, Texas, passei pelo dormitório dele. Como uma espiã obsessiva, observei-o com a Chi Omega enchendo o Ford Bronco dele com caixas e mais caixas de cerveja. Ele deu um tapinha na bunda dela; ela jogou os cabelos para trás.

Arrasada, voltei para meu dormitório e consumi cada caloria que havia em nosso quartinho de alvenaria: biscoitos (com e sem recheio), pretzels, pipoca e o que sobrou dos docinhos de Halloween que a minha colega de quarto guardava no armário. Depois, caminhei pelos corredores, remexendo as lixeiras das áreas comuns atrás de comida. Resgatei um pedaço de pizza de pepperoni descartado por outro colega e coloquei no micro-ondas por trinta segundos. Enquanto esperava o queijo derreter, devorei um pacote de biscoitos de aveia e passas que ainda estava na caixa do FedEx enviada pela mãe de alguém, de Beaumont.

Desde o oitavo ano eu comia e vomitava — nem precisava usar o dedo, bastava me inclinar na direção do vaso. Quando acabava, corria para o banho para me recompor antes que minha colega de quarto voltasse de algum grupo de estudos. Parecia que meu estômago ia explodir. O vapor dominava o banheiro pequeno e eu me apoiava nas paredes, esperando para ver se vomitaria mais. Pontinhos pretos turvavam minha visão. Eu agachava no chão, metade para dentro do chuveiro, metade para fora. Antes que tudo ficasse preto, pensava: *É isso. É assim que vou morrer, me empanturrando até perder a consciência, deprimida por causa de um cara.*

Disquei o número de Rory. Graças a Deus, uma gravação de sua voz bondosa me cumprimentou, depois veio o sinal de mensagem. Minha vez. Em um tom pouco mais alto que um sussurro, contei sobre todas as folhas de couve e as cinco maçãs pós-jantar. Quando desliguei, arremessei o telefone para o outro lado do quarto, e ele bateu no piso de madeira.

— Droga! — gritei para o apartamento vazio, enquanto golpeava os travesseiros.

Em certo momento, pensei: *Por que estou fazendo isso? É muito doloroso*. E depois: *Por que não conheci o Dr. Rosen antes?*

Liguei para Rory novamente na noite seguinte, e não foi nem um pouco mais fácil. Minhas mãos ainda tremiam e joguei o telefone para o outro lado do quarto quando terminei de contar ao correio de voz tudo o que tinha comido. Eu sentia uma dor imaginária nos braços, como se estivesse lutando para guardar meu precioso segredo. Na terceira noite, quando ouvi o bipe do correio de voz, quase soltei um "o mesmíssimo de ontem", mas me forcei a enumerar cada maçã e cada folha de couve.

A quarta noite foi a pior. Sete maçãs. O suficiente para uma torta digna de um prêmio nas feiras locais. Eu queria esconder a dura realidade daquelas sete maçãs, mas estava em um fogo cruzado. Se eu contasse, conseguiria correr para um lugar seguro? De qualquer maneira, só queria sair dali.

"Não vai funcionar se você não fizer o trabalho difícil", disse a mim mesma. Respirei fundo.

— Sete malditas maçãs.

6

O Dr. Rosen era um encantador de serpentes. Ele fazia uma pergunta pontual e segredos do passado vinham à tona. Convencera Rory a recontar os detalhes da fuga angustiante de seu pai da Polônia, pedindo que ela falasse com o sotaque do Velho Continente que ele tinha. Depois foi a vez do coronel Sanders, que descreveu a terapia duvidosa que fizera com um médico sem licença para tratar de seu transtorno de estresse pós-traumático depois de servir no Vietnã. Carlos falou sobre o meio-irmão, que abusava dele aos domingos depois da igreja, e Patrice se emocionou ao contar que seu irmão se enforcou no pomar da família. Parecia que nosso terapeuta sentia onde escondíamos nossa vergonha e nosso sofrimento e sabia o que fazer para que fossem expostos. Ele me estimulava a falar sobre o Havaí e a bulimia em quase todas as sessões.

Nas manhãs de terça-feira, eu andava 11 estações de trem da minha casa até a estação Washington e chegava à rua por volta das 7h10. Vinte minutos adiantada. No dia em que me comprometi a me juntar ao grupo, parei de dormir noites completas. Deitava-me por volta das 22 horas, mas despertava de supetão quatro ou cinco horas depois e não conseguia mais pegar no sono, por isso era fácil chegar cedo no centro da cidade. Mesmo assim, não queria arrastar minha ansiedade e taquicardia violenta para a sala de espera enquanto ficava sentada entre livros sobre vícios e esperava até que a porta se abrisse. Eu caminhava pelo quarteirão — passava a Old Navy, descia até a Carson Pirie Scott e virava à esquerda nos trilhos do trem ou na Wabash. Às vezes, dava duas voltas, afirmando a mim mesma: "Você é apenas uma mulher indo à terapia; você apenas vai se sentar rodeada por estranhos e falar por uma hora e meia. É moleza."

Às vezes as sessões eram tão emocionantes quanto uma demonstração de um espremedor de frutas no Sam's Club. Certa vez, passamos uma sessão *inteira* discutindo os formulários do plano de saúde que Carlos queria que o Dr. Rosen assinasse. Em outra, quando Patrice apareceu usando duas meias até os joelhos de cores diferentes (uma índigo e outra preta), debatemos por 15 minutos se era um avanço que a metódica Patrice estivesse misturando suas meias ou se ela estava se tornando negligente consigo mesma. Não chegamos a nenhuma conclusão, nada foi resolvido.

Havia revelações, reações, observações, ver e ser visto. Não havia respostas.

E eu queria respostas.

Havia reviravoltas imprevistas. Em um segundo, o calado Marty, aquele que começara no mesmo dia que eu, chorava enquanto descrevia o mórbido esconderijo de suas lembranças da morte — comprimidos de cianeto que ele guardava na mesa de cabeceira caso quisesse acabar com tudo de uma vez — e, de repente, o assunto mudava para a vez em que peguei oxiúros no jardim de infância. Os oxiúros, parasitas comuns nas crianças, causam uma coceira terrível na região do ânus durante a noite. Contei a todos do grupo como, aos 5 anos, sozinha em meu quarto na Thackeray Avenue, número 6.644, me cocei como um cão selvagem por horas, noite adentro, depois que meus pais desligaram a televisão e foram dormir.

— Mas seus pais sabiam que você estava com oxiúros? — perguntou Rory.

— Pera lá! — respondi, levantando as mãos. — A gente estava falando do cianeto do Marty. — Como chegamos na história sobre minha bunda coçando aos 5 anos?

— O grupo tem um jeito de te fazer revelar os segredos que você precisa contar — elucidou o Dr. Rosen.

Ele amava os detalhes, então respirei fundo e descrevi como os meus pais me deram um tubo de pomada contra assaduras para os vermes, mas aquilo não aliviou a coceira. Pela manhã a pomada branca e grossa estava grudada debaixo das minhas unhas e manchara meus lençóis, minha camisola, minha bunda e minha vagina, que não tinha nenhum verme, mas tudo ficara muito confuso durante a longa noite de coça-coça. Minha vagina estropiada, aquele creme que fedia como fertilizante e a coceira eram terríveis, mas pior do que tudo isso era saber que havia vermes vivos dentro da minha bunda.

— Mas essa pomada é para assadura de fraldas, e oxiúros são parasitas. Eles deviam ter lhe dado mebendazol — explicou o Dr. Rosen, com um ar doutoral e harvardiano, sustentado por suas sobrancelhas franzidas.

Quis passar logo para as questões de outra pessoa, mas fiquei presa nas perguntas do grupo, como: "Por que você não disse a seus pais que a pomada não estava funcionando?"

— Pensei que a pomada não tinha funcionado por culpa minha.

Eles me disseram para não coçar, e eu cocei. A noite inteira. Além disso, quem é que quer ficar falando de vermes na bunda? A vergonha, palavra que eu ainda não conhecia naquela idade, tratou de me fazer ficar de boca fechada.

— Você já queria fazer as coisas sozinha aos 5 anos — pontuou o Dr. Rosen, como se fizesse uma grande revelação, mas a mim não parecia tão grande assim.

Quando tive oxiuríase, fiquei constrangida — com *vergonha*, no vocabulário roseniano — por ser uma menina sujinha com vermes no bumbum, vermes que não estavam rastejando pelos bumbuns de meu irmão ou minha irmã. Os vermes eram a prova de que meu corpo era defeituoso e nojento. O Dr. Rosen insistiu para que eu descrevesse como foi ser uma garotinha sozinha na luta contra um parasita anal.

Meu corpo estremeceu e fechei os olhos com força. Mesmo depois de duas décadas, eu ainda conseguia sentir o cheiro da pomada e a coceira infernal entre as pernas. Nunca tinha falado sobre os oxiúros com ninguém, muito menos para uma plateia de seis pessoas.

— Senti vergonha — soltei, espontaneamente, sem abrir os olhos.

— Vergonha é a superfície. O que está por baixo? — perguntou o terapeuta.

Cobri o rosto com as mãos e examinei meu corpo buscando uma resposta. Levantei as beiradas da vergonha para ver o que havia por baixo e me deparei com minha carinha aos 5 anos retorcida de horror enquanto eu me coçava noite adentro. Horror por não saber como pedir ajuda; por depois precisar ir ao pediatra, um homem alto de meia-idade com dedões gordos e uma voz grave, e contar a ele sobre meu bumbum; por precisar, na escola, no meio da roda de leitura, me sentar sobre o tênis e esfregar a sola entre as nádegas para conseguir me coçar sem que ninguém percebesse; por eu ser imunda e viver em um corpo cheio de comidas que não conseguia parar de engolir e de vermes que faziam minha bunda coçar. Horror, principalmente, por meu corpo ser um problema imundo, um problema que ninguém mais tinha.

— Horror — respondi.

O Dr. Rosen concordou com a cabeça.

— Está chegando mais perto.

— De quê?

— De você mesma e de seus sentimentos. — Ele abriu os braços na sala. — E, é óbvio, de todos nós.

— E como é que resgatar memórias vai me ajudar?

— Olhe para Patrice e pergunte se ela tem um palpite.

Patrice arregalou os olhos e balançou a cabeça, como se dissesse "não olhe para mim". Alguns instantes depois, começou a contar uma história sobre o tratamento médico de um enema que deu errado. Em seguida, Rory mencionou seu desgosto por sexo anal, e Marty deu sua contribuição com a história de uma constipação intratável que ele sofreu quando criança. No fim da reunião, todo mundo tinha contado uma história sobre a própria bunda.

Alguns dias depois dessa sessão, liguei para meus pais. Conversei com meu pai sobre as pastilhas de freio do meu carro, as perspectivas dos Aggies para o Cotton Bowl e a temperatura amena de Chicago — totalmente fora de época. Então dei uma de Rosen: do nada, perguntei a ele sobre a história dos oxiúros. O que ele lembrava? "Não muito."

Quantas vezes eu peguei? “Muitas.” Meus irmãos pegaram? “Não.” De fundo, ouvi a voz da minha mãe.

— Por que Christie está perguntando sobre a história dos oxiúros?

Agarrei o telefone com mais força. A confissão de que eu estava participando de um grupo de terapia me encheu a boca, mas se dissipou quando imaginei o pânico *dela* ao saber que eu havia contado minha história de vermes na bunda para um grupo de pessoas. Além disso, se contasse a ela sobre o Dr. Rosen e o grupo, teria que admitir que fracassara tanto em desejar ser feliz quanto em não dividir meus problemas com os outros.

— Por que você quer saber? — perguntou meu pai.

— Curiosidade.

Certa manhã de terça-feira, ninguém disse uma palavra sequer em noventa minutos de sessão. Ficamos literalmente sentados em silêncio, ouvindo o trem circulando lá embaixo, o freio dos carros e uma ou outra porta batendo no corredor. Não nos olhamos nos olhos nem demos risadinhas. Durante a primeira meia hora, catei fiapos em meu casaco, balancei a perna e cutuquei as cutículas. Olhava para o relógio a cada trinta segundos. O silêncio fazia com que eu me sentisse exposta, apreensiva e improdutiva. “Eu poderia estar fazendo a tarefa de direito constitucional.” Pouco a pouco, me acalmei e comecei a observar o lago Michigan lá fora. O espaço silencioso que compartilhávamos pareceu mais vasto do que o oceano ou o espaço sideral. A luz que entrava pela janela tinha um quê de sagrada, assim como a sensação de intimidade que crescia entre nós. Às nove horas, o Dr. Rosen uniu as palmas das mãos e soltou o seu habitual:

— Por hoje é só.

Enquanto eu caminhava pelo corredor com os outros membros do grupo, carregava aquela serenidade toda no corpo, mas, quando chegamos à rua, sacudi o braço de Carlos.

— O que foi isso que acabou de acontecer?

Independentemente do que fosse, passei o restante do dia em paz, e com uma sensação de espanto por poder ficar sentada com outras seis pessoas em silêncio total por uma hora e meia.

O Dr. Rosen fazia muitas prescrições, mas raramente de remédios. Ele não gostava muito de comprimidos. A receita de Carlos pedia que ele levasse o violão à reunião e tocasse uma música para nós, com a intenção de ajudá-lo a perder o medo de continuar praticando. A de Patrice recomendava esfregar morangos na barriga de seu marido, lambê-los e contar ao grupo como fora a experiência. E, por achar que a libido de Rory estava adormecida devido aos remédios para ansiedade que o clínico geral lhe prescrevera, o Dr. Rosen receitou:

— Coloque um comprimido entre cada um de seus dedos dos pés enquanto seu marido faz sexo oral em você.

Eu estava seguindo havia semanas minha prescrição de ligar para Rory toda noite e contar a ela o que havia comido ao longo do dia. Eu já não chorava depois de desligar o telefone, e meu consumo de maçãs tinha caído para meras cinco por noite. Chegara a hora de uma nova receita.

— Pode me passar alguma coisa para insônia? Não estou conseguindo pensar muito bem.

O segundo ano da faculdade de direito estava a todo vapor e, quando eu não estava no grupo, estava sendo entrevistada pelas maiores empresas de advocacia de Chicago para um estágio de verão, que eu esperava que pudesse levar a uma proposta de emprego formal. Não estar dormindo bem há semanas fazia o cansaço se acumular, dificultando a concentração nas aulas e entrevistas. Na Winston & Strawn, fiquei beliscando a parte de dentro do braço para não dormir enquanto um sócio grisalho da gestão descrevia a vez que discutira na frente da Suprema Corte.

Eu já havia confessado que minha alimentação era uma bagunça completa; agora confessara que não conseguia dormir. Eu era um bebê recém-nascido preso num corpo de 27 anos.

O Dr. Rosen ajeitou o corpo na cadeira e esfregou as mãos, com um jeito de cientista maluco.

— Hoje à noite, ligue para Marty e peça um elogio.

— Antes ou depois de ligar para Rory para contar o que comi?

— Tanto faz.

— Hoje à noite vou à ópera, então ligue antes das sete — pediu Marty.

Às 18h50, eu estava parada na plataforma da estação Belmont, exausta depois de um longo dia de aulas e mais cinco horas de entrevistas, durante as quais, mais uma vez, fiquei beliscando o braço para não dormir. Disquei o número de Marty enquanto uma rajada de vento jogava meus cabelos no rosto.

— Estou ligando para receber meu elogio — anunciei ao telefone, observando os faróis de um trem que se aproximava.

— Você tem belas pernas, menina.

Marty não era desagradável como o coronel Sanders. Ele chorava toda vez que abria a boca no grupo e parecia verdadeiramente impressionado quando perguntávamos por que ele era tão triste. "Não acredito que alguém me dê atenção", dizia sempre.

Ri junto com o ruído do trem que se aproximava e torci para que aquelas palavras funcionassem como uma dose extra de Zolpidem.

Na manhã seguinte, pensei duas vezes antes de abrir os olhos, com receio de ver que ainda eram duas da manhã. Ouvi sons matinais. Os vizinhos fechando a porta. Pássaros cantando. Um carro dando a partida. Abri o olho esquerdo e espiei o relógio — 5h15. Tive sete surpreendentes horas de sono. Vibrei, de punhos fechados, como uma vencedora.

Talvez o Dr. Rosen fosse um gênio.

7

Conforme o inverno chegava a Chicago, comecei a levar questões mundanas para o grupo. Um arrepio de vergonha tomou meu corpo quando pedi que o grupo opinasse sobre assuntos que eu, uma pessoa inteligente de 27 anos, já deveria decidir sozinha, por exemplo: eu deveria usar parte de meu auxílio financeiro para fazer uma viagem de esqui organizada por Kat, minha colega de quarto? A resposta do grupo foi um unânime "sim", e o Dr. Rosen me pressionou a pensar em uma boa razão para *não* ir.

— Todos vão de casalzinho. Eu vou ser a vela.

— Abra-se — disse o Dr. Rosen.

Não acredito! Você nunca vai com a gente para lugar nenhum!, escreveu Kat quando aceitei o convite.

Na terça-feira entre o Natal e o Ano-Novo, liguei para o celular de Rory de um telefone público em Crested Butte. Era a primeira vez que faltava a uma sessão.

— Oi, querida! Deixa eu te colocar no viva-voz. — Ouvi um ruído e, depois, a voz de Rory, meio abafada: — Pessoal, digam um "oi" para Christie! — E um coro de vozes me cumprimentou ao fundo.

— O que vocês estão fazendo? — perguntei, imaginando cada um deles em seus respectivos lugares de sempre, o céu cinzento de Chicago lá fora.

— Não é a mesma coisa sem você — confessou Carlos.

— Vocês estão com saudades? Não estavam agradecidos por ter uma folguinha de mim e da minha história de maçãs e vermes em excesso?

— Todos estão dizendo que sim — disse Rory. — Até o Dr. Rosen.

Meu coração se elevou até o topo das Montanhas Rochosas e buscou, através das planícies, aquela salinha de 16m² onde eles estavam, onde havia uma cadeira vazia que era geralmente ocupada por meu corpo, onde pensavam em mim.

Quando éramos crianças, meus irmãos e eu nos revezávamos para visitar nossa avó paterna, que vivia em uma grande casa de fazenda amarela em Forreston, Texas. Eu amava aquelas semanas — podia correr pela propriedade buscando tesouros no riacho e recolhendo ossos onde enterravam as vacas. Certa vez — não lembro por quê; talvez para ver se eu era capaz de fazer uma chamada de longa distância —, telefonei para casa durante a estadia. O telefone chamou, chamou e ninguém atendeu. Talvez eles estivessem na piscina do bairro ou no quintal. Tentei mais uma vez, à noite. Nenhuma resposta. Onde estavam?

Quando, no fim de semana, meu pai ligou para combinar um horário para ir me buscar, arranquei o telefone da mão da vovó.

— Onde vocês estavam? Tentei ligar duas noites atrás!

— Fomos passar uns dias em Oklahoma.

Eles foram viajar sem mim? Minha visão ficou turva com as lágrimas que enchiam meus olhos. Nunca tinha ido a Oklahoma e, de repente, aquilo era tudo o que eu mais queria — ver o que eles tinham visto. Coisas incríveis como tendas de verdade gerenciadas por mulheres com longas tranças pretas e plataformas de petróleo ao longo de uma estrada plana e empoeirada. Como eles podiam viajar — sair do estado! — sem mim? Isso significava nitidamente que eu não fazia parte de minha família, e perceber isso me fez querer deitar em posição fetal e chorar alto.

Do outro lado do telefone, papai explicou que eles tinham ido buscar um armário antigo de um amigo da família em Ponca City.

— O ar-condicionado de Howard Johnson estava quebrado, e sua mãe ainda está brava comigo por fazê-la comer no KFC, onde vimos um cão engolir um rato no estacionamento.

Meu pai falava como se a viagem tivesse sido um desastre, mas tudo o que eu ouvia era que coisas maravilhosas e mágicas aconteciam naquela terra chamada *Oklahoma*. Tudo o que eu ouvia era: "Você não tem importância. Fomos viajar sem você porque não ligamos para você."

Durante muitos anos, minha mãe estremecia toda vez que o assunto da viagem a Oklahoma vinha à tona. Não havia uma única foto, e nenhum membro da família tinha uma lembrança feliz daquele passeio. Mesmo assim, eu também estremecia ao ouvir o nome daquele estado, pois era a evidência de que eu poderia ser deixada para trás.

No inverno também tive meu primeiro encontro desde que começara a terapia em grupo. Carlos me apresentou a seu amigo Sam, um advogado que tinha acabado de sair de um relacionamento. Em nossa primeira conversa ao telefone, Sam e eu já identificamos algumas afinidades. Ele admitiu que nunca tinha visto nenhum episódio de *Survivor*, e eu, que parei de ler *Harry Potter* depois do primeiro capítulo. Quando disse que precisava desligar porque o encontro do clube de leitura estava para começar, ele se mostrou impressionado por conhecer uma estudante de direito ocupada que reserva um momento do dia para ler por prazer.

Tinha todas as razões do mundo para acreditar que Sam e eu nos daríamos bem. Nós dois gostávamos muito de Carlos e tínhamos sentimentos controversos sobre nossa profissão. Vi da janela quando ele estacionou o carro na frente de meu apartamento, às oito da noite em ponto. Senti meu estômago revirando de nervoso e fui até o banheiro passar mais uma camada do batom que Carlos escolhera para mim na Barneys.

Quando abri a porta, pensei que iríamos nos abraçar, mas ele estendeu a mão e deu um sorriso protocolar, do tipo que não mexe o rosto. Rapidamente, virou o corpo para descer a escada, como se tivesse estacionado em fila dupla na frente de um hidrante. Mas não me desesperei. Ainda tínhamos uma noite cheia de possibilidades pela frente e, quem sabe mais tarde, até contato físico.

Sam não tinha feito reserva em nenhum restaurante e não deu nenhuma ideia de onde poderíamos ir. Um silêncio estranho pairou sobre nós até que sugeri um restaurante cubano na Irving Park, perto de casa. No caminho, o único som no carro era o da minha voz indicando o caminho. Será que a química que tivemos pelo telefone foi coisa da minha cabeça?

No Café 28, Sam nem tirou o cachecol de lã da Burberry do pescoço e foi curto e grosso com os garçons. Quando a comida chegou, já estava evidente que aquilo não ia dar em nada. Eu estava tão decepcionada que só queria transformar as batatas em purê e arremessar o salmão na parede. Eu tinha comprado um batom e um suéter para aquilo. Estava frequentando o grupo, ligando para Rory, para Marty e "deixando o grupo fazer parte" da minha vida, como o Dr. Rosen vivia dizendo. Onde estavam os resultados? Por que Sam estava tão ausente e desinteressado?

Voltamos para casa num silêncio aterrador. Sam não me levou até a porta — nem sequer desligou o motor. Talvez ele tenha estendido a mão para um cumprimento final, mas logo agradeci pelo jantar, dei as costas e desci do carro. Quando entrei em casa, o relógio marcava 20h50.

Meu encontro não tinha durado nem uma hora.

Liguei para o número do Dr. Rosen — seu contato era o primeiro, rei absoluto da minha discagem rápida — e declarei ao correio de voz minha conclusão:

— A terapia não está funcionando. Por favor, me ligue amanhã. Estou desolada.

Andei em círculos pelo apartamento, pensando em por que Sam não me dera uma chance. Estava me sentindo humilhada, e compartilhei essa sensação com Rory, quando liguei para passar o relatório alimentar, e com Marty, quando liguei para receber o elogio.

— Não é sua culpa que o encontro tenha sido uma droga — asseguraram. — Alguns encontros simplesmente são assim.

No dia seguinte fiz algo que jamais havia feito em toda minha carreira acadêmica: faltei à aula para ficar debaixo das cobertas e olhar para o nada. Não liguei a TV, não abri um livro, não revisei anotações das aulas. Por volta do meio-dia, minha colega mais próxima da faculdade me deixou uma mensagem na caixa postal:

— Ei, ninguém se lembra da última vez que você faltou à aula. Me liga.

Aquela sensação familiar de paralisia que senti na maior parte da vida calou todas as outras sensações, todos os pensamentos. Parecia que eu ficaria para sempre ali, bloqueando minha respiração, meu sangue, meu desejo. Presa, presa, presa. A terapia deveria mudar essa situação, me abrir para o mundo. Em algum lugar do meu peito eu sentia o choro se formar, como um furacão ganhando forças ao longo da costa da Flórida. Aquela paralisia parecia ser culpa minha. Como isso iria mudar? Eu me entreguei ao ódio por mim mesma enquanto contava os relevos de meu teto acústico. Para que serviam aquelas sessões de terça-feira se eu continuava no mesmo lugar?

Às 15h15, o número do Dr. Rosen brilhou na tela do celular.

— Você pode me ajudar? — disse em vez de "alô".

— Acho que sim.

— Por que meu encontro foi tão horrível?

— Quem disse que foi horrível?

— Durou cinquenta minutos. Eu não consegui nem ir à faculdade hoje, estou deitada na cama.

— Meus parabéns.

— Pelo quê?

— Quando foi a última vez que você deu tanto espaço para seus sentimentos?

Ele sabia que a resposta era "nunca".

— Você merece espaço para sentir.

— Mas o que eu devo *fazer*?

— O que estava fazendo antes de eu te ligar?

— Olhando para o teto.

— Pois continue, e venha para o grupo amanhã.

— É isso, então?

— *Mamaleh*, isso é o suficiente — respondeu ele, com uma risada.

Não parecia o suficiente, mas meu corpo relaxou quando desliguei o telefone. Alguns pensamentos racionais me vieram à mente: Sam era apenas um entre milhares de homens em Chicago. Não havia nada errado comigo. Foi apenas um encontro ruim. Grande coisa. Não era motivo para tanto drama.

No grupo, o Dr. Rosen disse que eu só precisaria continuar indo às sessões. Para ele, aqueles noventa minutos que eu passava com ele e meus colegas eram o objetivo e a solução de toda a transformação emocional. Para ele, eram fortes o bastante para marcar meu coração ainda sem entalhes. Para ele, eram suficientes.

Para mim, não. Queria uma nova receita. Algo radical e difícil. Algo que exigisse toda a minha coragem. O Dr. Rosen não estava levando minha angústia a sério. Ele não entendia como eu a sentia fisicamente. Eu era o desenho de uma janela fechada, a tampa de um pote hermético que jamais se abriria, não importava quanto a batesse contra a bancada.

Eu precisava mostrar isso a ele.

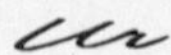

Andrew Barlee me telefonou do nada. Nós nos conhecemos em uma festa. Ele era um rapaz calado, de olhos muito azuis, que ria das minhas piadas. Aceitei encontrá-lo para um brunch e, entre ovos e batatas, observei suas mãos calejadas e seus cabelos, que ostentavam praticamente um mullet. Eu gostava dele? A resposta espontânea era “não”. Não tínhamos nada em comum, a química não existia e eu não me conformava com aquele cabelo dos anos 1980 usado não ironicamente. Mas engoli tudo isso com uma lista que elaborei de características positivas dele: gentil, solícito, sóbrio e se interessava por mim. E daí que ele não gostava de ler? E daí que parecia não dar a mínima para os acontecimentos do mundo que não envolvessem as perspectivas dos Bears para o Super Bowl? E daí que meu corpo inteiro quis resistir quando ele pegou em minha mão no caminho até o carro?

Para o segundo encontro, Andrew me convidou para jantar em sua casa — ele mesmo prepararia a comida. No caminho para seu condomínio em Rogers Park, o trânsito típico dos fins de tarde de sexta-feira se estendia por toda a Western Avenue. Frustrada por não sair do lugar naquele engarrafamento, bati no volante e gritei o mais alto que pude. Gritei tanto e tão alto que passei os dois dias seguintes com a voz meio rouca. Eu não queria ir à casa de Andrew, mas me obriguei a aceitar, porque não aceitar seria, inconscientemente, afirmar que eu queria ficar sozinha. “Andrew é um cara legal!”, gritei para mim mesma. “Dê uma chance a ele!” Como eu poderia reclamar que estava desesperadamente só e, em seguida, negar o convite para um encontro com um rapaz legal e sóbrio?

Depois de me mostrar seu apartamento sofisticado de um quarto, Andrew preparou dois peitos de frango grelhados e esvaziou uma embalagem de alface em uma travessa de cerâmica depois de derramar sobre as folhas um tempero pronto. Sorri para seus esforços sinceros, mesmo que aquele "não" estivesse revirando meu estômago e quisesse subir e sair voando de minha boca.

Nós nos sentamos no sofá, equilibrando os pratos nos joelhos e conversando sobre assuntos triviais, como o trabalho dele e minha família no Texas. Quando olhava para ele de frente, não dava para saber que tinha um mullet, mas a nossa conversa soava como dois ossos se chocando — as palavras não fluíam naturalmente. Nenhum de nós tinha brilho nos olhos, não éramos espirituosos. Não era isso o que eu queria: peito de frango ressecado com um cara legal-o-suficiente com quem eu mal conseguia conversar.

Quando terminamos de comer, entrei em pânico. Não havia mais nenhum assunto para encher nossa conversinha fiada, então avancei na direção dele e encostei meus lábios nos dele, esperando que o beijo pudesse me fazer sentir alguma coisa — qualquer coisa — por ele.

Andrew arregalou os olhos, primeiro surpreso, depois animado, e retribuiu o beijo. Transformei-me em uma boneca inflável: sem nenhum calor nem sentimentos. Queria ir para casa e me odiava por isso, também me odiava por rejeitar Andrew por motivos bestas, como seu corte de cabelo. Não era à toa que eu estava sozinha. Eu era uma chata. O "não" pulsava dentro de mim, mas eu o ignorei. Sentado diante de mim estava um cara legal e, se eu não gostava dele ou não estava a fim, a culpa era toda minha.

— Você tem camisinha? — perguntei.

Talvez o sexo poderia me livrar dessa situação de merda. Talvez ajudasse a me fazer sentir alguma atração por ele.

Eu ainda estava com meu suéter, sutiã, calcinha, calça jeans, meias e botas. A camisa de flanela vermelha de Andrew estava bem enfiada dentro de sua calça jeans com cinto. Ele nem tinha desamarrado os sapatos. Passar de uma sessão de amassos de um minuto e meio para o sexo propriamente dito fazia tanto sentido quanto assaltar a loja de conveniência na esquina. Porém, entre nós, faltava a habilidade ou o desejo de acalmar os ânimos e descobrir o que era aquilo que realmente estava acontecendo.

Não havia música, luz ambiente ou qualquer clima — a não ser que o bafo de frango grelhado pudesse contar. Andrew tirou a calça e colocou a camisinha, enquanto eu deslizava o jeans pelos quadris.

Ele ficou por cima. Mordi o lábio inferior e fiquei olhando para o teto. Pensamentos horríveis dominaram minha mente: *É isso aí que você vai ter. Nunca vai sentir coisa alguma. Não tem conserto. Faltaram os entalhes.* Quando pisquei, senti lágrimas saírem de meus olhos. Segurei o soluço que ameaçava escapar e elaborei a história que contaria no grupo: "Olha o que eu fiz. Agora vocês entendem? O negócio é sério."

Andrew estava com dificuldade de me penetrar — mais sinais ruins. Elevei os quadris para facilitar o acesso e acelerar o processo. Em três ou quatro movimentos, terminamos. Não senti nada além de ódio de mim mesma. Minha respiração nem sequer acelerou.

O celular dele tocou bem quando ele estava terminando. Emergência no trabalho. Andrew vestiu a calça com pressa.

— Desculpe, tenho que ir.

Eu nem sabia qual era a profissão dele.

Entrei no carro e liguei imediatamente para o Dr. Rosen. Contei ao correio de voz sobre o peito de frango, sobre o "não" dentro de mim e sobre o sexo.

— Eu tentei te falar... Por favor, me escute!

Quatro dias depois, no grupo, encarei o Dr. Rosen nos olhos. Meus punhos estavam cerrados de tanta raiva. Com quantos caras ainda precisaria transar para ele me levar a sério? O que eu precisaria fazer para ele tirar aquele sorrisinho idiota do rosto?

— Você acha que eu não te enxergo — afirmou ele.

— Consegue entender que estou sofrendo muito?

— Christie, entendo que esteja sofrendo muito.

— Pode me ajudar?

— Sim.

— O que eu preciso fazer?

— Você já está fazendo.

— Não é suficiente.

— É, sim.

— Mas dói! — Bati com os punhos nos braços da cadeira. — Tudo dói.

— Eu sei.

— Nunca mais quero transar desse jeito!

— Você não precisa transar desse jeito nunca mais.

— Não está funcionando.

— Christie, está funcionando.

Como poderia funcionar? A noite com Andrew fora um desastre em todos os níveis, e tudo por culpa minha. E, vejam só, era eu quem tinha um terapeuta renomadíssimo e cinco colegas do grupo de apoio que, supostamente, estavam me ajudando a colocar a vida nos eixos.

— Até onde isso vai? A recompensa tem sido apenas desconexão e mais sexo ruim.

— Você não chegou à recompensa ainda — respondeu o Dr. Rosen —, mas está no caminho.

— Como todos eles podem estar prontos e eu não? — perguntei, fazendo um gesto amplo com os braços. Todas as pessoas do grupo tinham um companheiro com quem dormir à noite. — Quanto tempo isso vai demorar?

Já estava me imaginando idosa e debilitada enquanto ainda esperava que o milagre da terapia em grupo transformasse minha vida.

— Não sei quanto tempo vai levar. Você não consegue comemorar os passos que já deu?

Não, não conseguia. E não queria comemorar até que soubesse quantos ainda faltavam dar. A percepção de que não havia atalhos para a saúde mental que eu estava buscando foi um balde de água fria. Eu contara ao grupo sobre meu isolamento e sobre meus rituais secretos de alimentação. Aqueles eram meus queridos mecanismos de defesa. Agora, em qualquer interação, incluindo todos os encontros, teria que aparecer sem minhas defesas — o que soava muito saudável, em teoria, mas o que eu senti naquela manhã, no grupo, foi uma derrota surreal e incontornável. Não haveria nenhum conforto nas comilanças de maçãs e nenhum alívio para minha vida hermeticamente fechada. Haveria, sim, a luz brilhante do consultório do Dr. Rosen e os olhares de meus colegas iluminando todas as minhas falhas, mas nenhuma caverna secreta onde eu poderia esconder meus sentimentos. Então botei tudo para fora ali mesmo, sentada na cadeira: chorei por me sentir tão só e tão assustada com a possibilidade de minha vida nunca mudar de verdade ou, pior, que a real mudança exigisse mais do que eu era capaz de dar. Tenho certeza de que, se a sessão não acabasse às nove horas, poderia ficar ali chorando até a hora do almoço.

8

— *Por que você não conta do Fumante para o grupo?* — sugeriu Carlos.

No elevador, subindo para o consultório, contei para Carlos a história do Fumante — que ganhou esse apelido por não largar os seus cigarros e ficar muito sensual com eles —, meu novo crush na faculdade. Ele tinha uma namorada, mas ela nunca aparecia por lá. Ela se chamava Winter e era garçonete. Bem que eu queria que ela fosse feia, safada ou maldosa, mas, quando enfim a vi servindo chopes no John Barleycorn, tive que dar a cara a tapa: era uma garota jovem e esbelta que distribuía sorrisos verdadeiros a todos os clientes.

Fiquei amiga do Fumante porque nós dois passávamos horas na sala de informática, digitando nossas anotações concentrados entre uma aula e outra. Quando nos encontramos a primeira vez, ele me pediu para dar uma olhada nos livros dele enquanto saía para fumar. É óbvio que respondi que sim. Eu adorava sua barba por fazer, sua camisa cheirando a nicotina e o jeito tímido como desviava o olhar quando ria.

— O Fumante?

O Dr. Rosen inclinou a cabeça.

— Um cara da faculdade. Tem namorada. Fuma feito uma chaminé. E bebe bastante. Estou começando a me apaixonar.

— Ele não está disponível — pontuou Patrice.

O Dr. Rosen ficou em silêncio, cobriu a boca com a mão, mudou de posição e então apoiou as mãos nos braços da cadeira.

— Da próxima vez que o encontrar, conte a verdade — sugeriu ele.

— Que é...?

— Que você não fode nem sai de cima.

Olhei para Carlos. O Dr. Rosen estava falando sério? Todo mundo na sala fez que não com a cabeça, como se dissessem: "Não, Dr. Rosen, ela não pode dizer isso." Rory ficou tão vermelha de vergonha que cobriu o rosto.

— Você quer que eu conte para o cara de quem estou a fim que eu "não fodo nem saio de cima"? E depois?

Não era o Fumante o provocador? Era ele quem estava flertando comigo, mesmo com aquela namorada de bochechas coradas. Se alguém me perguntasse antes daquela sessão se meu terapeuta de meia-idade, que usava sapatênis e não sabia nada de cultura pop ("Quem é Bono?", perguntara certa vez), conhecia a expressão "não fode nem sai de cima", eu teria jurado que não. Agora, como parte de meu tratamento, ele estava me dizendo para jogar isso no meio da conversa com o rapaz com quem eu queria ir para a cama.

— É isso o que vamos descobrir.

Duas noites depois, eu estava num táxi em alta velocidade na Lake Street com o Fumante e seu fiel companheiro, Bart, um cara engraçado da nossa turma. O tempo estava abafado, mas o céu, limpo. A porção aparente da Lua sorria para mim com malícia. Abrimos as janelas para arejar o fedor do aromatizador em formato de arvorezinha pendurado no espelho retrovisor. Estiquei o pescoço para fora e virei o rosto para a escuridão do céu, com sua Lua alegre. Senti uma risada subir pela garganta — segurei-a por alguns segundos e, depois, soltei. A música pulsava, alta. Ajeitei o corpo, alinhei os ombros e me voltei para o Fumante, que estava sentado no meio, entre mim e Bart.

— Eu sou dessas que não fode nem sai de cima.

O "dessas" foi meu toque pessoal, para provar a mim mesma que eu não era uma marionete do Dr. Rosen.

O Fumante parou de mascar o chiclete pós-cigarro e ficou imóvel. Então, um sorriso se espalhou no horizonte de seu rosto. Ele manteve o olhar fixo à frente. Fiquei arrepiada enquanto o observava absorvendo o que falei. Queria abraçá-lo com minhas pernas e me esfregar nele e em seus jeans perfeitamente surrados.

Bart inclinou a cabeça além do peito do Fumante e olhou para mim.

— O que você disse?

— Você ouviu — respondi, virando a cabeça para olhar lá fora.

— Não ouvi, não — retrucou Bart.

— Então por que você quer tanto que eu fale outra vez?

— Porque...

— Porque você ouviu da primeira vez.

— Porra. Você é doida, garota.

O cacarejo de Bart foi levado com o vento e se dissipou noite afora, junto com meu orgulho.

O Fumante continuou sorrindo e batucando os dedos em suas coxas longas e finas. A angústia foi tomando conta quando percebi que ele não ia chegar em mim. Ele iria beber comigo e com Bart por mais uma hora e depois voltar para casa e entrar debaixo das cobertas, onde esperaria pelo fim do expediente de Winter, para transar até o amanhecer. Olhei para os edifícios que passavam por nós ao longo da Milwaukee Avenue. Lojas de móveis, lanchonetes, o sebo Myopic Books. Pessoas na fila do Subterranean, esperando para assistir a um show. Nenhuma delas sabia o que eu tinha dito. Eu podia sentir outra coisa por baixo da humilhação: um certo orgulho por ter feito o que o Dr. Rosen pedira. Só o fato de dizer aquelas palavras já fora um mergulho profundo, e exigira toda a coragem que pude reunir. Passados alguns minutos, me dei conta de que dizer aquelas palavras tinha me deixado mais próxima do Dr. Rosen e de todo o grupo. E dali a quatro dias eu me sentaria com eles e recontaria aquela noite, na qual venci uma batalha interior contra a ansiedade — e a razão — para seguir os conselhos do terapeuta.

Quando chegamos ao bar Bucktown, vimos que não tinha mais mesa na área externa, então o Fumante acendeu um cigarro na calçada. As primaveras avançavam sobre as cercas e exalavam um perfume suave.

— Quer um? — perguntou ele, estendendo para mim seu maço de Marlboro.

Ah, como eu queria dizer "sim", e então o clima seria perfeito: nós dois tragando e soprando como os casais nos filmes, pessoas sem questões voltadas à saúde mental, sem complexos sexuais, sem transtornos alimentares, sem oxiúros. Se eu dissesse "sim", ele se aproximaria para acender o cigarro, e o cheiro dele — a fumaça, o chiclete, os vestígios do dia — entraria para minha coleção de lembranças.

Mas eu não podia ceder e aceitar. Pouco tempo atrás, quando Rory reclamava da saudade que sentia dos cigarros, o Dr. Rosen explicara que, quando fumamos, estamos inalando o desprezo tóxico que temos por nós mesmos.

— Não, valeu — respondi.

Na terça-feira seguinte, peguei o trem para o centro da cidade enquanto o sol ainda surgia atrás das árvores. Estava acordada desde as quatro horas da manhã — apesar de ter ligado para Marty na noite anterior — e resolvi adiantar a ida e passar o tempo em um café.

Agarrada à minha xícara de chá, fiquei olhando a Madison Street através da janela. Uma mochila amarela fosforescente — como a do desenho *George, o Curioso* — chamou minha atenção. O homem que a carregava caminhava um pouco mais devagar do que todos os outros, como se estivesse visitando um jardim inglês. Parecia mais baixo do que a média — quase da minha altura — e seus lábios se moviam lentamente, como se conversasse consigo mesmo. Achei que fosse um turista e tirei o saquinho de chá da xícara. Só quando ele estava quase fora de meu campo de visão é que me liguei: era o Dr. Rosen.

Era ele mesmo — aqueles cabelos eriçados, os ombros levemente curvados. Como ele podia parecer tão franzino? No grupo, aparentava ser tão grande — maior do que tudo — quando eu lhe pedia receitas, soluções e respostas.

Observei-o enquanto ele sumia pela Madison Street em seu ritmo agradável, murmurando consigo mesmo.

Por que ele caminhava tão devagar? Estava indo para o trabalho — para a sessão do *meu* grupo — e não para uma peregrinação a Medjugorje. Por que estava murmurando? Onde tinha arrumado aquela mochila horrorosa?

Na hora em que segui para a terapia, tive que enfrentar a dura questão: será que meu terapeuta era um doido completo? Por que aceitei seu conselho e falei aquilo para o Fumante? Por que dei tanto poder para aquele homenzinho esquisito?

— Por favor, mate o Buda — sussurrei enquanto me aproximava do grupo.

9

Todo mundo no grupo recebera alguma tarefa sexual. A prescrição do coronel Sanders era massagear as costas da esposa sem pressioná-la para fazer sexo. A de Patrice era algo envolvendo brinquedos eróticos. A recomendação de Carlos era ficar pelado e abraçar seu noivo, Bruce, por dez minutos, todas as noites. Marty deveria convidar a amiga que vivia com ele, Janeen, para tomarem um banho juntos. Rory deveria colocar a ritalina entre os dedos dos pés enquanto recebia sexo oral de seu marido.

Ouvi tudo aquilo, espumando de inveja.

— Também quero uma tarefa dessas, mas não tenho um parceiro.

O Dr. Rosen esfregou a palma das mãos, como se estivesse esperando esse pedido há semanas.

— Você pode avisar Patrice toda vez que for se masturbar.

Esfreguei as laterais da cabeça e franzi as sobrancelhas.

— Fazer o quê?

— Ligue para Patrice. — Ele discou um telefone imaginário e levou a mão à orelha, como se fosse o aparelho. — Diga: "Oi, Patrice. Vou me masturbar agora. Estou ligando porque quero seu apoio com minha sexualidade. Funcionou bastante com minha alimentação, e agora eu gostaria de trabalhar minha sexualidade." Então, depois do orgasmo, você liga de novo e diz: "Obrigada pela sua ajuda!"

— Não. — Levantei-me da cadeira. — De jeito nenhum.

Racionalmente, eu sabia que não havia nada errado na masturbação — a Dra. Ruth me ensinara isso. Em teoria, não havia por que se envergonhar do prazer. Porém, na prática, eu só podia ter prazer em segredo, debaixo das cobertas, na escuridão da noite. Eu nunca tinha falado — e nunca conseguiria falar — sobre masturbação. Os fantasmas de todas as freiras que me disseram que só deveria fazer sexo para a procriação e com meu marido católico me assombravam. No sétimo ano, na aula de cuidados com a saúde, a irmã Callahan passou diversos — e bizarros — minutos explicando que a masturbação era um "pecado grave, porque cada espermatozoide desperdiçado poderia gerar uma nova vida". Ela não mencionou a possibilidade de garotas terem um comportamento similar, o que parecia uma prova de que garotas não se masturbavam — nem deveriam. Era algo absurdo.

O nome técnico de meu transtorno era *anorexia sexual*. A anorexia que a maioria das pessoas conhece é quando uma pessoa restringe sua alimentação com muita severidade. Uma anoréxica sexual como eu priva a si mesma do sexo indo atrás de etilistas indisponíveis que geralmente têm namorada, que são incapazes, por opção ou por um problema, de ter qualquer relação mais íntima ou se força a fazer sexo sem ter nenhuma atração em relação ao parceiro. Esse rótulo me deixou intrigada, pois, como fui uma criança gordinha, desejava um diagnóstico elegante, como "anoréxica". Não sei se passei a gostar desse especificamente, mas ele me fazia sentir menos só. Se minha condição tinha até um nome, eu não poderia ser a única pessoa no mundo a agir assim.

Eu jamais iria "avisar" sobre minha masturbação. Encarei o Dr. Rosen e fiz que não com a cabeça.

— Mas você me liga para contar das maçãs! — disse Rory.

— É diferente.

— Por quê? — quis saber o terapeuta.

— Você não consegue ver a diferença entre maçãs e masturbação? — Meu pescoço se enterrou entre os ombros com a ideia de pensar em ligar para Patrice para isso. Telefonar para falar *desse assunto* era como acender um sinalizador. "Adivinhem só, pessoal! *Vou me aliviar*!" Isso violava as regras antionanistas da Igreja Católica e a regra de minha mãe de não-contar-suas-coisas-para-os-outros. Aquela prescrição era absurda, depravada, impossível.

— Você quer minha opinião? — indagou o Dr. Rosen. — Comer dez maçãs depois do jantar...

— Já diminuí para quatro.

— Certo, quatro maçãs, mas comê-las não era prazeroso. Você queria parar com isso. Abandonar um comportamento negativo é diferente de conseguir apoio para iniciar um comportamento agradável. Você resiste mais ao prazer. É por isso que estou te passando essa prescrição...

— Que eu não posso cumprir.

Eu devia deixar esse grupo, isso, sim.

— Você tem outras opções — disse o Dr. Rosen.

Rory me deu um chutezinho com o bico da bota e sugeriu que eu pedisse algo menos pesado. Respirei fundo. Eu iria me afogar em desespero ou pedir aquilo de que precisava?

— Você pode suavizar um pouco? — sussurrei.

O Dr. Rosen sorriu e fez uma pausa.

— Que tal avisar Patrice que vai tomar um banho de banheira?

— Nenhuma exigência de tocar ou esfregar nada enquanto estiver lá?

— Nada além de um banho.

— Combinado.

Todo o meu corpo relaxou. Eu poderia fazer aquilo. Estava de volta ao páreo.

O Dr. Rosen não parava de me encarar.

— O que foi? — indaguei.

— Quando foi a última vez que você disse a alguém que não estava preparada para fazer o que estavam te pedindo?

No último ano do ensino médio eu saía com Mike D., uma estrela do time de basquete que fumava maconha todos os dias. Ele foi meu primeiro namorado de verdade e eu queria muito ser uma boa namorada, independentemente do que isso queria dizer. Antes de mim, Mike namorou uma líder de torcida que, ao que parecia, fazia um boquete excelente. Quando ele deu a entender que sentia saudade daquela garganta profunda, me senti obrigada a chupar o pau dele. Porém, aos 17 anos, eu só tinha beijado na boca uma vez, três anos antes. Sexo oral era para os experientes, e minha ignorância no assunto fazia a minha garganta se fechar de nervoso. O que fazer com as mãos? Quanto tempo o pau dele ficaria na minha boca? Que gosto teria? Quando Mike empurrou minha cabeça para baixo das cobertas, engoli o medo goela abaixo. Quando tentei levantar a cabeça para respirar e perguntar se estava indo bem, ele puxou minha cabeça de novo. Pensei em minha cabeça suada sob aquelas cobertas milhares de vezes, sempre me perguntando por que me senti tão sem escolha, tão sem palavras e sem o direito de levantar o cobertor e respirar, ou até de não chupar o pau dele, para começo de conversa. Fiz aquilo porque queria ser uma boa namorada, e boas namoradas dizem "sim".

Uma colega de quarto na faculdade, Cherie, se formou um semestre antes de mim. Cherie tinha um espírito livre e seus planos depois de se formar eram fazer *couchsurfing* pelo Colorado até começar a pós-graduação. Quando ela me pediu para ir dirigindo com seu Jetta até Denver, eu deveria ter dito "não". Deveria estar em Dallas visitando minha família e trabalhando em algum emprego temporário no shopping. Levar Cherie, sua bicicleta e sua mala de lona cheia de camisetas *tie-dye* para Mile High City era desconfortável e idiota. Mas eu disse "sim", pois a ideia de dizer "não" fez meu estômago doer. Eu queria ser uma boa amiga. Boas amigas dizem "sim".

Antes de me mudar para Chicago com objetivo de cursar direito, consegui um trabalho na lojas de roupas Express na cidade da primeira faculdade, vendendo shorts-saia para as meninas da fraternidade. Depois de alguns meses, fui promovida a gerente auxiliar. Às vezes, minha supervisora aparecia com arranhões enormes e ensanguentados nos antebraços — de um gato bravo ou de um hábito de automutilação sinistro — e me pedia para cobrir o turno dela muitas vezes por mês. Aceitar significava que eu teria que trabalhar por dez horas seguidas sem descanso — gerentes auxiliares não podiam deixar a loja sozinhas, nem mesmo para correr até uma lanchonete para comer alguma coisa. Minha supervisora estava em casa, envolvida com algum comportamento físico esquisito, e eu tinha que pedir a algum rapaz do estoque para olhar o caixa enquanto eu ia fazer xixi. No entanto, dizer "não" nunca me passou pela cabeça. Eu queria ser uma boa funcionária, e boas funcionárias dizem "sim".

"Sim" — era o que eu pensava que deveria responder como namorada, amiga, funcionária. Eu deveria ser esse tipo de menina, e depois de mulher, no mundo. Quando alguém me fazia um pedido eu já me preparava para aceitar sem nem pensar se eu estava com fome, se sabia o caminho até Denver ou se tinha alguma ideia do que fazer com um pênis na boca.

Confessei ao Dr. Rosen que não tinha o costume de dizer "não". Ele me perguntou se eu tinha alguma ideia do quanto isso me custava. Fiz que não com a cabeça. Custar? As pessoas gostavam de mim porque eu era a garota que sempre dizia "sim". E se eu virasse a chave e começasse a dizer "não"? Ficariam bravos comigo. Decepcionados. *Infelizes*. Eu não suportaria. Esse tipo de audácia pertencia a outras pessoas, como garotos e mulheres gostosas sem bagagem emocional.

— Nos relacionamentos, se não pode dizer "não", então você não pode ter intimidade — explicou o Dr. Rosen.

— Você pode repetir? — pedi.

Fiquei imóvel, para que cada palavra entrasse em mim, penetrasse minha pele e meus músculos e grudasse em meus ossos.

— Se não pode dizer "não", então não pode haver intimidade.

As pessoas me diziam os seus *nãos* o tempo todo, e eu ainda as amava. Será que era isso que elas aprendiam na escola enquanto eu me empanturrava de biscoitos das escoteiras e criava playlists de Lionel Richie e Whitney Houston?

Enquanto minha velha banheira com pés de garra ia enchendo de água com espuma e óleo de lavanda, deixei uma mensagem de voz para Patrice, cumprindo a primeira parte da prescrição. Liguei para o celular dela de propósito, pois sabia que ela o desligava à noite. Prendi a respiração enquanto mergulhava na água quase escaldante. As bolhas fizeram um barulhinho farfalhante. Apoiei a cabeça na borda de porcelana e expirei. Fiquei sem ar — um indício de que estava prestes a chorar, mas fechei os olhos com força e balancei a cabeça. Não queria abrir o berreiro por causa daquilo — queria apenas ser uma mulher normal que toma um banho de banheira para relaxar. Depois de dois minutos, eu já queria sair. Já tinha cumprido a tarefa, já engolira o comprimido. Tinha mais o que fazer, como três telefonemas para três membros do grupo.

Mas então coloquei a palma das mãos sobre o peito e respirei fundo. Lágrimas jorravam de meus olhos, e deixei que viessem. O que eu senti foi um alívio — intenso, crescente, puro. *O não também podia ser meu.*

Todo mundo dizia "não". Outra colega de quarto na faculdade, Kat, era curta, grossa e atrevida, e mandou um bonitão da Delta Phi "à merda" quando ele lhe pediu um boquete. Ela fez isso sem um pingo de ansiedade, sem qualquer nó no estômago lhe dizendo o contrário. Aos 5 anos, meu irmão teimoso resistiu por uma hora enquanto meus pais pediam, insistentemente, que ele desse uma mordida em um sanduíche de atum. Ele venceu a batalha do atum, enquanto eu me forcei a comer cada pedaço horrível e cheio de maionese até o fim, até mesmo a casca do pão. Carlos resistia ao pedido insistente do Dr. Rosen dizendo que nunca levaria o violão e cantaria para o grupo.

Já eu estava considerando sair do grupo para que não precisasse olhar nos olhos do terapeuta e dizer: "Não. Não vou avisar Patrice sobre minhas masturbações."

Pus as mãos em concha e as enchi de água, e em seguida deixei-a fluir entre os dedos. Sempre detestei banhos de banheira. O que há de tão relaxante em ficar dentro da água sem nada para observar exceto os azulejos das paredes e uma ou outra parte do corpo aparecendo entre a espuma? Eu detestava olhar para meu corpo. Sempre acabava por destacar os defeitos — pernas sem depilar, pés malcuidados, peitos caídos, abdome flácido e coxas grandes. Toda essa avaliação minuciosa e vergonha acabavam com qualquer tentativa de sentir prazer em um banho, enquanto para todas as mulheres aquele era um momento incrível.

Ainda conseguia ver aquelas coisas — o esmalte vermelho descascado, as pernas peludas, os músculos flácidos. E ainda sentia o calor da vergonha formigando na minha pele. Porém, apesar de tudo isso, uma centelha mais luminosa e agradável surgiu, e até cogitei a ideia de que poderia ter um relacionamento diferente com meu corpo e talvez até com outras pessoas.

Meus dedos estavam enrugados quando a água esfriou até a temperatura ambiente. Sentei-me e senti um arrepio. Enrolei-me em uma toalha enorme, listrada em rosa e branco, e me sentei na borda da banheira.

— Pronto, está feito! Boa noite. — Foi a mensagem que deixei no celular de Patrice.

Liguei para Rory para reportar o que comi.

Liguei para Marty para pedir meu elogio.

— Você está com tudo, menina! — disse ele, com seu sotaque de Groucho Marx.

Ri. Os músculos de meu pescoço e ombros estavam mornos e relaxados após o banho, e comecei a sentir uma sonolência vertiginosa.

— Amo você — disse eu, segurando o telefone com os dedos ainda enrugados.

Aquelas palavras simplesmente saíram.

— É óbvio que ama, minha querida. E eu também te amo. Não é divertido?

Sorri. *Divertido* não era exatamente a palavra que eu usaria para aquela sensação quentinha que se espalhava por meu peito, mas não consegui pensar em outra melhor.

Na cama, tive uma visão: os membros do grupo com os dedos posicionados debaixo de meu corpo, como na brincadeira leve como pena, duro como tábua. Eles trabalhavam juntos para invocar quaisquer que fossem os espíritos que pudessem ajudar a me levantar cada vez mais alto. Pude sentir as mãos do Dr. Rosen segurando minha cabeça, as de Carlos e do coronel em meus ombros, as de Patrice e Rory, cada par em um lado do quadril, e Marty nos pés. Eu os amava de verdade — por sua presença, seu esforço e suas mãos fortes sob meu corpo. Eles estavam deixando suas marcas em minha vida.

Isso me emocionou, me fez querer gritar, me encheu de espanto.

10

Lágrimas grossas rolaram pelo rosto de Marty em uma terça-feira de primavera. Em seu colo havia uma lata prateada, do tamanho e formato de um pequeno cilindro, parecida com aquelas de biscoitos natalinos. Ele disse que não aguentava mais toda aquela morte. Não queria mais saber daquilo.

Era um grande passo para Marty. Ele parecia normal e funcional por fora, mas todos sabíamos de seu estoque de cianeto. O Dr. Rosen o mencionava em quase todas as sessões e insistia para que Marty o levasse ao grupo.

— Parece que você já pode se libertar disso — disse o terapeuta, apontando para a lata.

— O que é que tem aí dentro? — perguntou o coronel Sanders.

Marty abraçou a lata contra o peito.

— As cinzas de um bebê.

Afundei os calcanhares no carpete e empurrei a cadeira para trás. Bebês deveriam ser bochechudos e barulhentos — babando, resmungando, chorando —, não confinados dentro de uma lata.

Marty explicou que o bebê, que morrera com menos de 1 mês de vida, era filho de um de seus primeiros pacientes psiquiátricos. Anos antes, o paciente pedira a ele para guardar as cinzas, enquanto tentava superar aquela perda, mas também morreu. E Marty estava perguntando ao Dr. Rosen o que deveria fazer com esse *memento mori*.

O Dr. Rosen adorava trazer à tona nossos sentimentos em relação à morte. Se fizéssemos um gráfico, os dois temas dominantes no grupo seriam sexo e morte. E, se houvesse um trauma relacionado à experiência de morte, ele iria cutucá-lo pelo menos duas vezes por mês. Rory tinha que falar sobre o Holocausto quase toda vez que contava uma história, mesmo que o extermínio dos judeus europeus na década de 1940 aparentemente não tivesse nada a ver com as últimas faturas de seu cartão de crédito. Quando Patrice tinha que lidar com um problema sério no trabalho, o Dr. Rosen retomava o assunto do suicídio do irmão dela. É óbvio que quase sempre ele tentava me fazer falar do acidente no Havaí. Em geral, eu fugia pedindo que ele focasse na minha vida sexual, e não no azar de testemunhar um falecimento durante uma viagem para a praia quando tinha 13 anos de idade.

Marty estendeu a lata na direção do terapeuta. O Dr. Rosen a examinou e disse algo em hebraico antes de se dirigir a Marty e sugerir que, se ele estivesse mesmo pronto para abandonar sua preocupação com a morte, seria capaz de abraçar a vida com mais disposição — o que o aproximaria muito mais de Janeen, sua companheira há muito tempo.

Um silêncio sombrio dominou o grupo. Sentimentos brotaram em meu peito — flashes com aquelas lembranças horríveis —, mas os reprimi. Eu me convenci de que estava inventando aquela tristeza toda para entrar no clima do grupo.

Naquele momento, senti a necessidade de cruzar as pernas, um sinal óbvio de desafio. Qual era o truque do Dr. Rosen para mim? O que eu traria para o grupo a fim de mostrar que — *voilà!* — estava pronta para novas aproximações e intimidade? Marty e eu começamos no mesmo dia, e ele estava passando na minha frente. Eu tinha procurado o Dr. Rosen querendo morrer por ser crônica e totalmente solitária, mas Marty tinha *comprimidos de cianeto* em casa. E, de alguma maneira, estava ganhando de mim! Deixei a inveja e a raiva me dominarem, mas não disse nada.

Faltando 15 minutos para acabar a sessão, o Dr. Rosen voltou ao assunto da lata.

— Escolha alguém para ficar com ela.

Baixei os olhos para o carpete manchado enquanto Marty passava os olhos pelo grupo. É lógico que ele escolheria Patrice, a Mamãe Urso do grupo.

— Christie.

Pelas bolas flamejantes de Freud! Eu o encarei com um olhar indignado, incomodada com a ideia de que ele me escolhera para guardar um bebê que nunca cresceu, cujos ossos e carne foram incinerados e lacrados em uma lata de metal. Fiz uma careta para o Dr. Rosen por ele ter organizado aquela cena mórbida. Queria ficar em pé, dar tapas em meu rosto e gritar até a garganta falhar: "Eu não vim aqui atrás de morte, ossos e cinzas! Vim aqui para viver! EU QUERO VIVER!"

Não fazia sentido algum que eu, uma desconhecida do grupo de terapia de Marty, passasse a ser a guardiã daquela lata. O bebê não merecia estar nas mãos de alguém que o amasse ou que amasse os pais dele? Aquilo era muito aleatório.

O Dr. Rosen orientou Marty a me olhar e perguntar se eu poderia ficar com a lata. Quando nossos olhares se encontraram, pude ver a dor dele, mas não consegui suportá-la. Desviei o olhar para o Dr. Rosen.

— E se eu ficar com os comprimidos de cianeto?

— Acho que não... — rebateu o terapeuta. E acrescentou, depois de uma pausa: — Você sabe que não precisa fazer isso.

— Fazer o quê?

— Piadas. Quando você fica assustada, triste ou com raiva. Desviando do assunto.

— Ah, que tal isso? Vá à merda, Dr. Rosen.

Ele esfregou a palma da mão no coração, um gesto que eu já tinha visto antes. Quando alguém se dirigia a ele com tanta raiva, ele recebia como um sinal de amor e o guardava em seu coração, como uma bênção.

— Melhor.

— Certo — sussurrei, me dando por vencida.

Perguntei a Marty o nome do bebê.

— Jeremiah.

Eu não poderia abandonar o bebê Jeremiah. Partes daquela criança amada ainda estavam na lata, e eu não lhe viraria as costas. Eu era egoísta e egocêntrica, mas não um monstro. Estiquei os braços na direção da lata.

O Dr. Rosen passou a lata para Patrice, que a passou para mim. Segurei-a e tentei deixá-la imóvel. Não queria *sentir* o conteúdo em seu interior. Quando a coloquei no colo, imaginei-a repleta de conchinhas. Tentei com muito esforço não pensar em ossos. Uma imagem de mim mesma soluçando e balançando enquanto a ninava me veio à mente, mas uma lufada de raiva do Dr. Rosen varreu aquele sofrimento terno.

— Uma pergunta — disse eu para ele. — Deixando Jeremiah partir, Marty vai se aproximar de Janeen. E o que vai acontecer comigo se ficar com ele?

— Para você, essas cinzas representam seu envolvimento com o grupo — respondeu ele, depois de alguns *hmmms* e *hummms* olhando para o teto. — Você precisa do apoio do grupo para se aproximar da morte, a fim de não fugir dela. — Ele se inclinou para a frente como se quisesse garantir que eu iria escutá-lo. — Você quer avançar? Comece a sentir.

— Não sei.

Minhas mãos tremiam enquanto seguravam a lata.

— Não sabe o quê?

— Como fazer isso. Ou se consigo.

— *Mamaleh!* Já está acontecendo.

Duas semanas depois, Marty chegou com um envelope.

— Meus comprimidos — anunciou Marty.

Ele colocou as cápsulas amarelas na palma da mão e as ofereceu ao terapeuta.

— Hoje teremos um funeral — disse o Dr. Rosen, levantando-se.

Fomos atrás dele até o pequeno banheiro fora da sala. Rory segurou as mãos de Marty até que ele se sentisse pronto para se despedir dos comprimidos. O Dr. Rosen anunciou que iria recitar o Kadish do luto.

— O que estamos velando? — perguntei.

— A tendência suicida de Marty.

— *L'chaim* — brindou Carlos.

— Isso significa "à vida" — sussurrou o coronel Sanders para mim, colocando a mão nodosa em meu ombro.

— Eu assisti a *Um violinista no telhado* — respondi, afastando aquela mão de mim.

— *L'chaim* mesmo — repetiu o Dr. Rosen, sorrindo para Marty, que jogou todos os comprimidos no vaso e os viu rodar e rodar com a descarga até desaparecer.

Depois que os comprimidos foram descarga abaixo, voltamos para os nossos lugares. O Dr. Rosen me encarou.

— Preparada? — perguntou.

— Para quê?

— Você sabe o quê.

— Não sei, não.

— Acho que sabe, sim.

É óbvio que eu sabia.

11

A etiqueta da minha bagagem dizia "Christie Tate-Ramon".

— Sempre quis ter duas filhas — disse David, pai de Jenni, ao me entregar a mala.

Ele me abraçou e foi nos conduzindo, eu e Jenni, para o táxi vazio parado na rua. Estávamos em cinco: Jenni, seus pais, David e Sandy, seu irmão, Sebastian, e eu. O primeiro ano do ensino médio só começaria em seis semanas.

Quando pousamos em Honolulu, todas as pessoas no aeroporto vestiam camisas florais e nos saudaram com *Mahalo*. A caminho do hotel, ficamos repetindo aquilo, como uma oração.

Por três dias, exploramos a ilha principal, parando nas beiras da estrada para ficarmos maravilhados com as cachoeiras que brotavam das paredes montanhosas, comendo macadâmias e tirando fotos das praias de areia escura. Na segunda noite, o luau protocolar, quando comemos o *poi* e usamos colares de orquídeas recém-colhidas.

No quarto dia, depois do almoço, David nos colocou no sedã alugado, com toalhas e pranchas de bodyboard. Fomos até uma praia reclusa no fim da estrada, que tínhamos avistado durante o primeiro dia de passeio turístico. Sandy ficou no hotel para cuidar da roupa suja.

— Surfe! Surfe! Surfe! — gritava David enquanto passávamos pela estrada cheia de curvas que contornava a montanha.

Sebastian colocou uma fita no toca-fitas e aumentou o volume. Era The Cure, cantando melancolicamente sobre praias e armas. Baixamos as janelas e cantamos o mais alto que conseguimos, deixando a brisa atingir o fundo de nossas gargantas.

David estacionou e foi guiando a gente por um caminho sombreado, no meio do qual havia uma placa de "Não ultrapasse" presa em uma cerca metálica, quase escondida por uma trepadeira florida. Parei por um nanossegundo, e o medo percorreu meu corpo. Estávamos infringindo uma regra. David assoviava. O céu estava azul e sem nuvens, anunciando um ar bem fresco e um banho refrescante assim que chegássemos à praia. Coisas ruins não aconteciam em lugares tão floridos assim.

Nós nos organizamos em fila indiana, eu era a última. Meus chinelos de dedo pelejavam para me sustentar enquanto eu descia a montanha íngreme.

Quando a trilha ficou plana e se abriu para uma vasta vegetação natural, pudemos ver a arrebentação alcançando a areia — uma areia preta que brilhava sob a luz do sol. David encontrou um espaço plano e seco para deixarmos nossas coisas. Não havia mais ninguém na praia — nenhuma cadeira de guarda-vidas, nenhuma toalha de praia estendida na areia, nenhum sinal de vida. Era libertador ter todo aquele paraíso só para nós. Tirei a camiseta e o short e ajustei as alças do meu maiô enquanto Sebastian corria para a água. Jenni e eu o seguimos com uma corridinha.

— Já estou indo! — David estava debruçado sobre a caixinha de lentes de contato com uma garrafinha pequena de solução salina.

As ondas pareciam suaves, não eram como os *swells* na Padre Island da costa do Texas, onde eu passava o verão com minha família. O céu continuava azul, inofensivo. Meu único problema era que eu queria ser magrinha que nem a Jenni.

Quando eu já estava com a água na altura das coxas, uma onda me derrubou. Todo o meu corpo ficou submerso, e o recuo das ondas me puxou ainda mais para baixo. Foi difícil voltar a ficar em pé, mas, assim que consegui, outra onda veio e me derrubou mais uma vez. Dei cambalhotas sob a água salgada, que fazia meus olhos e nariz arderem.

Era como se uma força invisível me puxasse para baixo, me desafiando. Toda vez que eu conseguia tirar a cabeça da água, tentando recuperar o fôlego, era nocauteada antes de conseguir respirar. Tudo o que tentei não deu certo.

Em pânico, agitei os braços e bati as pernas, mas a corrente continuava me puxando. Quando finalmente consegui chegar a um lugar onde dava pé, arquejei e tossi, quase vencida pela exaustão. Minha cabeça latejava por causa da luta contra a maré. Cambaleei para fora da água.

Já na areia, eu ofegava. Meus braços doíam de tanto que tentei nadar. Jenni apareceu e veio correndo em minha direção. Nós duas concordamos que era melhor tomar sol.

— Cadê meu pai? — perguntou ela, perscrutando a água.

Levei a mão à testa para proteger os olhos do sol e esquadrinhei o oceano — esquerda, direita, esquerda. Nada do David. O medo percorreu meu corpo inteiro mais uma vez.

— Meu Deus! — gritou Jenni, apontando na direção da água antes de sair correndo.

A uns dez metros de nós, um objeto laranja boiava. Era a prancha de David. Algo grande e branco boiava ao lado.

O rosto de David estava virado para baixo. Uma onda quebrou e o entregou para nós, na parte rasa do mar. Nós o pegamos e vimos os olhos de David arregalados, mirando, imóveis, o céu. Senti que minha respiração escapava em pequenos solavancos. Da boca e do nariz de David saíam esguichadas de água. Era muita água — como se ele tivesse engolido metade do oceano.

Segurei um braço, Jenni segurou o outro, e o puxamos até a areia. Não sabíamos prestar os primeiros socorros, mas pressionamos o peito dele porque imaginávamos que era o que deveríamos fazer. Chamávamos por Sebastian aos gritos e, a cada pressão que fazíamos no peito de David, mais água saía de sua boca e nariz. Os olhos permaneciam abertos, imóveis, encarando o nada.

Meus dentes rangiam sem parar e meus braços se contraíam em espasmos. Eu me remexia no mesmo lugar quando não estava bombeando o peito de David. Ficar parada significava que a horrível verdade daquele olhar vidrado e dos golfos de água poderia me alcançar. Minha mente elaborava mentiras: *Ele vai ficar bem. As pessoas não morrem nas férias. No caminho para casa, vamos todos rir dessa ressaca havaiana.* Eu ainda podia ouvi-lo assoviando.

Se conseguíssemos bombear água suficiente para fora do corpo dele, David iria se sentar e tossir.

— Meu Deus! — exclamou Sebastian, que se aproximou correndo, encharcado. Ele pressionou o peito do pai com as duas mãos bem abertas.

— Vou procurar ajuda! — gritei, e logo depois saí correndo, descalça e ainda tremendo.

Se ficasse parada, a verdade me alcançaria. Por isso, concentrei toda a minha energia nas pernas e forcei meu corpo a subir o morro. O fantasma de David assoviando por aquele caminho apenas trinta minutos antes assombrava cada passo meu. No meio da subida, tropecei em uma raiz e caí de cara no chão. Um corte se abriu de um lado a outro do meu joelho. Deveria doer muito, mas eu não senti nada. Estava tomada por taquicardia e pânico. Meus pensamentos não estavam mais ali, e, sim, no topo da montanha, implorando para que alguém nos ajudasse.

— Não, pai, não!

Eu ouvia o desespero de Jenni e Sebastian vindo da praia. Fiquei de pé novamente. Precisava continuar correndo para abafar aquele ruído insuportável. Cada vez que parava para tomar fôlego, ouvia os gritos. Imaginar os dois, sozinhos na praia, com o cadáver do pai, me fez prosseguir.

Quando cheguei lá em cima, desabei diante de quatro senhores jogadores de golfe. Fiquei frente a frente com seus sapatos brancos e com as bainhas de suas calças xadrez. Um deles inclinou o corpo e aproximou o rosto do meu.

— Você está bem, menina?

— Ele se afogou, mas não está morto! — insisti. Para mim, naquele momento, havia uma grande diferença entre estar afogado e morto. — Os filhos dele estão lá embaixo com ele, sozinhos.

Os quatro se afastaram, me deixando sozinha apoiada em uma pedra.

— Ele não está morto — repeti.

Um grito, um sussurro, um apelo vindo direto do meu coração.

Ficar parada era horrível. Firmei-me sobre os pés com dificuldade e corri até a estrada para buscar mais ajuda. Pedrinhas espetavam a sola dos meus pés, mas não furavam a pele. Corri mais rápido até encontrar uma cabana abandonada longe da estrada. Ninguém atendeu à porta, então entrei, desesperada.

— Telefone! Telefone!

Na sala escura havia apenas uma mesa de madeira, algumas cadeiras e uma estante robusta de livros. Ninguém, nenhuma luz nem telefone.

De volta à estrada, não conseguia ver a praia nem ouvir Jenni e Sebastian. Fiquei parada, de maiô, esperando alguma coisa acontecer, com espasmos, sem saber para onde ir. Um lamento gutural escapou de minha garganta, qualquer coisa sem sentido misturando "não, não, não" com "por favor, por favor, por favor". Segurava minha cabeça com as mãos, como se ela fosse explodir se eu soltasse.

Uma família do Kansas — mãe, pai e filho adolescente — estacionou o carro perto do mirante. Acenei com os braços.

— Me ajuda, por favor!

Boa notícia: o pai era cardiologista. Ele e o filho desceram correndo pela trilha enquanto a mãe me ofereceu uma lata de refrigerante e me chamou para sentar um pouco ali no carro com ela. Tomei a bebida cheia de açúcar em pequenos goles, ainda tremendo, como se meu corpo estivesse absorvendo aquela verdade terrível.

Um policial estava passando em uma caminhonete preta, e a mulher pulou do carro para fazer sinal. Ele colocou a cabeça para fora da janela e ela sussurrou alguma coisa. O policial olhou para mim e prometeu chamar socorro.

Nuvens espessas e cinzentas surgiram de repente. A chuva desabou sobre o carro e logo se transformou em granizo. Meu corpo se contraía ao som de cada pedrinha que batia no vidro. E eu ainda tremia. Meus dentes batiam tanto que achei que iriam se soltar. Se prendesse a respiração, até conseguia ficar imóvel, mas assim que soltava o ar a tremedeira recomeçava.

Lá no alto, as hélices de um helicóptero zumbiam: um enorme pássaro de metal deslizando em direção à praia. A mulher estremeceu e segurou a minha mão. Ela sabia o que aquilo significava. Os jogadores de golfe apareceram no início da trilha. Saltei do carro e corri em disparada. Ainda tinha alguma esperança, apesar de vê-los balançando as cabeças de um lado para o outro. Não, ele não sobreviveu. Não, ele está morto. Não, não há mais esperança.

— Os filhos estão vindo.

O último fio de esperança se esvaiu do meu corpo.

Eu ouvia o zumbido das hélices mesmo quando não havia nada para ver além da imensidão cinzenta do céu. O helicóptero se elevou sobre as montanhas, com uma longa corda pendendo de seu centro e um grande saco preto na ponta igual a uma cauda dependurada. Depois, ele navegou pelo céu até se transformar em um pontinho no horizonte.

12

Depois de contar a história de uma vez, com todos os detalhes mais terríveis, fiquei me sentindo mais leve. Eu achava que deixar que soubessem o que vivi era toda a cura de que precisava. Agora o meu grupo sabia da fita do The Cure, das lentes de contato de David, do mar agitado, da minha corrida descalça pela trilha, do refrigerante, da chuva, do helicóptero.

Na semana seguinte, no caminho do elevador ao consultório, imaginei que o Dr. Rosen iria mencionar o avanço que fiz com a minha história do Havaí na semana anterior. Era tudo o que eu queria: uma estrelinha dourada por finalmente permitir que o grupo também conhecesse as imagens terríveis que me acompanhavam desde aquele verão traumático. Porém, quando cheguei à sala de espera, senti outra coisa, algo que aparentemente não tinha a ver com aquilo: ansiedade, porque as férias do Dr. Rosen estavam chegando. Ele ficaria fora pelas próximas duas semanas e, sem essas sessões semanais para me manter nos eixos, eu seria derrubada por uma onda de solidão. Passar duas semanas sem o grupo era como passar duas semanas sem ar. Além da ansiedade, também sentia raiva. Como ele podia nos abandonar por duas semanas inteiras?

— Deite-se no chão e segure a perna de Carlos — sugeriu o terapeuta depois de 15 minutos de sessão, e pediu para eu contar como estava me sentindo sobre as férias dele.

Agarrar a perna de Carlos deveria me acalmar e me ajudar a manter os pés no chão. Não adiantou nada.

O grupo estava agitado e sem foco desde o início. Pulamos de assunto em assunto: do paciente de Carlos para o planejamento do casamento de Marty, para a vida sexual de Rory. Várias conversas paralelas começavam assim que mudávamos de assunto, desviando do principal. O Dr. Rosen disse repetidas vezes que era nossa ansiedade coletiva se manifestando porque passaríamos duas semanas sem nos ver.

Enrolei o braço direito na canela de Carlos e, com a mão esquerda, agarrei o carpete. Marty falava de sua vida após se livrar do estoque de cianeto quando de repente fui dominada por uma vontade incontrolável de gritar a plenos pulmões — ela subiu devagar, passando do estômago para o esterno e então para a minha garganta. Era uma vontade muito forte para ser contida — como um espirro ou um orgasmo. *Aaaahhhh!* Veio do meu âmago e fez as paredes vibrarem.

— Que merda foi essa? — perguntou Carlos, espiando do alto de sua cadeira.

— Não sei — respondi, envergonhada com meu berro primal que parecia não ter origem nem gatilho ou explicação.

— É óbvio que sabe — interveio o Dr. Rosen, impassível.

Ouvi o zumbido do helicóptero e senti o corpo todo tensionar de pânico. Minha mente foi direto lá para o Havaí, sobrevoando as ondas, a areia escura.

— Para onde você acha que vou viajar nas férias?

— Não faço ideia.

— Você tem uma imagem na cabeça...

— "Férias" é uma palavra, não uma imagem.

— Será que eu vou esquiar?

— Estamos no verão.

— Então para onde vou?

— México — retruquei sem titubear. — Para a porra da Playa del Carmen.

— E o que tem no México?

— Pesos.

O Dr. Rosen não se moveu. A resposta certa retumbava em minha cabeça.

— Praias.

Ele uniu as palmas das mãos.

— Ahhh... E o que acha de eu ir à praia?

Pedaços da história do Havaí surgiam durante o primeiro ano do grupo, culminando na versão integral da sessão anterior. Toda vez que o assunto surgia, o Dr. Rosen me incentivava a expressar o que eu sentia, e eu resistia. Defendia-me das emoções insistindo que aquilo não fora *tão* ruim assim. "Ele não era o meu pai. Foi há muito, muito tempo." Parecia dramático e, de certa forma, falso explorar meus sentimentos sobre o Havaí. Eu tinha muitas desculpas para fugir daquele assunto e, além disso, não queria falar de mim sozinha, de maiô, subindo a montanha em busca de ajuda, com o joelho sangrando, revivendo os olhos vidrados de David e a água escorrendo de seu rosto. Eu não conhecia nenhuma palavra para descrever o terror que senti ou expressar meu desespero.

E tem mais: quando voltamos do Havaí, Jenni e eu começamos o ano letivo na Ursuline Academy. Seis semanas depois da praia de areia escura onde vimos o corpo de David balançando sob o helicóptero, vestimos nossas saias plissadas do uniforme vermelho e azul-marinho, calçamos nossos mocassins e fomos passando de álgebra para história, para educação física e depois inglês. Eu via a Sra. Pawlowicz escrever equações complicadas na lousa e, no intervalo, ouvia as outras garotas planejarem o que iam vestir no show do Michael Jackson. *Quem se importa? Vamos todos morrer. Isso não tem a menor importância.* Naqueles primeiros meses, metade de mim continuava no Havaí, esperando David tossir e despertar para que eu pudesse viver uma vida adolescente normal, que envolvia minha paixonite por Joe Monico ou decidir cortar ou não a franja. Depois das aulas eu passava horas dormindo, e meus pais começaram a se preocupar com meu estado emocional. Via eles me observando durante o jantar, quando eu apoiava a cabeça pesada na palma da mão, e durante as tardes em que não conseguia sair do sofá. Mas nunca conversamos sobre "o acidente" no

Havaí. Certa noite, os dois bateram na porta do meu quarto enquanto eu estava deitada na cama ouvindo rádio. Arriscaram uma conversinha sobre deveres de casa e o próximo jogo de futebol americano do time local. Pelo modo como a minha mãe segurou a maçaneta e meu pai se recostou em meu armário, pude perceber que estavam pensando em abordar coisas mais importantes.

— Você pode fazer um favor para a gente? — Minha mãe estava em pé na porta do quarto e seus olhos, castanhos como os meus, suplicavam de um jeito que nunca tinha visto antes.

— Acho que sim. O quê?

— Pode tentar agir normalmente? Pelo menos tentar. Por nós. Será que consegue? Ficar assim para baixo... Isso não é bom para você.

— Tá bom.

Eu entendia o que ela queria dizer. Depois do Havaí, fiquei sem energia. Dormia quase o tempo todo e não tinha nenhum interesse nas oportunidades que surgiam com o início do ensino médio. Deixava tudo passar. Para eles, minha apatia parecia um "estar para baixo" infantil, e eu poderia — e deveria — sacudir essa poeira antes que perdesse um ano inteiro da minha vida. Meus pais acreditavam que eu era capaz de me resolver com minha cabeça e decidir ser feliz. Hoje, compreendo que estavam me oferecendo todas as ferramentas nas quais acreditavam: força de vontade, otimismo e autoconfiança. Mas aquelas ferramentas me escapavam pelos dedos, então encontrei na compulsão por comida e na bulimia maneiras mais confiáveis de calar as emoções que tentavam se manifestar. Meus pais e eu queríamos a mesma coisa: que eu fosse normal. Eu queria "ser normal" mais do que eles imaginavam, mas nenhum de nós entendia que eu não estava apenas "para baixo", e que as tentativas de abafar os meus sentimentos poderiam me custar caro. Também ouvia um apelo para que eu me esquecesse do Havaí e de suas imagens terríveis. Sob aqueles pedidos havia uma mensagem subliminar: "Não pense nisso, senão você vai ficar chateada. Não fique chateada, senão você não vai conseguir ser uma adolescente normal. Não fale sobre isso, senão vai ficar chateada. Não fale sobre isso, senão nós é que vamos ficar chateados." Eu queria ser uma boa filha, então sufoquei tudo aquilo o máximo que pude.

— Nem todo mundo consegue voltar para casa.

Senti minha voz falhar. O Dr. Rosen me pediu para gritar um pouco mais. Achei que não conseguiria, mas então me curvei, apoiei a testa no carpete e gemidos guturais, presos há quase duas décadas, surgiram e, em ondas, deixaram meu corpo.

— O que aconteceu depois que o helicóptero levou o corpo de David? — perguntou o Dr. Rosen.

Eu nunca tinha falado sobre o que aconteceu depois que saímos da praia. Na minha cabeça, a história terminava quando o helicóptero desaparecia no alto da montanha com o corpo de David no grande saco preto.

Comecei a tremer como se ainda estivesse no carro, com a mulher do Kansas.

— Você estava com frio na delegacia?

— Eu estava descalça, e o chão, gelado. Não levei minhas roupas. Um policial me ofereceu um cobertor amarelo fofinho. Outro me levou para uma salinha isolada, para que eu pudesse ligar para meus pais. Eles estavam no cinema com os amigos, então contei ao meu irmão o que tinha acontecido.

— O que você fez quando saiu da delegacia? — perguntou Rory.

— Sebastian nos levou de volta para o hotel. Era mais de uma hora de viagem. Ele perdeu uma entrada e dirigimos vários quilômetros fora da rota. Sempre em frente, fomos seguindo pela rodovia de duas faixas. Ninguém disse uma palavra. Eu estava no banco de trás sozinha e da janela observava aquele mar idiota e o magnífico pôr do sol havaiano, com seus tons de roxo, rosa e laranja. A fita do The Cure ainda tocava sem parar. Quando um lado da fita terminava, ouvíamos vários cliques e logo o outro lado começava a tocar. Foram várias repetições até chegar ao hotel.

— A polícia deixou vocês três irem embora sozinhos? — indagou o Dr. Rosen.

— Sebastian já tinha quase 18 anos.

— O pai dele tinha acabado de morrer! — exclamou Rory, com a voz embargada. — Vocês eram crianças.

— A polícia deveria ter cuidado de vocês — disse Patrice, estendendo o braço para segurar minha mão.

Apertei-a e ela apertou de volta como fizera em minha primeira sessão, durante a prece de encerramento.

— E o que houve quando vocês chegaram no hotel? — retomou o Dr. Rosen.

— Tivemos que contar para Sandy. Batemos na porta porque tínhamos perdido a chave. Quando ela viu no olho mágico, entendeu tudo. Um de nós não tinha voltado. Ela começou a gritar: "Não! Não! Não!"

— Meu Deus, Christie — sussurrou Carlos.

Abri caminho entre eles e fui me esconder na banheira — com a água desligada —, para deixá-los em paz. Atrás das cortinas, fui tirando das minhas pernas a lama e o sangue secos, tentando suportar aquela dor. Eles permaneceram na porta de entrada, abraçados, em prantos, até que os últimos raios de sol desapareceram na escuridão.

— Qual era o som que você ouvia? — perguntou o Dr. Rosen.

Abri a boca para imitar o pranto deles. Nada saiu. Quando tentei mais uma vez, o som congelou dentro de mim, minha capacidade para expressar o luto atravessada na garganta.

— Você fez agora pouco. Consegue ouvir na sua cabeça — insistiu o terapeuta.

Eu conseguia ouvi-los, os três, encolhidos, gemendo, mas não conseguia emitir som algum. Aquele terror e aquele sofrimento estavam incorporados em mim, um órgão que envolvia tudo, como a pele ou os pelos. Como uma mancha. Não sabia como me libertar. Tentei uns berros guturais. Balancei a cabeça.

— Não consigo.

Muito tempo atrás, eu tinha aceitado que carregaria o Havaí — aqueles gritos e a tensão aterrorizante em todos os meus músculos quando pensava no mar — pelo resto da vida. Era o preço por ter sobrevivido. Como seria a sensação de me curar? Não conseguia conceber uma versão de mim que não fosse assombrada pelo oceano sendo jorrado do corpo de David.

O Dr. Rosen sugeriu um teste.

— Repita comigo: eu não matei David.

— Meu Deus, Dr. Rosen, não acho que foi minha culpa! Eu não era personagem de um filme problemático para adolescentes.

— Você se sente responsável.

— Não imagina! Eu tinha 13 anos...

— A placa.

— Você sempre fala dela, querida — completou Rory.

— Que placa? — perguntei, encarando todos os cantos da sala.

— A placa de "Não ultrapasse" — explicou Rory.

Recostei-me de volta na cadeira como se tivesse levado um tapa. Será que eu achava mesmo que o que acontecera era culpa minha?

— É isso o que tenho carregado comigo durante todos esses anos?

— É uma das suas muitas histórias.

Nós não deveríamos ter ido àquela praia. O sussurro que ecoava dentro de mim desde 1987 rugiu em meus ouvidos: "Você poderia ter impedido. Deveria ter impedido." Eu tinha apenas 13 anos, mas sabia ler. E sabia que estávamos desobedecendo a uma regra. Sabia o significado de "Não ultrapasse".

— Pronta para repetir comigo? — perguntou o Dr. Rosen.

Assenti.

— Olhe para Rory e diga: eu não matei David.

— Eu não matei David.

— Ele não morreu por culpa minha.

— Ele não morreu por culpa minha.

— Não tenho que continuar me culpando.

— Não tenho que continuar me culpando.

— Não foi culpa minha.

— Não foi culpa minha.

— Agora, respire — instruiu o Dr. Rosen.

Meus pulmões se expandiram sob as costelas. Quando soltei o ar, a respiração saiu irregular, como se soltasse pedaços que ainda estavam presos à resistência que mantive durante 17 anos.

— Então foi por causa desse trauma que me isolei por todos esses anos?

— O fato de ter enterrado seus sentimentos em relação a isso a afastou das pessoas.

— Por quê?

Ele se inclinou em minha direção e disse, lentamente:

— Ao começar um relacionamento íntimo, os sentimentos mais intensos vão se manifestar como acabou de acontecer. Você estará ligada a alguém.

O Dr. Rosen apontou para si mesmo.

— Pode ser que ele vá à praia. Ele pode não voltar. O amor a fará voltar para aquela praia milhares de vezes por dia até o fim da sua vida.

— Eu nunca vou superar isso.

O Dr. Rosen assentiu.

— Christie, você nunca vai superar isso.

A sessão foi encerrada, e Patrice e Rory se aproximaram e me abraçaram. Carlos ficou bem perto, esperando sua vez. Marty e o coronel Sanders também. Eles todos me abraçaram com força, e o Dr. Rosen me abraçou por mais tempo do que o normal. Logo abaixo de minha pele, ainda podia sentir meu corpo tremendo com a lembrança das ondas quebrando na praia de areia escura.

13

Em agosto de 2002, comemorei meu primeiro aniversário no grupo em uma sala de estudos rodeada de outros estudantes de direito, com o dedo indicador atualizando meu e-mail a cada três minutos. Tinha acabado de concluir um estágio de dez semanas na Bell, Boyd & Lloyd e o coordenador dos recursos humanos dissera que nos escreveria com propostas de trabalho fixo até o fim do dia. Ao longo do verão, escrevi memorandos, pesquisei princípios de leis contratuais e fiquei algumas vezes até depois das 21 horas para provar meu comprometimento. Também torci para os Cubs em um jogo e bebi água tônica nos *happy hours* para provar que, no futuro, seria capaz de socializar com os clientes endinheirados. Agora só faltava receber a proposta.

Às 16h30, apertei pela última vez o botão do mouse. Meus olhos se fixaram no e-mail do escritório: "O comitê ainda não votou." Nos anos anteriores, todos os estagiários receberam as propostas de trabalho depois da formatura em uma festa regada a álcool na sala de conferências com vista para o centro de Chicago. Nesse ano, tomamos suco de cranberry e mordiscamos amêndoas torradas enquanto um dos sócios falava sobre a retração econômica com um sorriso amarelo. Aquele e-mail confirmava que os boatos que ouvimos durante todo o verão eram verdadeiros: eles não tinham trabalho suficiente para todos nós.

Meu terceiro ano na faculdade tinha acabado de começar. A formatura seria em nove meses. A bolha da internet havia estourado, e os escritórios de advocacia não costumavam contratar estudantes do terceiro ano — e sim os estagiários que trabalharam para eles durante o verão. Alguns escritórios pareciam implodir: estavam ali num dia e, no outro, já não estavam mais. Minha faculdade, a Loyola, era do segundo escalão, então eu estava competindo com estudantes da Universidade de Chicago e da Northwestern, que estavam entre as dez melhores. Quando me formasse, minhas dívidas passariam de US$120 mil. Se eu não arrumasse um emprego, um bom, por sinal, como conseguiria pagar o aluguel, o financiamento estudantil e a terapia?

Corri até o centro de ofertas de trabalho, onde muitos outros estudantes folheavam listas de empregos em grandes pastas brancas. Uma lista irrisória de empresas marcando entrevistas com estudantes do terceiro ano estava presa em um quadro de avisos. Alguém escrevera no fim da lista: "Estamos fodidos." Havia duas empresas de direito: a Judge Advocate General (JAG) e a Skadden, Arps — escritório dos grandes, famoso por ter os salários iniciais mais altos do país. A JAG estava fora de cogitação, pois eu não queria revelar ao governo federal meu tratamento para saúde mental ou as três vezes que fumei maconha. Quanto à Skadden, era uma firma poderosa cheia de advogados puro-sangue das universidades da Ivy League que trabalhavam sessenta horas por semana. Era a Harvard dos escritórios de advocacia. Eles jamais me contratariam.

Tive que lutar contra a vontade de vomitar na pasta branca.

— Você é a primeira da sala! É óbvio que vai conseguir. — Clare, minha colega mais próxima da faculdade, tentou me acalmar.

Sim, como a melhor da turma, eu conseguiria um emprego, mas, se pagasse apenas US$ 30 mil por ano, eu iria me afogar em dívidas. Peguei um empréstimo privado, com juros de 10% ao ano, para pagar a terapia e a minha dívida na faculdade de direito era considerável. Como seria a minha vida se eu demorasse muito para conseguir um trabalho? Eu teria que voltar para a casa de meus pais?

No grupo, o Dr. Rosen foi enfático.

— Tente a Skadden.

Recusei. Eu me via como uma advogada mediana. Minha faculdade era do segundo escalão, assim como a Bell, Boyd & Lloyd. Os sócios da Skadden defendiam seus casos na Suprema Corte e lidavam com litígios comerciais espinhosos, registrados em artigos de várias páginas no *Wall Street Journal*. Eles vestiam ternos feitos sob medida com sapatos de couro italiano. Eu fui uma criança com oxiúros, uma estudante que quase se matou de tanto provocar o vômito, e me tornara uma mulher com fetiche por maçãs.

— A Skadden não é para mim, Sr. Harvard.

— É, sim.

E do que ele entendia? Ele passava o dia todo sentado, rodeado de gente que precisava de atendimento psiquiátrico. A Skadden esperava que eu desse meu melhor acompanhada de outras pessoas que estavam fazendo o mesmo desde que tinham conseguido o diploma *summa cum laude* da Universidade de Princeton. Eu era uma aventureira da Loyola.

— Você é brilhante. A Skadden vai querer te contratar.

Brilhante era uma palavra para descrever pessoas como Madame Curie, Steve Jobs ou a Dra. Shirley Ann Jackson, a física que inventou o identificador de chamadas. Não era uma palavra para mim. Ser a primeira da turma fazia de mim um burro de carga em uma busca desesperada por conquistas para mascarar todos os defeitos da minha vida pessoal, e *não* uma pessoa brilhante. Eu tinha a pontuação da primeira prova da faculdade para comprovar isso.

Patrice cutucou meu braço e fez um movimento exagerado de passar a mão no coração, como o Dr. Rosen sempre fazia quando era elogiado ou insultado. Acarinhei o peito sem muito entusiasmo, mas uma centelha daquele *brilhante* conseguiu se alojar sob meu esterno — um pedacinho dele se aninhou na parte macia de mim mesma que estava disposta a recebê-lo.

Em casa, abri a porta do armário e encarei o terno azul-marinho da Calvin Klein e as sapatilhas da Cole Haan. É óbvio que passaria o batom que Carlos escolhera. Pelo menos a roupa estaria adequada.

Uma semana depois, estava sentada diante de um senhor branco quase careca de sessenta e poucos anos que me recebeu de meias, apoiando-se em uma estante de carvalho de onde seus filhos sorriam entre grossas molduras prateadas. Era o diretor do departamento de litígios da Skadden. Ele me deu uma piscadela e, rindo, como se a pergunta fosse uma tremenda bobagem, me perguntou como eu me imaginava em cinco anos. Resolvi ser sincera.

— Espero estar a caminho de me tornar sócia.

Não me tornar sócia do escritório, necessariamente, mas ele não precisava saber disso.

O sócio que me entrevistou em seguida vestia o terno cinza-chumbo mais elegante que já vi na vida. Examinei-o de cima a baixo para conseguir descrevê-lo em detalhes para Carlos depois. Durante os trinta minutos que conversamos, ele fez cinco rolinhos de fita adesiva — com o lado da cola para cima — e limpou manchas de poeira invisíveis sobre a mesa.

— Você nunca vai morrer de tédio por aqui — disse ele, ao nos cumprimentarmos no fim da entrevista.

Os sócios homens tinham alguns objetos excêntricos em seus respectivos escritórios: uma jaqueta vintage dos Cubs emoldurada, um bonequinho cabeçudo do Gorbachev, um disco do Bruce Springsteen autografado. Nenhum deles parecia um psicopata ou incapaz de falar sobre a vida fora do escritório. A única mulher que conheci, Leslie, tinha um sorriso luminoso e riso fácil. Senti que me afundava na poltrona, o que não aconteceu nos escritórios dos homens. Quando perguntei a ela se era possível, como mulher, ser bem-sucedida na Skadden, ela assentiu, devagar.

— Sim, acho que é.

No almoço, Jorge e Clark, dois associados-júnior, chamaram um táxi para nos levar ao Emilio's's para comer tapas. Jorge tinha um ar nobre, usava abotoaduras e gravata-borboleta. Clark tinha cara de menino, era um pouco desgrenhado e acabara de se casar. Assim que nos sentamos, Jorge sugeriu que cada um escolhesse quatro pratos para dividirmos. Eu nunca tinha comido tapas. Nunca comi chorizo e queijo Manchego no almoço, ou em qualquer outra refeição. Nunca dividi 12 pratos de comida com dois homens enquanto tentava conseguir um emprego.

Quando a comida chegou, estabilizei a respiração e peguei pequenas porções de cada um dos pratos: torradinhas com queijo de cabra grelhado, linguiça espanhola, azeitonas tricolores reluzindo de azeite, escargots salteados e batatas grelhadas. Conforme a comida descia para meu estômago, sentia-o vibrar de prazer e espanto. Era muito diferente de couve, atum e mostarda. Mexi na borda de um guardanapo de linho entre os pratos e pensei no choque de Rory ao ouvir meu relatório alimentar naquela noite.

Mesmo se eu não conseguisse o emprego, aquela refeição já era um milagre.

Eles me garantiram que tinham vida fora do trabalho: Jorge tinha uma noiva, e Clark era aficionado por jogos de pôquer que duravam horas. Quando engoli o último pedaço de minha comida, senti o desejo se agitar em meu peito. Eu também queria trabalhar na Skadden. Queria respirar o ar de um escritório elegante, como Jorge e Clark.

Nos separamos do lado de fora do Emilio's e caminhei pela Ohio Street na direção da Michigan Avenue. Minhas sapatilhas azul-marinho faziam um som agradável na calçada quando entrei na Michigan e passei pela Tiffany, Cartier e Neiman Marcus. Meus pés seguiam num ritmo staccato perfeito, e eu andava de cabeça erguida. Caminhava como uma mulher que era a primeira da sala na faculdade de direito. Tudo bem que não era uma universidade da Ivy League, mas apenas uma pessoa conseguira tal feito. A verdade daquele número — um — corria por meu corpo, finalmente algo além de abstração e vergonha. Era energia, e pertencia a mim.

Quando enfiei a chave na fechadura de casa, acreditava que merecia receber uma oferta da Skadden — em parte por ser a primeira da turma, mas também porque no fim da rua tinha um doutor desvairado, com um currículo exemplar, que disse que eu era brilhante. E, mesmo que eu não acreditasse em suas palavras, acreditava que ele realmente pensava isso de mim.

No fim, recebi duas propostas: uma da Bell, Boyd e Lloyd, onde fiz meu estágio no verão, e outra da Skadden. Clare me aconselhou a escolher o escritório pequeno, pois na Skadden eu me mataria de trabalhar. A grande questão da terapia não era me impedir de escolher um trabalho que arrancasse meu couro? Eu não queria me matar de trabalhar. Meu professor preferido da faculdade me aconselhou a escolher a Skadden, pois eu ainda era jovem e cheia de energia e se tratava de uma oportunidade muito boa para desperdiçar.

Faltando 24 horas para me decidir, levei a questão para o grupo. Saí do almoço com Jorge e Clark embriagada de presunto serrano e convencida de que poderia me dar bem na Skadden, mas a dúvida me atingiu. Será que eu trabalharia até o esgotamento? O escritório se tornaria meu pior pesadelo se, fora do trabalho, eu não conseguisse trabalhar nas minhas relações.

O Dr. Rosen discordou.

— Será mais fácil trabalhar com a lei rodeada de outras pessoas brilhantes. — Ali estava aquela palavra de novo. — Ligue agora e aceite.

Uma coisa era dizer a um colega da faculdade que eu não fodia nem saí de cima; outra, bem diferente, era tomar uma decisão como aquela — a gênese da minha carreira como advogada — juntamente com o Dr. Rosen. Disse a ele que precisava de mais alguns minutos para pensar. Ele deu de ombros com seu típico "como quiser" e mudou o foco da conversa.

Faltando 15 minutos para terminar a sessão, aquela centelha de desejo e ambição voltou a se agitar em meu peito — trêmula, translúcida, frágil como uma bolha de sabão. Depois de meu primeiro ano na faculdade e de ligar para o Dr. Rosen pela primeira vez, baixei o manual do candidato da Universidade Northwestern. Com minha colocação na turma, eu poderia ter pedido a transferência e entrado na oitava melhor faculdade de direito do país. Preenchi o formulário e coloquei as folhas em um envelope de papel kraft. Porém, na caixa de correio em frente à biblioteca, meus dedos não conseguiam agarrar a pequena maçaneta de metal. Meus cotovelos não dobravam, não tinha força nos bíceps. O futuro que me aguardava do outro lado daquela caixa de correio exigia mais do que o meu corpo podia dar. Meu lugar não era aquele. Eu era uma reserva. Voltei para dentro da biblioteca e joguei o envelope no lixo.

A Skadden era respeitada, e eu não tinha certeza se meu lugar seria lá, mas o meu medo da inadequação de repente se tornou menor do que o "sim" retumbante que dominou o meu peito. Parecia absurdo permitir que a insegurança e o medo me impedissem de tudo o que a empresa poderia me oferecer. Além disso, o salário seria suficiente para pagar o aluguel, os financiamentos e a terapia.

Quando a sessão se aproximava do fim, olhei para o topo do Jewelers' Building, coberto de fuligem, a alguns quarteirões dali. Fiquei imóvel, para que essa nova imagem não se esvaísse: meu cartão de visitas em papel branco de alta gramatura. Meus bônus de cinco dígitos. Meu guarda-roupa repaginado. Minha pasta da Tumi. Meus casos e clientes. Eu poderia viver com tudo isso? Poderia tentar?

Eu queria tentar.

Levantei o celular como quem ergue uma tocha.

— Quero a Skadden.

O Dr. Rosen fez um gesto com as mãos, como se dissesse "vá em frente".

Desbloqueei o celular e disquei, mas me detive antes de concluir a chamada. Patrice arrastou a cadeira na minha direção e me estendeu a mão. Entreguei-lhe a minha.

O correio de voz do RH atendeu. Quando deu o sinal, olhei para o Dr. Rosen, pedindo um incentivo. Ele me deu.

Inspirei rapidamente. Quando soltei o ar, dei o passo para meu futuro.

— Espero que você saiba o que está fazendo — comentei, depois de desligar o telefone. — Essa é a minha vida.

— Talvez você conheça seu marido por lá — brincou o Dr. Rosen, sorrindo, maliciosamente.

Soltei a mão de Patrice e mostrei o dedo do meio para ele. Eu não estava aceitando a proposta de emprego para arrumar um marido. Ele riu e passou a mão sobre o peito com gosto.

Eu tinha um novo emprego para combinar com a minha casa nova.

Algumas semanas antes, Clare, minha colega da faculdade, tinha me ligado.

— Amiga, preciso de uma nova colega de quarto! — anunciou ela.

Achei que ela fosse convidar o namorado, nosso colega Steven, mas ela achava que eles ainda não estavam preparados para dar aquele passo.

O condomínio da Clare tinha um hall todo de mármore, porteiro 24 horas e piscina. Dava para ir a pé para a faculdade e ficava a três estações do consultório do Dr. Rosen. Na sala de estar, pendiam cortinas de um roxo vibrante presas por faixas de veludo dourado. Eu teria acesso à academia e direito a uma vaga na garagem. Todo o meu corpo vibrou de alegria com aquele convite. Ela pediu o mesmo valor que eu pagava em meu apartamentinho com aquecedor barulhento, o teto manchado de umidade e eletrodomésticos de décadas atrás. Como eu poderia dizer "não"? Dez minutos depois, estava folheando os classificados atrás de empresas especializadas em fazer mudança.

Na noite em que me comprometi com a Skadden, alonguei-me na cama e pensei um pouco na vida. Emprego novo. Casa nova. Se eu morresse, Clare poderia avisar a polícia, ou o porteiro. Eu não ia morrer sozinha.

14

Carlos, do grupo, foi meu primeiro melhor amigo homem — daqueles que ligam a caminho da academia para contar que o noivo, Jared, gastou demais com sapatos italianos ou roupas de cama retrô. Ele me levava para restaurantes em seu BMW prata minúsculo e me apresentou comidas que nunca tinha provado (pad thai, esturjão) ou ouvido falar (cassoulet, shawarma). Se não fosse por ele, eu nunca teria provado spanakopita ou pisado numa Barneys. Enquanto começava meu segundo ano no grupo, nossa amizade era uma das partes mais luminosas de minha vida, que agora tinha um brilho estável. Quando me exibi no grupo, dizendo que eu e Carlos nunca tínhamos tido um conflito, o Dr. Rosen lançou:

— Reze para ter uma briga.

— Por quê?

— Porque você deseja ter um relacionamento íntimo de verdade.

— E para isso precisamos brigar?

— Se você não está disposta a brigar, como pode ficar íntima de alguém?

Será que lutar com meu irmão para pegar o controle remoto quando éramos crianças contava como uma briga? Vasculhei a memória atrás de algo — uma porta sendo batida, um punho cerrado, uma garganta ardendo de tanto gritar. Não me lembrei de nada. No ensino médio, minha amiga Denise fugiu para transar com seu namorado mais velho no Caruth Park. Não fiquei brava por ela poder me causar problemas ao fugir pela minha janela. Engoli a raiva e a deixei entrar quando ela voltou. No primeiro ano da faculdade, minha amiga Anne convidou o garoto com quem eu estava saindo para assistir a um filme com ela enquanto eu estava na biblioteca. Nunca falei uma palavra sobre o assunto com ela. Em vez disso, me mudei depois de dois meses. E quando Tyra me questionou por sair de sua apresentação de teatro antes dos últimos agradecimentos, senti labaredas de raiva subindo do estômago para a boca. Ela ignorou que levei flores, fiquei na peça até que tivesse dito todas as falas e fui embora porque estava com gastroenterite. Parte de mim queria ficar cara a cara com seu rosto indignado e dizer, num tom histérico: "Será que você consegue pensar em alguém além de si mesma por um segundo?" Mas, em vez disso, respondi: "Me desculpe. Prometo que, na próxima, ficarei até o fim."

Quando o assunto era raiva, eu engolia, fingia, ignorava, fugia. Não sabia nada de briga.

— Acho que você deveria se juntar ao grupo masculino das segundas-feiras — sugeriu o Dr. Rosen a Carlos certa manhã de terça, cerca de um ano após o início de meu tratamento. — Isso vai ajudar você a se preparar para seu casamento.

Perguntei se eu também deveria frequentar mais um grupo, mas o Dr. Rosen alegou que eu não estava pronta. Envergonhada, grudei na cadeira e fiquei muda até o fim da sessão. Eu nem sabia se queria participar de um segundo grupo, mas a questão não era essa. O Dr. Rosen oferecera algo a Carlos que não foi oferecido a mim. Passei o tempo restante da sessão com pensamentos obsessivos girando em minha cabeça.

"Ele gosta mais do Carlos que de mim."

"Não estou fazendo a terapia direito."

"Sou péssima na terapia."

Saí da sessão sem palavras, num silêncio ressentido. Ignorei as ligações de Carlos — primeiro, porque estava com ciúmes por ele ter sido o escolhido; segundo, porque fiquei com vergonha de minha atitude arrogante. Não nos falamos até domingo à noite, quando confessei que estava com ciúmes.

— Não fique enciumada por causa de um segundo grupo, menina — respondeu Carlos. — Só vai custar mais dinheiro e mais esforço.

Naquela noite, deixei uma mensagem na caixa postal do Dr. Rosen pedindo que me retornasse antes do próximo encontro do grupo para dar um feedback em relação à minha reação intensa ao convite que ele fizera a Carlos. O Dr. Rosen costumava retornar minhas ligações entre as sessões. Achei que logo teria notícias dele.

Na segunda-feira, passei o dia grudada ao celular, como um paciente que precisa de um transplante de coração aguarda a notícia de um possível doador. No fim da tarde, perdi a esperança. Liguei para Marnie enquanto grelhava um peito de frango no fogão chique da casa de Clare. Ela ainda estava em tratamento, então pensei que saberia como eu estava me sentindo.

Antes que eu dissesse qualquer coisa, a segunda linha de Marnie tocou.

— Desculpa, é o Dr. Rosen. Eu já te ligo.

Clique. Marnie desligou.

Agarrei a alça da frigideira e o ferro quente queimou meus dedos.

— Merda!

Segurei os dedos queimados e saltei de dor, ainda xingando e tentando respirar fundo. Sentei-me no meio da cozinha e fiquei balançando o corpo para a frente e para trás. O frango e o óleo chiavam na frigideira.

Cinco minutos depois, Marnie ligou de volta. Respirei fundo. Talvez o Dr. Rosen tivesse retornado a ligação dela porque ela conseguira engravidar novamente depois de um aborto espontâneo — talvez as coisas não estivessem indo tão bem. Ela podia estar sentindo dores ou ter recebido más notícias de seu obstetra.

— Está tudo bem? — perguntei, realmente preocupada.

— É o nosso empreiteiro idiota. Ele colocou a porta errada! Pedimos carvalho, não mogno. O Dr. Rosen me orientou a como falar com ele amanhã.

Esvaziei os pulmões numa lufada e curvei o corpo. Pressionei gelo em meus dedos queimados enquanto a recém-grávida-e-radiante Marnie discutia como dar ordens aos trabalhadores sentada em um sofá estofado feito sob medida em sua casa de quatro andares.

Por que o Dr. Rosen ajudaria Marnie e a mim não?

Enquanto discava o número dele, todo o meu corpo tremia. Ao ouvir o sinal da caixa postal, explodi.

— Não acredito! Seu BABACA! Você vive me dizendo para pedir ajuda, para procurar as pessoas. Para DEIXAR O GRUPO FAZER PARTE DA MINHA VIDA. Mas e você? Não responde nada? Ah, vá se foder! — E continuei gritando com a caixa de mensagens enquanto meus dedos latejavam.

O correio de voz apitou outra vez. Falei até acabar meu tempo, e então taquei o telefone no chão. Queria quebrar tudo: os lindos pratos roxos da Pottery Barn de Clare, a adega no canto da sala, o vaso de flores secas, o cartaz do Jazz Fest emoldurado na parede. Tudo latejava: minha cabeça, meu coração, minha garganta e meus dedos. Odiava tudo o que envolvia o Dr. Rosen: seu ar convencido, sua risada élfica idiota, suas recomendações presunçosas. Foda-se ele e aquele círculo de cadeiras no consultório do 18º andar.

Durante os primeiros minutos da sessão, evitei contato visual com todos. Juntei as mãos no colo, os olhos fixos em uma mancha oval no carpete. Marty nos atualizou sobre a cirurgia de quadril que sua mãe precisou fazer, e o Dr. Rosen cumpriu o protocolo rotineiro de olhar para todos os pacientes.

— Você me deixou uma mensagem?

Ergui os olhos e me deparei com ele me observando. Fiz que sim com a cabeça e me senti meio zonza.

— Quer contar para o grupo como foi?

Ele irradiava alegria, como quando Rory contou sobre o último capítulo de sua dissertação. Todos me encaravam, ansiosos.

— Eu estava chateada e disse umas coisas não muito legais...

— Não muito legais? Não amenize! Você foi cruel! — O Dr. Rosen gesticulava com as mãos e quicava em sua cadeira. Passou a mão no coração e fechou os olhos, como se estivesse saboreando uma refeição deliciosa. — Vamos todos para meu escritório. Vamos ouvir a mensagem da Christie.

Todo mundo ficou em pé. Passeio da turma! Era a primeira vez que eu entrava no escritório dele desde o início do grupo e tudo parecia igual: os diplomas de Harvard emoldurados, o bordado, a mesa organizada encostada na parede.

— Que merda você falou? — cochichou Carlos, enquanto o terapeuta digitava a senha da secretária eletrônica.

O Dr. Rosen apertou o botão do viva-voz e lá estava eu, estridente.

— "Você não dá a mínima pra mim! Pra Marnie, TUDO! E pra mim?!"

E a mensagem raivosa continuava por três minutos. O grupo se amontoava em volta do telefone. Quando finalmente acabou, ele devolveu o telefone ao gancho.

— Você é capaz de comemorar isso? — disse ele, cada palavra como se eu ainda estivesse aprendendo inglês.

Celebrar a raiva? Isso era mais difícil do que brigar. Não tenho nenhuma lembrança de brigas com meus pais por qualquer motivo, nem mesmo na adolescência. Nós não gritávamos — éramos do tipo de pessoa que dava gelo: dávamos suspiros bufantes e fervilhávamos em silêncio. Quando meus pais me proibiram de ir à festa de Ano-Novo de Troy Trabucci no segundo ano, porque pensaram que haveria muitos menores de idade bebendo, me tranquei no quarto e fiquei gravando fitas de músicas tristes. Quando me disseram que eu teria que fazer faculdade no Texas, joguei no lixo o panfleto de Dartmouth que estava guardando havia semanas. Aprendi a dar sorrisos falsos, falar "tudo bem" e me empanturrar de comida como se não fosse nada, e agora esse homem estava tratando meu acesso de raiva como uma sonata de Chopin.

— Comemorar?

O Dr. Rosen arregalou os olhos.

— É maravilhoso!

— É grosseiro...

— Quem disse?

— E a autopiedade...

— Discordo! Foi sincero, autêntico e real. É seu. E você compartilhou comigo. Obrigado. — Ele esfregou a palma da mão no coração. — Raiva, seja bem-vinda! *Mamaleh*. Isso vai te ajudar.

Era a primeira vez que eu recebia um elogio por minhas partes feias, irracionais, mesquinhas, inconsequentes, deploráveis e intensas. Nunca tinha ouvido nada parecido. Se eu fosse minha terapeuta, teria me mandado acabar com aquele drama, mas o Dr. Rosen celebrou como o Dia do Armistício com direito a desfiles nas ruas e festança digna de feriado nacional.

— Não se preocupe — disse ele. — Você está apenas começando.

15

Pela primeira vez em um ano, acordei depois de oito colossais horas ininterruptas de sono. Não sabia muito bem onde estava, mas sabia que estava sentindo uma sensação morna e eletrizante no meio de minhas pernas.

Eu tinha tido um sonho erótico. Um sonho erótico explícito e quente com o cantor de R&B Luther Vandross. Luther acariciava meu rosto e me beijava com vontade — sua língua preenchia toda a minha boca. Depois, fez um movimento com a língua em minha barriga — uma combinação de girar e empurrar — que me fez ver além das estrelas, buscando outros planetas e galáxias. E, quando seus lábios macios foram parar entre minhas pernas, comecei a miar como um gatinho recém-nascido.

Acordei molhada, excitada e satisfeita.

No trem a caminho da sessão de terapia, cantarolei "Here and Now", minha canção favorita de Vandross. Sim, Luther, aqui e agora mesmo.

O trem avançava pelas baladas gays e lojas modernas de Belmont e eu flutuava — como se pudesse levitar em direção ao céu feito um balão. Não estava nem de longe morta por dentro, como temia. Aquele sonho também era uma prova de que, seja qual fosse a parte de meu subconsciente que tinha trazido o Sr. Vandross e sua língua exploradora para minha cama, estava viva. E faminta. A fase de anorexia sexual estava abrindo o caminho para o bufê. Tinha sonhado com um sexo quente, selvagem, barulhento, molhado e totalmente focado no meu prazer. Um sexo sem inibições, sem freiras e ameaças de inferno, sem a reprovação dos pais, que queriam associar o sexo exclusivamente ao casamento, sem preocupações com gravidez, com meu peso, com "não estar fazendo direito". Havia apenas meu corpo, um homem lindo e prazer.

Nos primeiros dez minutos de sessão, contei tudo para o grupo.

— Ele estava me chupando, e suas costas eram macias e musculosas. Tive um orgasmo dormindo.

— E quanto tempo durou isso?

— Você já viu algum show dele?

— É aquele que fez dueto com Chaka Khan?

O Dr. Rosen, que até então estava em silêncio, apenas escutando nossa conversa, abriu a boca.

— Esse sonho tem a ver comigo.

Deu até para ouvir os pescoços de todos se virando na direção dele.

— Como é que é, Freud? — perguntei, rindo. — Não é por nada, mas você não se parece muito com um cantor negro gostoso vencedor de vários Grammy's e amigo da Oprah. Você é... bem... — Gesticulei para seus cabelos eriçados, suéter de tricô marrom e sapatos de solado emborrachado. — Quero dizer, olhe pra você.

O Dr. Rosen balançou a cabeça do jeito de sempre. Fiz uma careta. Se o sonho tivesse mesmo a ver com ele, deveria ter sido com o Dustin Hoffman. Ou com o Adam Sandler.

— Oh... — disse Carlos.

— O que foi? — perguntei.

Carlos e Rory trocaram olhares como se soubessem de tudo.

— Você não sabia? — contou Carlos. — Quando começa a psicoterapia, todos os sonhos eróticos têm a ver com o terapeuta.

O Dr. Rosen assentiu.

— Van-de-Ross se parece com Rosen.

— Ah, é, quase rima — respondi.

Revirei os olhos. Em nenhum universo meu terapeuta judeu calvo poderia lembrar meu Luther. O Dr. Rosen deu de ombros. Ele não ia tentar me convencer — que era a maneira mais eficiente de me fazer duvidar de mim mesma.

— Por que você acha que tudo tem a ver com você?

Acrescentei um "seu doido" num volume baixo, mas o suficiente para ele ouvir. E o ignorei enquanto ele esfregava o peito, como se eu estivesse dizendo que ele era o melhor terapeuta do mundo. Recusei-me a olhá-lo, e o grupo mudou de assunto.

— Você entendeu por que esse sonho foi possível? — quis saber o terapeuta, faltando dois minutos para encerrar a sessão. Fiz que não com a cabeça. — Você acha que é uma coincidência que tenha conseguido expressar sua raiva de forma direta para mim duas semanas atrás e, depois, ter tido um sonho erótico comigo?

Ignorei a parte em que ele relacionava a raiva ao desejo sexual e foquei a insistência de que o sonho tinha a ver com ele.

— Por que está tentando acabar com meu sonho?

— Por que fazer sexo comigo acabaria com seu sonho?

— Você é meu terapeuta.

Minha fisionomia se contorceu com a ideia.

— E?

— O que aconteceu com o Dr. Comemorador?

— Eu estou comemorando! Não sou eu quem está resistindo.

"Resistente" era a única acusação que eu não poderia ignorar. Era a transgressão terapêutica mais severa, e eu me constrangia ao ver meus colegas de grupo passando por isso. O Dr. Rosen estava incentivando Rory a se candidatar a empregos em organizações de direitos civis com salários mais altos e que ofereceriam melhores benefícios, mas ela insistia que só poderia ser contratada por clínicas jurídicas de baixa remuneração em Wisconsin. Com seu currículo, ela poderia trabalhar em qualquer lugar de Chicago, mas continuava a se deslocar todos os dias até Waupun, Wisconsin, e ficava nervosa sempre que a incentivávamos a procurar algo melhor. Resistência — à mudança, ao prazer, a deslocamentos menores — era o que nos impedia de conseguir o que realmente desejávamos. Eu não cometeria esse pecado, mesmo que preferisse socar a carinha presunçosa do Dr. Rosen a reconhecer que meu sonho tinha a ver com aquela bunda flácida.

— Tá certo. — Sentei na borda da cadeira e ajeitei a postura. Segurei nos apoios de braço e sussurrei, com uma voz sensual: — Dr. Rosen, eu adoraria sua cara enfiada no meio das minhas pernas. *Tudo* o que eu queria era que você colocasse sua língua dentro de mim e me chupasse devagar, devagar, devagar, até eu gozar.

Gemi um pouco para encerrar com chave de ouro.

— Caramba, garota — murmurou Carlos.

Os olhos do coronel Sanders estavam arregalados, como nos desenhos animados. Rory ficou vermelha de vergonha e desviou o olhar para a janela.

O Dr. Rosen piscou duas vezes antes de dizer:

— Você está preparada para mais um grupo.

Todos ficaram esperando minha reação, mas eu não soube o que falar, apenas tive sensações: o gostoso do Luther entre minhas pernas, o incômodo com o Dr. Rosen na boca do estômago e o terror crescendo em meu peito enquanto eu digeria aquelas palavras.

Resmunguei a oração no fim do grupo e fui embora com Carlos. Ele colocou o braço em volta dos meus ombros.

— Eu disse que você teria a chance de participar de um segundo grupo.

É óbvio que, agora que eu tinha conseguido, fiquei em dúvida. Será que eu queria mesmo aquilo? Ir ao centro da cidade duas vezes por semana para escavar lembranças de oxiúros e receber prescrições para ligar para colegas do grupo e relatar minhas necessidades fisiológicas básicas? Por que eu quis tanto aquilo, afinal? Pensei que assim me sentiria a filha preferida, uma das escolhidas do Dr. Rosen, mas o convite me deixou com vergonha de como eu devia ser doente.

Na semana seguinte, comecei a sessão com a pergunta mais óbvia — "Por que agora?". O Dr. Rosen estava tentando arrumar as persianas do outro lado da sala.

Ele se sentou e refletiu sobre minha pergunta.

— Sua vontade de contar o sonho para o grupo, o seu orgulho em relação a ele e a disposição de discuti-lo mostram que você está preparada.

— Para quê?

— Para mais.

— Mais o quê?

— Calor. Intimidade. Intensidade. Sexo.

— E isso vai me ajudar em meus relacionamentos?

— Posso garantir que sim.

— Agora o grupo é tipo a Polishop?

Às vezes parecia que aquelas sessões de terapia eram um culto. Eu começava a identificar pacientes do Dr. Rosen por aí. Nas reuniões de Doze Passos, ouvi uma mulher dizendo:

— Meu nome é Ginny, e meu terapeuta, que é um doido, me disse para contar a vocês que estou me empanturrando de Oreos genéricos.

Antes que ela dissesse qualquer outra coisa, me dei conta de que já tinha ouvido falar dela: Carlos havia me contado que ela estava saindo com Chip, do grupo masculino, e que eles quase terminaram porque ele se recusava a fazer sexo oral nela. Em outra reunião, uma mulher, sentada no meio do círculo, devorava um Burger King Whooper com mordidas enormes. Durante os 11 anos que frequentei reuniões de recuperação para transtornos alimentares, nunca vi ninguém comer sequer um biscoito de água e sal durante uma reunião. A maioria das reuniões tinha a regra muito explícita de não ser permitido mencionar nenhuma comida específica pelo nome, pois poderia gerar gatilho na compulsão de outra pessoa. Portanto, ver alguém devorando um Whooper foi impressionante — como ver a Lua cair do céu e pousar em seu colo.

— Deve ser uma de nós — sussurrou Marnie, inclinada na minha direção.

Depois, confirmamos que o Dr. Rosen prescreveu que ela caísse de boca no fast food durante as reuniões, em vez de comer escondido em sua casa.

Como que aumentar minha participação no Rosenverso iria influenciar meu dia a dia de pessoa seminormal? Como estudante de direito, era complicado conciliar minha vida social e minha trajetória profissional pública com minha vida terapêutica, digamos, nada ortodoxa. Manter o bebê Jeremiah no armário. Ligar para Rory e Marty todas as noites. Dizer ao Fumante que eu "não fodia nem saía de cima". Parte de mim queria começar no segundo grupo pela mesma razão que entrei no primeiro: curiosidade. Curiosidade em relação a quem estaria no grupo e como minha vida poderia mudar. O Dr. Rosen e meus cinco colegas atuais do grupo sabiam todos os detalhes sobre minha alimentação, meu sono e meus sonhos eróticos. O que eu iria fazer em *mais* um grupo?

Enquanto refletia sobre o segundo grupo, fiz um levantamento de quanto avancei em minha vida amorosa desde que entrei para o primeiro. Tive um encontro oficial desde os fiascos com Sam, que durou cinquenta minutos, e com Andrew e os peitos de frango ressecados. Duas semanas depois de transar com Andrew, conheci Greg em uma festa na casa de alguém e ele pediu meu telefone. Ele havia acabado de se recuperar de um ano em coma médico induzido e, na saída do restaurante japonês ao qual fomos em nosso primeiro encontro, esqueceu onde morava. Talvez eu não estivesse pronta para um novo relacionamento, mas ele, sem dúvida, não estava.

Depois teve Xavier, meu ex-namorado da faculdade — um daqueles rapazes bonzinhos que eu chutei, porque sua lealdade constante me dava náuseas. Dormi com ele quando fui passar uns dias no Texas, visitando meus pais. Nos encontramos em um estacionamento escuro, num bairro esquisito próximo ao aeroporto DFW. Quando começamos a dar uns amassos, dava para ver o brilho suave das estrelas e galáxias. Os lábios dele sobre os meus me acordaram para a vida. As mãos dele em minhas coxas foram libertadoras, e eu queria continuar, queria ir até o fim bem ali, sob o letreiro neon que avisava "Cheques descontados". É óbvio que nunca tinha sentido tudo isso por ele quando estávamos juntos — eu evitava o sexo com queixas de dor de cabeça e ter que entrar mais cedo no trabalho no shopping.

Quando levantei a saia, Xavier recuou.

— O voo da Connie está para chegar — avisou.

Encarei-o sem piscar.

— Sei o que está pensando, mas não vou transar com você só porque estou pirando sobre querer algo sério com a Connie.

Meu coração naufragou. A palavra "tonta" piscava em minha mente. Alguns dias depois, quando voltei a Chicago, meu grupo pontuou que Xavier não estava disponível — e que foi justamente por isso que me senti atraída por ele.

Xavier estava noivo agora. Assim como minha colega de quarto Kat, duas amigas da faculdade e duas primas. O grupo novo do Dr. Rosen me pareceu uma boia de salvação à qual eu deveria me agarrar.

— Certo, vou entrar para o segundo grupo.

— Eu sugiro um só de mulheres.

— Por quê?

— É o seu próximo passo.

Meu olho tremeu.

Ele sugeriu o grupo das terças-feiras, ao meio-dia. Três horas de terapia em um único dia. Duas viagens de ida e volta de trem para Washington e Wabash todas as terças-feiras.

— Isso é loucura!

Além do mais, o grupo de terça-feira ao meio-dia era o que Marnie frequentava. Lembrei-o de que éramos amigas. Meu olho tremeu outra vez.

— Haverá riscos sociais para você.

Fechei os olhos com força e pensei em Bianca e na mesa das meninas no sexto ano. Desde então, vivia em pânico de que qualquer grupo de mulheres pudesse se voltar contra mim, e por isso fazia minhas refeições no banheiro. Mas será que ter um pouco de turbulência na minha amizade não seria melhor do que morrer sozinha, mal-amada e intocada, com o coração sem um entalhe, como uma pedra de obsidiana?

Concordei com ele.

Parte 2

16

Naquela primeira terça-feira, eu estava me achando. Já sabia como tudo funcionava. Somei o tempo total que passei na terapia em grupo ao longo dos últimos 13 meses: 5.265 minutos. Meu coração já tinha algumas marcas de entalhe — cortes superficiais, mas que tinham valor — provenientes do trabalho que tivera até então.

Não estava planejando contar a Clare — que não era uma entusiasta dos serviços para a saúde mental — que iria participar de dois grupos em um único dia, mas deixei a informação escapar certa tarde, saindo da nossa aula de direito de família. Ela se deteve e sorriu, como se estivesse orgulhosa de mim.

— Não se esqueça de levar um lanchinho na terça-feira, querida, será um longo dia.

Ela me emprestou seu casaco favorito da Anthropologie para que eu usasse em meu primeiro dia de terapia dupla.

Trinta minutos antes do segundo grupo do dia, saí correndo da aula de direito penal, pronta para deslizar como ovo na farinha. Estava sete minutos adiantada, mesmo assim apertei o botão da sala, que servia para avisar ao Dr. Rosen que um paciente chegara atrasado e queria entrar. "Adivinha quem é? Você gosta de mim agora? Duas vezes em um só dia!" Escolhi uma cadeira e logo chegou Emily, famosa no Rosenverso porque seu pai, um viciado em remédios que vivia no Kansas, ficou furioso quando ela começou a terapia e ficava atormentando e ameaçando o Dr. Rosen por e-mail e telefone. Ela e Marnie eram muito amigas e, enquanto batíamos um papo antes da sessão, me dei conta de como era estranho invadir o grupo "delas". Deixei os receios de lado e cumprimentei uma mulher alta que usava um chapéu de palha.

— Mary, prazer — disse ela, sentando-se ao meu lado.

Eu já tinha ouvido Marnie comentar sobre ela, mas não me lembrava se gostava de Mary ou a detestava.

Ao meio-dia, o Dr. Rosen abriu a porta da sala de espera e sorriu para cada uma de nós. Antes que nos acomodássemos em nossas cadeiras para a sessão, chegou uma mulher corpulenta chamada Zenia, de cabelos cor de amora e grandes olhos castanhos que continham a expressão congelada de "surpresa!". Ela abriu a sessão com uma história sobre seu fim de semana orgásmico — graças a uma comunidade de fãs de *Dungeons & Dragons*. Contou que tinha uma namorada que vivia na Croácia, a quem nunca vira pessoalmente.

Eu já havia passado mais de cinco mil minutos naquela sala, e noventa deles haviam sido três horas atrás. Tudo parecia igual: as cadeiras giratórias, a estante de livros, as persianas baratas e o lírio flácido, resistindo a mais uma estação. Ao mesmo tempo, tudo parecia estranho, como um daqueles sonhos em que você está na sua casa, mas não é a sua casa de verdade — a porta está pintada de outra cor e há dois andares em vez de um. Havia algo muito errado no nível das energias e partículas.

O Dr. Rosen nos observava como um estranho pouco amigável: os lábios imóveis em uma linha firme, os braços parados, rígidos e pouco naturais. Não havia nada de caloroso ou familiar entre nós, e meu coração se apertou de saudades da sessão que tinha acontecido naquela manhã.

Zenia vibrava enquanto contava sobre seu relacionamento com Greta, da Croácia — e as horas e mais horas de sexo virtual que compartilharam e o dinheiro que estavam juntando para se encontrar em uma convenção em Bruxelas. Zenia sorria para mim a cada poucos minutos, o que considerei uma acolhida generosa, e logo em seguida fez uma pergunta ao Dr. Rosen sobre como tratar um de seus pacientes.

— Pacientes? — perguntei, em voz alta.

— Eu sou médica.

O Dr. Rosen sorriu maliciosamente para mim. Aquele idiota estava rindo de mim! Ah, vejam só a reprimida solitária sentada ao lado da médica bem-sucedida que faz sexo virtual com a namorada! Estreitei os olhos e fiz cara feia para ele — que sorriu ainda mais. Não esperava ser mimada por ele, mas também não esperava que ele fosse ficar rindo de mim do alto de seu trono.

Mary nos contou que seu irmão abusivo — o mesmo que, durante toda a infância, ameaçava matá-la — ligou pedindo dinheiro emprestado. Regina, que era massoterapeuta e parecia estar enrolada em dois xales pretos com uma saia de nylon esvoaçante, tinha entrado na sala durante o "sexálogo" de Zenia. Ela disse a Mary, em um tom compreensivo e silencioso, que, quando seu primo psicótico a ameaçou com uma faca, ela pediu uma ordem de restrição.

O Dr. Rosen interpretara mal a minha história. Um caroço de medo inchou em meu estômago quando percebi que esse não era o grupo certo para mim. Queria agarrá-lo pelo colarinho marrom bem-passado e lembrá-lo de que, sim, tinha sofrido com o que me acontecera no Havaí e lutava contra um transtorno alimentar, mas não sofri nenhuma tentativa de assassinato. Transformei-me em uma pessoa perfeccionista, frígida e quase assexual, mas como ele pôde pensar em mim naquele grupo? Eu era peso-pena, uma ninharia, que só sabia choramingar porque queria ter um namorado — eu era uma personagem trivial no meio dessas mulheres tão corajosas, realizadas e interessantes, algo que eu jamais seria.

Vinte minutos se passaram. Onde estava Marnie? Ela deveria ser minha fiel escudeira.

Marnie chegou meia hora atrasada, largou a bolsa de couro alaranjado no chão sem cerimônia e desabou sobre a cadeira. Tentei olhar nos olhos dela, mas Marnie nem me viu. Sua mandíbula estava cerrada e seus olhos castanhos, inquietos, percorreram o círculo, buscando um alvo.

— Acho que vou morrer de tanto cansaço! — exclamou.

Seis semanas antes, Marnie tinha dado à luz uma linda menininha.

— Pat está sempre viajando e a bebê não dorme. Eu não...

As mãos dela tremiam enquanto ela tirava uma garrafa de água da bolsa. Eu tinha falado com Marnie mais cedo, e ela não parecera estar sofrendo tanto como naquele momento, em que também parecia fingir não me notar na sala. Aquele jeito estudado de me ignorar só poderia significar uma coisa: estava brava comigo. Eu já nem ouvia mais nada, pois havia sido arrastada para meus pensamentos inquietos de como aplacar a raiva dela. Já tinha visto Marnie brava antes. Não era nada bom.

A campainha soou. Uma mulher, que carregava uma bolsa enorme com borlas de couro e uma marmita de isopor, entrou e todas as partículas na sala se agitaram. Só podia ser Nan — Marnie tinha me contado sobre ela, mas não havia dito que era tão radiante, emanando energia como raios de luz. Embora eu soubesse que ela estava perto da idade de se aposentar, sua pele era reluzente como a de uma jovem. Quando ela sorriu, uma covinha apareceu em cada bochecha. Eu não conseguia tirar os olhos de suas sandálias prateadas, do chaveiro que balançava enquanto ela colocava a bolsa atrás da cadeira, de seu sorriso largo para o Dr. Rosen quando se sentou ou de sua boca que murmurava baixinho enquanto Marnie falava. Ela notou minha presença com um breve aceno de cabeça, e eu sorri de volta.

— O NI está acabando comigo hoje — disse Nan. — Ele quer me ver morta.

Olhei para o Dr. Rosen. NI? Ele retribuiu o olhar, mas não me deu nenhuma pista. Se eu quisesse saber sobre o que Nan estava falando, teria que perguntar a ela.

Nan pegou a marmita de isopor e levantou a tampa — estava cheia de macarrão com queijo, daqueles com um molho alaranjado e a massa pequena e curvada. Enquanto dava uma garfada, ela voltou a falar:

— Nem com fome eu estou.

Sua voz falhou. Ela olhou para mim e explicou que o "N" se referia aos insultos raciais que a oprimiram durante toda a vida e o "I" queria dizer "interior". Deixou bem evidente que só ela — e apenas ela — podia falar do NI; e, por Deus, eu jamais ousaria desafiá-la. Demonstrei minha compreensão, grata pela explicação.

— Nan, eu estava falando — disse Marnie.

Eu conhecia aquele tom: Marnie o usara com Pat antes da briga conjugal cujo início vi começar. Encolhi-me na cadeira e me flagrei prendendo a respiração. O ar estava denso, pesado com a ameaça de violência. Eu não queria respirá-lo.

Nan apontou o garfo para Marnie.

— Me. Dá. Um. Minuto. Porra.

Inspirei o ar de uma vez e o guardei todo nos pulmões.

Marnie torceu a parte de cima da garrafa de água.

— Espera a porra da sua vez.

Parecia um alerta, um silvo.

Meu outro grupo não era assim, em que Patrice respondia com rispidez ao coronel Sanders ou Carlos discutia com Rory sobre chegar no horário marcado. Entre Marnie e Nan, pude sentir algo mais pesado, mais físico e menos estável. Elas escolhiam as palavras do fundo de suas entranhas, não da cabeça. Expressavam-se gesticulando. Falavam cuspindo. O ar crepitava de calor e algo de ameaçador nos rondava.

Nan deixou a comida de lado. Pensei que fosse logo se levantar da cadeira e começar a arregaçar as mangas, mas pegou um guardanapo da bolsa e limpou a boca bem devagar, como um xerife irritado em um filme de faroeste. Soltei o ar devagar, pequenas expirações por vez. Elas continuavam gritando. Marnie era uma "vadia branquela esquelética", e Nan, uma "rainha do drama que não aceita ajuda". O Dr. Rosen parecia alerta, mas não preocupado. De repente, Nan apontou o garfo para ele.

— Você precisa me ajudar — pediu ela, baixinho.

Lágrimas que eu não havia notado rolavam por seu rosto. Ela inclinou a cabeça, como se estivesse falando com a comida.

— Me ajuda, por favor.

Eu queria ir até o outro lado da roda e abraçá-la, mas, em vez disso, puxei a cutícula de meu dedão direito o suficiente para fazer o sangue brotar e meu estômago se contrair.

— Eu adoraria — respondeu o terapeuta, sorrindo e ajeitando-se na cadeira como um ator à espera de seu grande monólogo.

— Só sei agir assim — concluiu ela, secando os olhos com o guardanapo.

Nan olhou para mim e descreveu uma infância marcada por vício e violência: um padrasto instável que adorava sacar a arma para ela depois de apostar a noite toda, um irmão bipolar que socava as paredes e quebrava as relíquias da família.

— Força bruta. Só sei agir assim.

Marnie aproximou sua cadeira de Nan e tocou seu braço.

— Eu também só sei agir assim...

Mary e Emily estavam com os olhos cheios de lágrimas. Os meus estavam grudados em meu dedão, que eu continuava cutucando mesmo em carne viva. Uma gota de sangue se acumulou na raiz da unha.

Eu já conhecia Marnie havia cinco anos, e ela reagia a todas as situações de tensão com obstinação, como se estivesse sendo desafiada, assumindo um ar de italiano mafioso, no estilo "você está falando comigo?", que eu temia e admirava ao mesmo tempo. Assisti, pasma, como Nan e Marnie, as duas mulheres que, momentos antes, eu tinha certeza de que iriam sair no soco, passaram para um contexto compartilhado de trauma e cura. Marnie manteve o toque sobre o braço esquerdo de Nan.

Nunca tinha visto duas pessoas brigarem — ou fazerem as pazes — antes. Meu dedão estava latejando, e mordi o lábio para conter as lágrimas. Conforme os minutos se passavam, fui imaginando que encolhia — perdia a pele, os músculos, os ossos, as células —, tornando-me nada além de um montinho de roupas sobre a velha cadeira.

Quando os olhos do Dr. Rosen encontraram os meus de novo, eu disse, mas sem emitir nenhum som:

— Me ajuda.

— O que você disse? — perguntou ele, fazendo uma conchinha na orelha com a mão.

Sem emitir som algum, apenas gesticulei com a boca:

— Me ajuda.

Uma vez, outra e mais outra. *Me. Ajuda.*

O centro das atenções deixou de ser Nan e Marnie e mudou para mim. Eu não conseguia olhar para nenhuma outra mulher, e não conseguia emitir nenhum som.

— Qual é o seu problema? — perguntou Marnie, finalmente olhando para mim.

Mexi a cabeça, sem desviar os olhos do Dr. Rosen.

— Sério? Qual é a porra do seu problema? Se você quer se dar bem aqui — Marnie olhou para o terapeuta e projetou o queixo para a frente —, e, só para constar, ninguém me perguntou como eu me sentia com *ela* no *meu* grupo, você precisa falar. Aqui o trabalho é duro.

Só conseguia pensar em *ir para casa* — para o grupo da manhã, para as pessoas que me conheciam e me amavam.

Eu olhava para o Dr. Rosen.

— Por que você me colocou aqui? Eu não me encaixo. Todo mundo aqui já foi ameaçado com uma faca ou sofreu alguma violência terrível. Eu só quero ter alguém em minha vida, talvez um namorado que não se entupa de álcool ou não viva deprimido demais para transar, mas eu me sinto nojenta...

— Nojenta não é um senti...

— Ah, é sim! — Todo o meu corpo tremia. Torcia minhas mãos como se quisesse secá-las. Queria tirar aquela náusea de minha pele, embora ela estivesse vindo de dentro.

— Não, não é.

— Certo. Sinto vergonha por me intrometer no grupo de Marnie, assustada com o que estou vendo e ouvindo e estou com raiva de você, que me colocou aqui. Nunca vou pertencer a esse grupo. Nunca deveria ter aceitado entrar em um segundo grupo!

— Ótimo! — disse o Dr. Rosen, elevando os dois polegares, como se o meu sofrimento fosse um filme a que ele acabara de assistir e recomendasse ao público. — Já está funcionando.

— O que está funcionando?

— O grupo. — O sorrisão luminoso se abriu em seu rosto. Seus braços se moveram, envolvendo o círculo. A alegria élfica. — *Mamaleh*, uma parte da intimidade é aprender a expressar sua raiva. Você fez um grande progresso no grupo da manhã. Mas o outro lado da intimidade é aprender a lidar com a raiva das outras pessoas. Esse grupo vai ajudá-la com isso. — Ele olhou para Marnie, que o encarava sem piscar. — Já ajudou.

De um jeito todo misterioso, o terapeuta explicou que meu desespero em relação à raiva alheia era mais um bloqueio no caminho para a intimidade. Tudo bem, eu já conseguia almoçar na lanchonete com meus colegas da faculdade, avisar sobre meus banhos e gritar com o meu terapeuta. Mas sempre havia algo mais. A terapia era uma armadilha de Sísifo.

— E o que eu faço com Marnie?

— Você pode comemorar a raiva dela!

Revirei os olhos, antes de perguntar como.

— Olhe para Marnie — orientou ele. Girei a cadeira e olhei nos olhos nervosos dela. — Diga que a ama e que a raiva dela é linda.

— Marnie, eu amo você e sua raiva é linda.

— Agora respire.

Minhas palavras ficaram pairando pelo círculo. Cada célula de meu corpo me pedia para ignorar aquele roteiro, me jogar aos pés de Marnie e prometer deixar o grupo ou ficar a noite toda acordada com a bebezinha dela — *qualquer* coisa para que a raiva dela passasse. Mas continuei respirando e, a cada segundo, me sentia mais distante de minhas antigas tendências.

Desviei os olhos para ver as horas, mas o Dr. Rosen me disse para sustentar o olhar para Marnie.

— Diga a ela que você aceita essa raiva e que está preparada para mais.

Eu disse. Ela não respondeu.

— O que você está sentindo? — perguntou o Dr. Rosen.

— Medo.

Meus dedos dos pés tentavam agarrar o chão.

— Ótimo. Se você aprender a lidar com esse medo e desistir de tentar aplacar a raiva dela, estará pronta para um relacionamento íntimo.

— Pensei que só precisaria relatar minhas refeições para Rory. E avisar sobre meus banhos. E ficar com o bebê Jeremiah. E dizer ao Fumante que não fodo nem saio de cima.

— Você precisou mesmo fazer tudo isso. E essa é a próxima tarefa.

A sessão chegou ao fim. O Dr. Rosen a encerrou da maneira de sempre. Quando os abraços começaram, fiquei olhando para Marnie, vendo-a abraçar Emily, Mary e Zenia. "Por favor, me abrace", desejava, do outro lado da sala. Joguei a mochila no ombro.

— Ei, você — chamou Marnie, cutucando meu ombro.

— Oi — respondi, olhando para ela e depois fitando o chão.

— Você foi bem hoje.

Nós duas sorrimos.

— Não parece.

— Eu sei.

Ela abriu os braços e avancei para o meio deles. Marnie sussurrou algo entre meus cabelos.

— O quê? — perguntei.

— Posso estar com raiva de você e continuar te amando, sabia?

Não. Na verdade, eu não sabia. Não fazia ideia.

17

Coloquei um dos vestidos pretos de Clare e um novo par de sandálias pretas de tiras. Marnie ia dar uma festa de 40 anos para Pat e, por um milagre, eu tinha alguém para levar. Um encontro com alguém por quem sentia atração. Conheci Jeremy alguns anos antes da faculdade em uma festa cheia de pessoas em recuperação. Fiquei encantada por seus óculos de aros finos, seus olhos verdes e gentis e seus comentários sagazes. Acontece que ele também estava no segundo grupo de Carlos, então eu ouvia um comentário ou outro sobre ele de vez em quando — que havia acabado de terminar um namoro, por exemplo.

Na semana anterior à festa de Pat, eu estava na estação Fullerton, na plataforma do trem, e o avistei. Ele estava abduzido por um livro grosso e imponente — de Tucídides. Sua calça cáqui estava alinhada e sua malha azul fazia seus olhos verdes brilharem. Fiquei na direção dele. Quando um grande grupo de pessoas saiu do trem seguinte, ele levantou o olhar.

— Olá! — disse ele, dobrando o canto superior da página e fechando o livro.

— Achei mesmo que fosse você.

Dentro do vagão, peguei a mesma barra a que ele estava segurando. Jeremy perguntou como estava a faculdade, e perguntei sobre o trabalho e por que ele estava lendo Tucídides.

— Eu gosto — respondeu.

Seu sorriso me fez sentir bem, como se estivéssemos sentados em volta de uma fogueira, e não espremidos em um trem que balançava e levava um monte de passageiros resmungões.

— Eu nunca tinha visto você nesse trem — comentei, quando me dei conta de que morávamos a duas estações de distância.

Ele soltou uma risada curta e sem humor.

— É que eu costumava ficar na casa da minha namorada, em Bucktown. A gente terminou.

— Fiquei sabendo.

Sorri, com esperança de que pudesse piscar sem parecer idiota. Ele inclinou a cabeça.

— Eu tenho grupo com o Dr. Rosen. Nas manhãs de terça, com Carlos.

Ele se aproximou de mim e ficou perto o suficiente para que eu pudesse ver manchinhas douradas em seus olhos verdes.

— Fiquei sabendo — sussurrou.

— *Touché!*

Os sussurros da videira Rosen ecoavam à nossa volta.

Rimos, e o som de nossa voz se elevou sobre nossa cabeça e a das pessoas abduzidas por seus celulares, livros e jornais. O desejo por aquele homem sorridente e literato fluía por todo o meu corpo: dedos, braços, peito, barriga e entre minhas pernas.

Sem que eu me desse conta, o convite para a festa de Pat escapou de minha boca, como se eu fosse o tipo de mulher que sempre convidava amantes de filosofia recém-solteiros para sair. Ele concordou na mesma hora e anotou seu endereço em um post-it que usava como marcador de livro. Nossas mãos se tocaram enquanto o trem balançava para Southport, e uma centelha de desejo disparou em mim.

Ele estava esperando na porta quando cheguei, na sexta-feira seguinte, vestindo exatamente a mesma roupa que usava quando nos encontramos no trem, e isso me tranquilizou. Nosso primeiro assunto foi o Dr. Rosen. Rimos do péssimo gosto para roupas e do otimismo incomum do nosso terapeuta de que os grupos iriam curar qualquer problema emocional.

— Ele ama muito os grupos — disse Jeremy, rindo.

— E ama muito suéteres marrons!

Meus membros relaxaram conforme começávamos a falar de nossas experiências na terapia. Eu não estava nervosa como na maioria dos primeiros encontros, não sentia nada impedindo que uma parte de mim mesma se manifestasse. E nem precisava, tendo o mesmo terapeuta.

Quando chegamos à casa de Marnie, percebi que a única coisa de que Jeremy precisava era o amor de uma mulher emocionalmente disponível. No momento em que peguei um cogumelo recheado e uma água com gás, decidi que essa mulher seria eu.

— Vem cá, quero mostrar uma coisa.

Conduzi Jeremy até o quarto da bebê no andar de cima, cujas paredes amarelinhas estavam decoradas com patinhos pintados à mão. Sem qualquer embaraço, abri todas as gavetas para bajular as fraldinhas de Landyn, suas meiazinhas surreais de minúsculas e um cobertorzinho de dormir rosa-bebê, macio como uma coruja da neve.

— Fofo — disse ele, quando exibi um pequeno roupão com um capuz de orelhinhas de coelho.

Jeremy ficou olhando para a porta, como se estivéssemos cometendo um crime. Estendi uma touquinha para ele cheirar, mas ele deu um passo para trás.

— É uma prescrição? Ficar me mostrando essas roupinhas todas?

Fiz que não com a cabeça enquanto passava um suéter de cashmere no rosto.

— É melhor voltarmos para a festa — sugeriu Jeremy, se dirigindo ao corredor.

Ele esperou que eu guardasse as roupinhas de Landyn.

Lá embaixo, ele conversou com Pat, Marnie e seus amigos do subúrbio. Meus membros ainda estavam relaxados enquanto eu o levava para casa, depois das 23 horas.

Toda vez que o assunto se distanciava do Dr. Rosen eu identificava alguns alertas — não necessariamente vermelhos, mas... rosados.

— Eu sou meio recluso — respondeu ele quando perguntei se costumava se reunir com seus colegas de grupo fora das sessões.

Imaginei se isso poderia me afetar de alguma forma. Quando pensava no tipo de homem com quem gostaria de namorar, *recluso* não fazia parte da lista.

Ele também comentou que seu carro estava quebrado e não podia pagar pelo conserto. Problemas financeiros me davam azia — Carlos havia me contado que o rompimento de Jeremy com a ex teve alguma coisa a ver com um dinheiro que ele pedira emprestado a ela. Agarrei o volante com força e tentei manter a calma. Será que ele se sentiria ameaçado por minha recém-conquistada segurança financeira? Será que era contra o capitalismo? Será que, do topo dos seus 36 anos, ainda estava perdido, profissional e financeiramente? Se sim, o quanto eu me importava com isso?

Um pouco — mas ele ficava tão lindo com aqueles óculos!

— Você nunca falou muito sobre seu trabalho — comentei, esperando uma resposta que pudesse aliviar o nó de tensão em minha nuca.

— Eu administro uma empresa de zeladoria industrial. É um pequeno escritório na zona oeste.

O nó não se moveu. Achava que ele era gerente de TI de uma grande empresa no centro. Ajustei as mãos no volante outra vez.

Então, éramos diferentes. Grande coisa. Havia muitos casais famosos que eram diferentes: Arnold Schwarzenegger e Maria Shriver. James Carville e Mary Matalin. Homer e Marge. Talvez não conseguíssemos celebrar as bodas de prata, mas conseguiríamos ter um segundo encontro.

Quando cheguei ao prédio dele, no fim do encontro, tirei a mão direita do volante e a abandonei ao lado do corpo.

— Tem um filme polonês muito elogiado que vai entrar em cartaz. Quer ir comigo? — perguntei.

Eu estava animada como um yorkshire. Ele apertou meu braço de um jeito não totalmente casto antes de sair do carro.

Um segundo encontro! Comemorei, levantando o punho cerrado no ar. Ao manobrar o carro, raspei um pneu no meio-fio com um solavanco que quase quebrou meu pescoço e derrubou minha garrafa do suporte de bebida, mas nem senti. Estava quase histérica de tão feliz.

— Me conta mais sobre esse tal de Jeremy — pediu Clare, enquanto jantávamos na noite seguinte. Ela apoiou a cabeça na palma da mão quando contei do tour que fiz pelo quarto da bebê. — Amiga! Você não deve mostrar um quarto de bebê para o cara no primeiro encontro!

Não fiquei nem um pouco abalada.

— Não se preocupe, ele também vai no Dr. Rosen. Não preciso fazer joguinhos com ele. Posso ser eu mesma.

Ela inclinou a cabeça, sem acreditar.

— Isso parece muito promissor. É a sua recompensa por entrar no segundo grupo!

Naquela noite, tracei uma linha no meio de uma folha de papel. Chega de loucuras e romances casuais. Eu estava fazendo terapia. Comecei com a coluna dos "prós". Sem dúvida, ele era inteligente. Quem lê Tucídides por gosto? Ele estava sóbrio, então não iria mijar em mim no meio da noite. Ele tinha um gato, então sabia como cuidar das coisas. Os óculos, o sorriso, a atenção ao me escutar. Anotei tudo isso. Por fim, anotei o maior "pró" de todos: *vai no Dr. Rosen.*

Sair com um cara que fizesse terapia — com qualquer terapeuta — era o ideal. A terapia nos torna mais sensíveis e autoconscientes, nos dá mais ferramentas para viver um relacionamento. Sair com um cara que frequentava o *mesmo* terapeuta que eu era um jeito de construir um relacionamento blindado. No fim das contas, eu confiava no Dr. Rosen. Quase sempre. Eu conhecia o trabalho dele. Eu *era* o trabalho dele. Jeremy e eu teríamos vários hectares de coisas em comum. Nunca ficaríamos sem assunto. Além disso: ganharíamos terapia de casal de graça, apenas veríamos o terapeuta em momentos diferentes e com outras pessoas.

Em nosso segundo encontro, nos acomodamos nas poltronas velhas do Music Box Theatre, lotado, lendo as legendas de um filme polonês sobre duas pessoas tristes caminhando por um parque no meio da cidade. Jeremy me cutucou carinhosamente quando cruzei as pernas — "A regra número um do grupo!", sussurrou, e nós dois rimos. Ele colocou a mão sobre a minha e não tirou até o fim do filme — o calor e o peso eram o prazer em forma sólida.

Enquanto caminhávamos de volta para a casa dele, ficamos abraçados para nos proteger do vento e contamos quais foram as nossas prescrições mais difíceis. Falei da prescrição do Fumante — uma história que eu jamais me imaginei contando em um segundo encontro — e ele confessou que ainda não tinha cumprido a sua prescrição mais difícil. Quando perguntei qual era, ele desviou o olhar para longe.

Depois de alguns passos, revelou:

— O Dr. Rosen disse que eu deveria pedir pra minha ex-namorada que perdoasse a dívida que tenho com ela.

Ele fez uma careta e olhou para os próprios pés.

Na sala de estar, um sofá marrom combinava com a mesinha de centro. A mesa de trabalho e o computador ficavam na frente de uma janela na cozinha, e o banheiro, apesar de não estar cheirando a desinfetante e ter alguns fios de cabelo no chão, parecia razoavelmente limpo. Fiquei impressionada com sua chaleira de prata e a imensa variedade de chás.

Um gato laranja rajado e rechonchudo veio ronronar nos pés dele.

— Esse aí é o Sr. Bourgeois.

— Esse é o nome dele?

Ele fez que sim e sorriu.

— Olhando sua estante, eu não esperaria nada de diferente.

Maquiavel, Platão, Sartre, Sócrates, Heidegger, Kant. A leitura mais leve era Santo Agostinho.

Tirei os sapatos e disse a ele que detestava meu grupo novo.

— Por quê? — perguntou, sentando-se ao meu lado no sofá, tocando o joelho no meu.

— É tudo tão cruel e intenso. Todo mundo gritando, comendo, chorando e se abraçando. E Marnie não parece muito contente com a minha presença...

— Por que você acha que o Dr. Rosen colocou você nesse grupo?

— Bem...

— O quê?

— Ele acha que isso vai me ajudar a me abrir para um novo relacionamento.

Coloquei minha caneca na frente do rosto para esconder a vergonha.

Ele segurou minha mão.

— Eu também detestei meu segundo grupo. Detestei cada segundo.

— E por que você continuou?

— Eu queria descobrir o significado desses sentimentos. De onde eles vinham. — Ele deu de ombros. — E agora aqui estou.

Meu coração saltava dentro do peito.

Ele inclinou o corpo na minha direção.

— Posso beijar você? — perguntou.

Senti um aperto no peito, uma sensação nova, de segurança, avançando em direção ao desejo. Consenti, e nossos lábios se tocaram. Senti o gosto do chá de camomila e, quando ele colocou a mão em meu pescoço, me entreguei a ele e à possibilidade que oferecia. Fazia quase dois anos que eu não saboreava de verdade lábios masculinos — com Andrew, estava muito ocupada em manter a distância para sentir alguma coisa, e com Xavier, naquela noite no estacionamento, só conseguia sentir o sabor da minha necessidade. Dessa vez, com Jeremy pressionando os lábios e a língua contra os meus, seu cavanhaque fazendo cócegas em meu lábio superior, senti a libido piscar, intermitente, até se acender. A pressão entre minhas pernas era uma mistura de prazer e dor, desejo e agonia, satisfação e fome. Eu estava voltando à vida.

Era isso mesmo o que eu esperava.

18

— *Sem segredos* — aconselhou o Dr. Rosen quando apareci no grupo com a notícia bombástica dos dois encontros com Jeremy. — Traga para os dois grupos tudo o que acontecer entre você e Jeremy. Emocionalmente, romanticamente, sexualmente.

— Financeiramente também — adicionou Carlos, consciente de que essa fora uma das questões passadas dele.

Uma conta rápida: meus dois grupos somados aos dois grupos do Jeremy davam, aproximadamente, vinte pessoas, e essas vinte pessoas saberiam quando dividiríamos a conta no jantar, quando daríamos ao outro uma cópia da chave de casa, quando transaríamos durante meu período menstrual. Recuei, levantando as mãos.

— Epa! Muita calma! Essas atualizações semanais para todo mundo não vão acabar com a *magia* da relação?

— Minha sugestão é: sem segredos — repetiu o Dr. Rosen.

— Sua sugestão é uma bosta.

— E quando você fez do seu jeito? Deu certo?

Em nosso terceiro encontro, Jeremy e eu ficamos cuidando da filha de Marnie, Landyn, por algumas horas — ela e Pat queriam sair para jantar, porque era aniversário de casamento deles. Enquanto a bebezinha dormia em meus braços, Jeremy espiou os armários da cozinha, conferiu as louças de Clare e foi para a varanda admirar a vista.

Depois de Marnie e Pat buscarem Landyn, sugeri a Jeremy que fôssemos encontrar Clare e Steven num bar em Belmont para ouvir um pouco de música ao vivo. Ele concordou, e fiquei perplexa: como poderia ser assim tão fácil? Tudo o que eu tinha que fazer era convidar?

— Você não quer levar uma bolsa para poder passar a noite fora? — perguntou ele.

Não consegui esconder minha animação. Corri pelo quarto enfiando na bolsa a solução para lentes de contato e um suéter limpo.

O bar não era exatamente algo que Jeremy frequentaria — uma caverna cheia de rapazes de fraternidade e velhos torcedores do Cubs derramando as bebidas de seus copos de plástico. Depois do primeiro show, Jeremy sussurrou que queria ir embora. Todo o meu corpo se arrepiou. Ultrapassei os sinais vermelhos e ignorei as placas de "Pare". Não via a hora de apertar meu corpo contra o dele.

Sentei-me em sua cama, no escuro, enquanto ele dava comida para o Sr. Bourgeois. Quando Jeremy se sentou ao meu lado, inclinei o corpo em sua direção. Ele apertou os lábios contra os meus.

— Tudo bem? — sussurrou.

Assenti e o puxei em minha direção. Apertei meu corpo contra o dele, que me abraçou com força enquanto me beijava, cada vez mais forte e profundo.

Gentilmente, ele se afastou e deitou de barriga para cima.

— Ainda não estou preparado para transar — avisou ele.

Uma confissão simples. Seis palavras que nunca tinha escutado antes de ninguém, inclusive de mim mesma. Aquilo era uma prescrição?

— Tudo bem. — E estava mesmo. Tudo o que eu queria era a oportunidade de me aproximar de alguém. Não precisava ser por meio do sexo, não naquela noite.

Assim que Jeremy disse que sexo estava fora de cogitação, meu corpo relaxou ainda mais ao lado dele. Naquele dia, começaríamos e terminaríamos nos beijos. Ele rolou para perto de mim e segurou meu corpo contra o dele: peito com peito, barriga com barriga, quadril com quadril.

— A gente pode só dormir.

— Podemos — concordei.

Nós nos acomodamos abraçados, respirando fundo.

— Você sempre dorme com tudo isso de roupa? — sussurrou, em minha nuca.

Eu ainda estava de blusa e calça jeans, só tinha tirado o suéter leve de lã.

— Sim.

Na verdade, eu sempre dormia de sutiã, desde o nono ano, quando meus peitos viraram dois melões. Eu gostava de dormir com os seios sob controle, guardados sobre os aros e as rendas. Com os outros namorados, eu tirava o sutiã durante o sexo, mas, na hora de dormir, o colocava de volta. E nunca nenhum deles tinha reparado ou quis me perguntar sobre o assunto.

No dia seguinte, a luz da manhã atravessava as bordas das cortinas blackout de Jeremy, e o Sr. Bourgeois estava sentado na beira da cama, me analisando. Caminhei na ponta dos pés até a sala e encontrei Jeremy no cômodo escuro, sentado em frente à mesinha, digitando no computador.

— Oi — disse, me espremendo no pouco espaço entre a geladeira e as prateleiras de metal que ele usava como despensa.

Cruzei os braços e abracei meu corpo. O silêncio estava meio constrangedor. Limpei a garganta.

— Quais são seus planos para hoje? — perguntei.

Será que sairíamos para um brunch e caminharíamos pela rua envolvidos na intimidade diáfana da noite anterior? Será que voltaríamos para a cama?

Ele virou quase todo o corpo de volta para o computador. Cruzei a perna direita na frente da esquerda.

— Colocar algumas coisas em dia. Reunião do A.A. à noite. E os seus?

— Preciso ler alguns textos de leis cibernéticas. Talvez vá assistir a um filme com Clare à tarde.

Fiquei em silêncio. Deveria convidá-lo? Ele olhava para a tela do computador, onde uma grade de sinais de libras, pontos e símbolos de porcentagem brilhavam sobre um fundo preto.

— O que é isso?

— É um joguinho de computador chamado NetHack. — Ele corou e olhou para os próprios pés. — É meio preocupante.

Joguinho? Preocupante?

— Sem julgamentos — comentei, sorrindo para ele.

Mas um arrepio de alerta correu por meu corpo. Um homem daquele tamanho sentado em uma sala escura e jogando? Aquela imagem um tanto claustrofóbica me causou um aperto na garganta.

— Você diz isso agora. Mas eu literalmente poderia jogar isso o dia todo...

Seus olhos verdes não tinham um brilho leve, mas algo sombrio que pude reconhecer. Vergonha.

— Se te faz bem, que mal tem?

Minha voz estremeceu com a falsidade daquele chavão. O rosto de Jeremy relaxou, mas abracei meu corpo com mais força, consciente de que precisava fugir.

— Bem, acho que vou indo.

Quando cheguei em casa e parei o carro, liguei para Rory.

— Acho que não vai dar certo com ele — disse para ela de uma vez.

— Querida, ele acabou de sair de um relacionamento. Leve a questão para o grupo.

Na manhã de terça-feira, Patrice, Rory, Marty, Ed e o Dr. Rosen parabenizaram Jeremy por ter estabelecido seus limites sexuais. Durante a noite que passamos juntos, me senti confortada quando ele admitiu que não estava preparado para o sexo, mas agora aquela celebração toda parecia meio infantil — eles eram adultos autorizados a fazer sexo selvagem regularmente e nós éramos crianças que deveríamos parar nos beijos e dormir de conchinha. Detestei aquelas brincadeiras e detestei ainda mais a mim mesma por concordar em contar tudo para os grupos.

No grupo da tarde, não houve grandes escândalos. Marnie achava que toda aquela omissão sexual significava que ele não estava pronto para um relacionamento.

— Não gosto disso — comentou ela, fazendo que não com a cabeça.

Nan e Emily ficaram pensando por que ele não me oferecera um café da manhã. Mary se perguntou por que ele não tinha uma despensa decente. Dei de ombros e fui engolindo a vergonha, pedaço por pedaço.

— Dr. Rosen, o grupo da manhã adora esse rapaz. E o da tarde só aponta motivos de alerta. Quem está certo?

O senso crítico aguçado do grupo da tarde me intimidou.

— Os dois grupos refletem o seu conflito interno. A dúvida está em você. É você quem não sabe se o ritmo lento de Jeremy é bom ou se você vai morrer de fome nesse relacionamento. Se ele é um adicto de jogos ou apenas um rapaz introvertido que gosta de computadores.

— E como vou descobrir a verdade?

— Continue vindo.

— Em qual grupo?

— Ambos.

Obedientemente, eu levava as novidades aos dois grupos a cada sessão. Todo mundo dos dois grupos sabia que era eu quem estava pagando pela maior parte de nossas refeições com o dinheiro que guardara no verão; que era eu quem dirigia sempre, porque o carro dele ainda não tinha ido para o conserto; que a maioria de nossos encontros eram na casa dele. Todos souberam que, na primeira vez que ele tocou meus seios, estremeci com um prazer que beirou a náusea — um bolo saboroso demais, um pôr do sol vibrante demais.

— Tudo bem? — perguntava Jeremy cada vez que tocava meu corpo em um lugar diferente: um beijo em minha barriga, a mão no alto da coxa. O grupo da manhã adorava esse compromisso dele em obter meu consentimento, mas o grupo da tarde o achou "meio besta".

Conforme avançávamos, descobri que nosso lento progresso sexual também era coisa do Dr. Rosen. Certa noite, durante uns amassos na cama de Jeremy, ele admitiu que o terapeuta o orientara a não ter pressa.

— Ele disse que eu deveria ir devagar, ou iria acabar odiando você como odeio minha ex.

Pelo jeito, o relacionamento deles deu errado não apenas por questões financeiras como também porque o progresso sexual da relação ultrapassou a disponibilidade emocional dele.

Enrolei o corpo no cobertor. Me senti exposta — era eu quem queria mais contato físico. Aquilo pareceu uma rejeição e quis esconder o meu rosto de Jeremy, do Dr. Rosen e dos mais ou menos vinte estranhos que sabiam o quanto eu desejava transar com ele.

Uma pesquisa no rádio revelou que a maioria dos casais chegava "aos finalmentes" no terceiro encontro. Quando reclamei com o grupo da manhã que eu estava abaixo da média nacional, o Dr. Rosen reforçou que *nós dois* não estávamos prontos. Senti um conflito de interesses — pois era óbvio que era Jeremy quem não estava preparado. O Dr. Rosen defendeu seu ponto de vista.

— Por que tanta pressa? — perguntou.

— A minha vida toda foi marcada por relacionamentos fracassados e repressão sexual.

— Então por que não esperar mais um pouquinho?

Não adiantaria nada discutir com meu terapeuta. Eu teria que rever minha estratégia se quisesse a aprovação dele para o coito. Alguns minutos depois, aproximei-me dele e falei, com a voz mais séria possível:

— Podemos falar sobre Jeremy? Ele está se escondendo nos videogames. Você deveria passar para ele uma prescrição que envolvesse ficar mais tempo com a namorada, disponível emocional e sexualmente.

Cof. Cof. Cof. O pigarro teatral do Dr. Rosen. Que poderia ser traduzido como: "Você está viajando." Ignorei.

— Ele demonstra sinais explícitos de distanciamento. Está com medo da intimidade...

Mais pigarros. E uma pergunta:

— E você, *Mamaleh*?

— Eu? Estou totalmente disponível! — retruquei e abri os braços. — Nada a esconder.

Todo o grupo riu.

— Qual é a graça?

— Quer saber mesmo? — perguntou o Dr. Rosen e, depois que assenti, continuou: — Quantos sutiãs você está usando?

— Toma! — exclamou Carlos, sussurrando.

Confusa, olhei para meus ombros, sobre os quais três alças de sutiãs se cruzavam sob a blusa de alcinha. Eu tinha saído para correr antes do grupo, e meus seios eram tamanho 44. Um top, sozinho, não dava conta de mantê-los no lugar, então às vezes usava dois ou três sutiãs.

— Você odeia seus seios? — perguntou o terapeuta.

É óbvio que odiava — eram duas sacolas de gordura pendendo da clavícula. Via-os como desengonçados, e não como atraentes ou sensuais. E tinha mais uma coisa que me incomodava: o quanto as outras pessoas (homens) gostavam deles e como pesavam. Passei toda a minha vida desejando peitos pequenos. Minúsculos. Um peitoral liso. Como a terra depois do deslizamento das geleiras. Como os das bailarinas, das modelos, das menininhas.

— Não posso dizer que amo...

— Você está tentando fazê-los parecer menores.

— Eu estava correndo, e não participando de um concurso de coelhinhas da Playboy.

— Acha que o fato de odiar seus seios pode interferir em suas relações sexuais?

A resposta correta era "sim", mas eu não conseguia admitir. Nunca tinha discutido o que sentia em relação a meus seios com ninguém. Fiquei ali sentada, em silêncio, balançando a cabeça de um lado para outro e tentando não chorar. Odiar meus seios nunca tinha me parecido tão triste.

— O que Jeremy acha deles?

— Com certeza ele acha muito estranho eu dormir de sutiã.

As sobrancelhas do Dr. Rosen se levantaram até o topo da cabeça. Todos arquejaram, como se eu tivesse acabado de confessar que gostava de matar filhotes de gorila. Coronel Sanders parecia mais animado do que quando Carlos mencionou pornô lésbico.

— Você não quer saber por que dorme de sutiã? — perguntou o terapeuta.

Uma bola de raiva encheu minha boca.

— Já sei o que vocês estão fazendo! É nesse momento que eu deveria me lembrar de algo que meu pai, meu tio ou meu professor de educação física disse ou fez. Nada disso aconteceu. Só coisas bem comuns...

— A história do Havaí não me pareceu nada comum — interveio Rory.

— Isso é absurdo! O afogamento de David não tem nada a ver comigo usando vários sutiãs.

— Você não ficou nem um pouco curiosa? — O Dr. Rosen insistiu na pergunta com a voz calma e pausada.

— Não tem nada de mais! Eu era uma menina que queria ser magra porque todos adoram os corpos de meninas magras. Porque eu ia para o balé, uma modalidade feita para anoréxicas, e seios não gritam magreza. São cheios de gordura. São um obstáculo na hora de comprar blusas na J. Crew e na Anthropologie. E fazem com que eu me sinta gorda — expliquei, arrumando a regata para esconder as alças dos sutiãs. — Bem-vindos ao corpo feminino, queridos!

— Você quer ajuda? — indagou o Dr. Rosen, imóvel como uma ave de rapina.

Por que não escolhi uma terapeuta mulher? Eu não acreditava que meu terapeuta homem seria capaz de compreender minha relação com meus seios. Tudo bem que ele estava em recuperação por transtornos alimentares, mas provavelmente nunca foi às compras com a avó em Waxahachie, no Texas, e sem querer ouviu a vendedora dizendo que os peitos dele o faziam parecer muito mais "cheinho" do que ele realmente era. Ele nunca recebeu conselhos de uma professora para fazer a dieta do ovo — três ovos no café da manhã, no almoço e no jantar, e nada mais — quando seus peitos começaram a despontar. Ele nunca caminhou por um Hooters no centro de Houston tendo que aguentar olhares maliciosos dos bêbados. Mesmo com as notas mais altas em todas as matérias de Harvard e com um entendimento iluminado das dinâmicas de grupo, um homem simplesmente não pode saber como é caminhar pela Terra sendo uma mulher. Mas concordei com a cabeça — *sim, quero ajuda* —, porque qualquer ajuda, mesmo que inadequada, vinda de meu terapeuta homem, era melhor do que nada.

— Faça uma tatuagem de henna na barriga com os dizeres "Odeio meus seios".

— Odeio? Mas achei que estávamos aqui em busca de amor e aceitação.

O Dr. Rosen balançou a cabeça.

— Primeiro, aceite o ódio. Pare de fugir. — Ele fez um movimento com as mãos indicando meus ombros e sutiãs. — Leve Jeremy com você.

19

Jeremy e eu entramos no prédio de um armazém industrial em ruínas na esquina da Racine com a Grand. Apertei o interfone que indicava Big Ernie. Ele anunciava a si mesmo na *Chicago Reader* como mágico, passeador de cães e tatuador de henna. Ele liberou a porta para nós e pediu que subíssemos. Avançamos pelos degraus até o segundo andar, onde um homem com um longo rabo de cavalo preto e calça bufante nos cumprimentou da porta de seu apartamento. Ele poderia ter 30 ou 50 anos de idade — era impossível dizer com certeza. Seu sorriso acolhedor me acalmou, e o pé-direito de quase 5m de seu loft me fez sentir como um brinquedinho em uma casa de bonecas. As paredes de tijolinhos tinham sido pintadas de branco. Ele pediu para nos sentarmos na sala de estar enquanto preparava a henna. Sentei-me no sofá e Jeremy ficou agachado ao lado da lareira, onde uma centena de porta-balas similares a tubos de M&M se alinhavam em perfeita ordem, como versões coloridas das cruzes brancas nos cemitérios militares.

Telefonei para Big Ernie logo depois de meu segundo grupo, na mesma manhã em que cometi o erro de usar vários sutiãs na sessão. Contei tudo sobre minha prescrição para as garotas, que assentiam enquanto eu descrevia a raiva que sentia de meus seios durante toda a vida; depois, elas começaram a partilhar as próprias histórias. Pouco tempo antes, um homem agarrara os seios de Nan enquanto ela comprava batons na Marshall Field's. Zenia ouvira o pai fazer comentários sobre os peitos dela durante toda a vida. Mary tinha vergonha, pois os seus eram muito pequenos. Emily descreveu uma briga que teve com o marido depois que ele pegou em seus seios para fazer uma brincadeira durante o programa *The Daily Show*. Nessa hora, cobri a boca com as mãos e comecei a chorar.

Eu tinha 16 anos, era o baile de formatura do ensino médio. Trajava um vestido preto, sem alça, tamanho P, da Laura Ashley, com um decote em coração e um ramo de gardênias cor-de-rosa estampado na frente. Fiz bronzeamento artificial dia sim, dia não durante quatro semanas, e a minha pele tinha um tom marrom-alaranjado não natural e formigava quase dolorosamente por ter passado tanto tempo naquela cabine em forma de caixão. Mal conhecia Matt, meu par — acabamos ficando juntos depois que todos os pares já haviam se formado. Dali a alguns poucos anos, ele assumiria sua homossexualidade. Depois do jantar e da troca do buquê e da flor de lapela, um grupo de alunos parou em um estacionamento para tomar cervejas e vinhos frisantes roubados dos pais. A doce efervescência do espumante frutado dançava em meu estômago e deixou minha cabeça confusa. O chão sob meus pés parecia agradavelmente instável, como se eu estivesse tentando andar sobre um colchão de água. Eu me lembrava de estar parada ao lado do Cherokee preto de Jared Meechum, rodeada por dez garotos.

Estávamos todos rindo. Nuvens espessas passavam no céu, cobrindo a Lua a cada poucos minutos.

Jared se aproximou com um olhar desafiador. Minhas mãos estavam ao longo do corpo — uma segurava a garrafa vazia de vinho, a outra agarrava um punhado de tecido do vestido para que eu conseguisse ficar em pé. Senti o cheiro de cerveja que vinha da boca dele e vi um monte de molho acumulado em seu lábio inferior. Estava no meio de uma risada quando ele esticou o braço e enfiou dois dedos entre meus seios. Terminei de rir como se nada tivesse acontecido — porque nem sabia se alguma coisa, de fato, tinha acontecido.

Aconteceu? Ele deu um passo para trás tão rápido que foi fácil colocar a culpa em meu estômago revirado e em minha cabeça confusa. Meus seios estavam tão esmagados no vestido que a sensação foi abafada, e logo já nem lembrava do que havia acontecido.

Levei a garrafa à boca e lambi a última gota do gargalo.

Depois, foi a vez de Spencer. Ele fez o mesmo movimento rápido e evitou contato visual. Teve a decência de ficar constrangido e corar, mas a vergonha não o impediu de sussurrar para P. J. e Tad, que se amontoaram sobre mim como duas torres e reproduziram o gesto. Olhei para a copa das árvores, que balançavam com a brisa, embora a noite ainda estivesse calma e densa, a umidade do fim da primavera presente. Minhas mãos seguraram o vestido e a garrafa com mais força. Não havia nada mais a que eu pudesse me agarrar.

As nuvens continuavam a deslizar sobre a Lua.

Onde estavam as outras garotas? Onde estava meu par? Por que eu ainda estava rindo, agindo como se fosse o melhor momento da minha vida com aqueles jovens católicos bondosos que conhecia desde pequena? Eu desejava que qualquer um deles me chamasse para sair, me tirasse para dançar, me telefonasse, me beijasse, me quisesse. Mas eles namoravam minhas amigas. Aquela foi a primeira vez que eles sequer encostaram em mim.

Jared se aproximou novamente. Nessa segunda vez, enfiou a mão inteira dentro do decote. Foi só então que recuei. Só então senti a onda de vergonha ultrapassar a cabeça enevoada, o vestido, as risadas. Só então me permiti entender que eles estavam rindo de mim.

Continuei a rir.

Rir, rir, rir. O som de minha risada abafava tudo — até mesmo o céu do Texas com as falsas notas que disfarçavam meu terror.

Meu grupo ficou em silêncio enquanto eu nomeava os rapazes católicos e descrevia como eles enfiaram as mãos suadas em meu vestido.

Agora, o pincel macio de Big Ernie fazia cócegas em minha barriga, mas eu não ria. Olhava para o teto e segurava a mão de Jeremy. Uma sensação de expectativa estava presa na minha garganta. Era um lamento? Um grito? Não conseguia identificar — mas jamais permitiria que aquilo saísse de mim tendo porta-balas do Zé Colmeia e dos Flintstones como plateia. Fiquei mirando o teto e não baixei o olhar.

De volta à casa de Jeremy, entrei no banheiro para analisar minha tatuagem, cuja primeira camada era uma casquinha que eu puxei. Círculos e arabescos de um laranja queimado dançavam sobre meu umbigo e enfeitavam a frase: *Odeio meus seios*. Para ser sincera, aquilo era cafona demais. Mesmo assim, mantive a mão sobre ela quando liguei para Rory, para relatar minhas refeições, e para Marty, atrás de meu elogio.

Tirei o sutiã antes de colocar a camiseta macia de Jeremy com as palavras *Ars Technica* escritas na altura dos seios. Estava encolhida em sua cama quando ele se aproximou e perguntou se podia se deitar ao meu lado.

Mexi o corpo para dar espaço para ele e me estiquei. Jeremy tirou a calça jeans e se deitou na cama de cueca e camiseta. Virei na direção de seu corpo com os braços ainda cruzados em X na frente do peito, protegendo-me. Respirei fundo. Respirei fundo de novo. Soltei os braços. Uma tristeza brotou da parte mais delicada de meu coração, onde todo aquele ódio vivera por tanto tempo, e chorei.

— O que foi? — perguntou Jeremy.

— Estava com muito medo.

Ele acariciou minha cabeça com a palma da mão.

— Eu também.

— Não tenho a menor ideia do que estou fazendo.

— Nem eu — confessou, e me abraçou com mais força.

Continuei chorando, imaginando que a tinta em minha barriga entraria por minha pele e se misturaria com meu sangue.

20

Jeremy me esperava no saguão de entrada da biblioteca, com a cabeça enfiada em um livro surrado de Nietzsche. Deslizei minha mão sobre a dele.

— Vamos para a Michigan Avenue.

Estava sonhando com a imagem de nós dois, lado a lado, caminhando pelo trecho daquela rua apelidado de "Milha Magnífica" por sua deslumbrante disposição de lojas e restaurantes. Nessa época do ano, as luzes de Natal brilhavam em todos os postes e voluntários do Exército da Salvação vestidos de Papai Noel tocavam sinos em frente à loja Neiman Marcus.

Minha fantasia era um jantar bacana seguido de sexo em minha casa. Eu tinha passado o sábado inteiro enfiada na biblioteca estudando direito criminal. Era início de dezembro, época de provas finais. Meu trabalho na Skadden estava garantido e todos diziam que as notas do terceiro ano não tinham importância, mas eu queria manter minha classificação na turma. Minhas costas doíam por ter passado tanto tempo debruçada nos livros enquanto decorava as leis que orientavam prisões e detenções. Tinha decidido que era hora de me apossar de meu relacionamento. Estava de saco cheio do Dr. Rosen controlando minha vida amorosa. Meu relacionamento precisava de novas rédeas, e eu estava preparada para segurá-las. Os beijos e as carícias leves estavam indo bem, mas eu queria mais. Estava faminta.

O vento do lago me atingiu no peito. Enfiei-me ainda mais em meu casaco e me aproximei de Jeremy. A calçada estava cheia de turistas carregando grandes sacolas da Disney Store e da Ralph Lauren. Jeremy foi atingido na coxa por uma sacola imensa da Crate & Barrel. Ele fez uma careta e começou a caminhar mais rápido. Apertei o passo para acompanhá-lo.

— Ei, aonde estamos indo?

— Eu não gosto de multidão.

Ele saiu da Michigan Avenue. Engoli a decepção em dois tempos. O filminho que imaginei não incluía travessas — era para passearmos pela Michigan Avenue debaixo das luzes de Natal e no meio do movimento, onde a vida pulsava com energia e alegria.

Meio quarteirão adiante, Jeremy se esgueirou para dentro de uma California Pizza Kitchen. Mais decepção engolida. Meu filminho não incluía uma rede de pizzarias fast-food abarrotada de adolescentes suburbanos.

— Quer dividir uma pizza e uma salada? — perguntei.

— Não... Vou pedir um calzone de calabresa. Consigo comer um inteiro.

Assenti, com raiva. Pedi uma pizza individual vegetariana e uma salada com molho vinagrete italiano para acompanhar.

Ele tinha passado o dia jogando. Empurrei goela abaixo o desprezo que senti ao saber que meu namorado, um homem crescido, prestes a fazer 40 anos, tinha passado o dia inteiro tentando ganhar o Amuleto de Yendor. Eu tinha corrido 6,5 quilômetros, ido a uma reunião dos Doze Passos e passado quatro horas estudando para a prova de direito criminal.

Ficamos sem assunto. Quando a comida chegou, tive vontade de sussurrar um "me ajuda!" para a garçonete.

Telepaticamente, informei-a de que estava me afogando no abismo que havia entre mim e meu namorado, que ainda não estava preparado para transar depois de quase dois meses de relacionamento.

Jeremy furou o calzone e uma lufada de vapor escapou dele. Empurrei a fatia de tomate de uma extremidade à outra do prato e pensei no que poderia dizer para fazê-lo querer transar comigo.

— Quer um pouco da salada?

Quando chegamos em casa, Clare e Steven estavam de saída, indo até o Lincoln Park para ver um show.

— Venham com a gente — convidou Clare, colocando o casaco sobre os ombros.

— Estou indo para a cama — respondeu Jeremy, antes mesmo que eu pudesse abrir a boca. Ele cumprimentou Clare e Steven e foi direto para meu quarto.

— Vai que é tua, garota! — sussurrou Clare, arqueando as sobrancelhas sugestivamente.

Entrei na brincadeira.

— Não me acorde amanhã!

Quando apaguei as luzes da sala e fui para o quarto, Jeremy já estava roncando. Sentei-me na cama com um movimento brusco, torcendo para que ele acordasse. Abracei o travesseiro e fiquei encarando uma sombra projetada na parede. O que, exatamente, fazia de mim tão diferente de Clare, cujo namorado queria tocar nela e conversar com ela a noite inteira? Será que tinha a ver com os anos e anos de bulimia? Será que eu estava afastando Jeremy inconscientemente? Eu sabia que tinha um vínculo com o Dr. Rosen e meus colegas de grupo. Por que, então, não conseguia criar um vínculo com um homem? Não estava com medo de sexo, como meu terapeuta sugerira — queria transar com Jeremy naquele exato momento.

O relógio marcava 20h45. Cinco minutos mais cedo do que o fim daquele encontro fracassado com Sam. Raiva e decepção — com Jeremy, comigo mesma, com o Dr. Rosen, com meus grupos e com essa noite idiota — corriam por meu corpo, fazendo meus dedos se contraírem. Suspirei em alto e bom som, mas Jeremy nem se mexeu. Saí da cama. No armário debaixo da pia, encontrei a caixa de pratos e copos avulsos que trouxera de meu apartamento antigo. Clare e eu tínhamos um martelo na gaveta da área de serviço que compramos para umas reformas que nunca começamos. Peguei a caixa e o martelo e abri a porta da varanda com o cotovelo.

Martelo em punho, o peito ofegante. *Pá.* Cacos de vidro voaram pela varanda. Meus joelhos expostos raspavam no concreto. *Pá. Pá. Pá.* Meu rosto queimava com o esforço, com o frio.

Rory e Carlos ficaram perplexos.

— Você protegeu o rosto? — perguntou Patrice.

Eu só queria golpear, estraçalhar. Eu simplesmente não conseguia conter o impulso de descer o martelo. Meu corpo transbordava raiva e tudo o que eu sabia era que, se não destruísse aqueles pratos, iria destruir a mim mesma com aquele martelo.

— Você queria acordá-lo? — indagou Patrice.

— Acho que sim. Mas a quebradeira foi algo totalmente físico, como espirrar ou...

— Vomitar — concluiu o Dr. Rosen.

— Isso! Era como se em meu corpo houvesse algo de... de...

Qual era a palavra mesmo?

— Tóxico?

— Isso! Algo que meu corpo precisava expulsar.

— Vomitar é a maneira que seu corpo encontra de impedir que você morra intoxicada — explicou o terapeuta. — Essa raiva é antiga. É a raiva que costumava usar para forçar o vômito, ela ainda está aí. Ao evitar um relacionamento íntimo, você conseguiu evitar esse sentimento.

— Estava com raiva de você. Lembra quando nos fez desfilar até sua sala para ouvir meu recado?

— Mas nós não temos envolvimento sexual.

— Justo.

Entendi a diferença. Com Jeremy, oferecia meu corpo e queria o dele em troca. Mas não estava dando certo.

— O que eu *faço* agora, então?

A resposta que eu teria aceitado: terminar com Jeremy. Mas o Dr. Rosen sugeriu que eu continuasse expressando meu descontentamento e convidasse Jeremy para compartilhá-lo comigo. Como se Jeremy fosse se juntar a mim e a meu martelo.

— A questão é: você está disposta a isso?

Aquilo me faria bem? Desabei. O Dr. Rosen parecia voluntariamente escolher não enxergar os obstáculos.

— Você acha mesmo que eu deveria continuar nesse relacionamento?

— Está começando a ficar bom...

— Mas é disfuncional!

— Não totalmente.

— Você ouviu o que acabei de contar? Eu estava na varanda do 28º andar estilhaçando pratos e copos com um martelo no meio da noite!

— Você disse que eram 21 horas — comentou o coronel Sanders, com um sorriso amarelo do outro lado da roda.

Voou saliva para todas as direções quando o mandei se foder. Bati nos braços da cadeira.

— Me ajuda!

— Dou total apoio a sua raiva — disse ele, tranquilo como um grilo.

— Quero mais. Me dê algo mais.

— Compre uns óculos de proteção.

Três horas depois, cheguei para o grupo de meio-dia, agressiva, e o mandei se foder. O grupo prestou atenção quando contei sobre os pratos, sobre o terapeuta e os óculos de proteção. Marnie olhou de lado para o Dr. Rosen e o acusou de não estar me ajudando. Emily sugeriu que eu e Jeremy "déssemos um tempo".

— Eu preciso de mais, Dr. Rosen!

Eu estava batendo nos braços da mesma cadeira que torturei de manhã.

Mas ele não disse nada. Passava o olhar pela sala normalmente, permitindo que eu gritasse com ele à vontade.

Deslizei para o chão. Gritei, o rosto colado no carpete — uma atrás da outra, soltei palavras raivosas e sem sentido. Sons guturais de esforço eram lançados ao piso, atingindo os pés das outras mulheres. Quanto mais eu gritava e batia no chão com os punhos fechados, mais fundo caía no buraco de desespero em que me encontrava. Gotas de suor escorriam por meu pescoço e fios de cabelos grudavam em minha testa.

Quando eu estava no terceiro ou quarto ano do fundamental, meus pais organizaram uma viagem em família para a praia, em Padre Island. Meu pai carregou nossa perua azul-céu com botes infláveis, protetor solar e toalhas pelo sul até a costa. Na metade das oito horas de estrada, a previsão do tempo virou e se tornou ameaçadora: um furacão mudou de curso e estava se aproximando da ponta curvada do Texas, a apenas alguns quilômetros de onde estávamos indo. Meus pais desistiram. Era perigoso demais. Um novo plano foi traçado: iríamos ficar num quarto no Holiday Inn, em Houston, e ver uma amiga de colégio de mamãe. Talvez visitar a NASA. Na manhã seguinte, na piscina do hotel, meus irmãos pulavam e se divertiam enquanto eu ficava entediada no rasinho. "Venha, Christie. Entre na piscina. Pegue alguns amendoins. Dê uma olhada na máquina de gelo no fim do corredor." Eu não queria. Ou não conseguiria. Ficava imaginando o buraco que queria cavar ao redor de meu castelo de areia, e aquela piscina idiota no meio daquela cidade úmida de concreto não combinava com meus planos. Faltava-me qualquer que fosse a habilidade que meus irmãos tinham de mudar, readaptar-se e se alegrar com as mudanças de planos. Tudo o que eu conseguia fazer era morrer de raiva em silêncio, engolida pela decepção e por uma fúria tempestuosa. Minha família, sem saber como lidar comigo, acabou me deixando quieta. Nenhum deles podia me ajudar naquele momento, e nem depois, quando não consegui solos de balé, quando meus namorados terminaram comigo ou quando não consegui o programa de pós-graduação que desejava. Tudo o que sempre fiz com minha raiva foi engolir ou vomitar. Agora ela estava transbordando, desordenada e ruidosa.

Agora, eu estava em uma sala no centro de Chicago, com os punhos ralados de tanto golpear carpete. Eu me sentei de qualquer jeito no chão e tentei acalmar minha respiração. Cada par de olhos pousado sobre mim estava cheio de compaixão — exceto o do Dr. Rosen, que era o mesmo de sempre: intenso, mas inacessível. Quase incomodado com aquela paciente histriônica que se afundava, afundava, afundava.

— Você! Você! Você!

Agarrei mechas de cabelos com as duas mãos e as puxei com toda a minha força. O couro cabeludo latejava de dor, mas eu continuava puxando e puxando.

Alguém disse alguma coisa que não consegui ouvir. Voltei a me sentar no chão, ainda com as mãos nos cabelos, como que para não me perder.

— Coitadinha — disse Nan. Sua voz oscilava. — Coitadinha, coitadinha dela.

A voz de Nan era como uma canção de ninar, e meu corpo foi relaxando. Ela se aproximou para fazer carinho em minhas costas. Soltei meus cabelos e voltei trêmula para minha cadeira. Minha cabeça e meus punhos pulsavam com as batidas de meu coração. Fios de cabelo arrancados se enrolavam entre meus dedos. Eu não conseguia nem olhar para o Dr. Rosen. As mulheres irradiavam amor, mas doía, como se sentissem pena.

Eu tinha um namorado, dez colegas de grupo e quase dois anos de consultas na bagagem. Mas me senti mais emperrada do que nunca.

21

Depois da noite do quebra-quebra, o Dr. Rosen me orientou a pedir o que eu queria para Jeremy.

— "Jeremy, querido, hoje à noite quero que você me leve para jantar" — disse ele, fingindo ser eu. — Ou "quero que a gente tire as roupas e fique abraçado na cama".

O Dr. Rosen se mantinha sentado com a coluna ereta e um sorriso de orelha a orelha. Ele fazia parecer tão fácil pedir o que eu queria.

Na vida real, quando chegou minha vez de pedir, gaguejei.

— Eu queria... Você acha que a gente poderia... O que você acha de, talvez... Não sei... Sair do seu apartamento comigo um pouco?

— Aonde você quer ir? — Jeremy sorriu com doçura.

— Àquele japonês no fim da rua.

Ele hesitou um pouco.

— Tudo bem.

Em certa manhã de terça-feira, recebi uma prescrição: chamar Jeremy para vir à minha casa com a única intenção de nos beijarmos por cinco minutos sem parar. Não tinha muita certeza de que ele faria aquele esforço, mas a grande questão é se eu faria a pergunta.

Estávamos dando risadinhas enquanto eu o levava para meu quarto, onde ficamos na faixa de carpete entre meu armário e a cama. Na sala de estar, no fim do corredor, estava passando *Wheel of Fortune* na TV enquanto Steven e Clare faziam o jantar. O céu noturno era uma cortina escura além da janela. Jeremy futricava o relógio, até que deu um passo em minha direção com o dedo indicador sobre o botão do timer.

— Preparada?

Respirei fundo, senti um calafrio e soltei um gritinho. Parte de mim queria parar com tudo aquilo, chamar aquela prescrição de idiota e começar uma briga, mas me recompus, fechei os olhos com força e resgatei a outra parte de mim: a que desejava aquele beijo.

— Preparada.

Bipe.

Jeremy me enlaçou com um braço, colocou o outro em volta do meu pescoço e começou a me beijar suavemente. Eu estava pensando demais: preocupada com o timer, se deveria botar a língua, em aproveitar aquela prescrição ao máximo. Então, comecei a prestar atenção em meus lábios. Cheguei ainda mais perto de Jeremy. Meus dedos dos pés tocaram a ponta de seus sapatos e pressionei meu corpo contra o dele, para testar. Será que ele aguentava meu peso? Ele cheirava a suor, café e pastilhas de menta. Puxei-o para mais perto de mim nos últimos segundos, sabendo que logo chegaria ao fim.

Bipe.

— Isso foi demais — disse Jeremy, brincando com o botão do relógio.

Ele passou o braço pela alça da mochila, preparando-se para ir embora. Estava me sentindo calma e tranquila, como um bebê bem enroladinho e firme no colo. Quando me abraçou para se despedir, ele se deteve um pouco mais. Seu corpo era uma presença sólida contra o meu, como se ele pudesse me abraçar por um longo tempo. Fiquei parada na porta esperando o elevador chegar e, depois, o vi desaparecer atrás das portas prateadas. O beijo tinha me preenchido. Queria que fosse suficiente.

Continuei com Jeremy. Continuei com o Dr. Rosen. Continuei com meus dois grupos. Fiquei porque acreditava que a angústia de ficar era necessária para marcar meu coração. Pensei que desistir — desejar desistir *e* desistir de fato — seria uma evidência de que não estava preparada para intimidade verdadeira. Eu tinha que provar a mim mesma que era capaz de suportar qualquer dor que viesse de meus relacionamentos, de sobreviver ao calor sem abrir mão. Que era capaz de me conectar.

Na manhã de Natal, deixei Jeremy dormindo para ir tomar o café da manhã com minha amiga Jill. Entre canções natalinas em um Starbucks lotado, Jill lamentou sua solteirice sem planos, exceto visitar seu pai agressivo, e choraminguei sobre meu relacionamento sem sexo. Quando voltei ao apartamento de Jeremy, ele me chamou para a cama.

— Vem, tira sua calça jeans — disse.

Feliz Natal!

Gostei da iniciativa.

Tinha uma camisinha sobre o travesseiro, e meu corpo sedento arfava contra o dele. Meu corpo era um campo aberto. Ele me penetrou com força uma vez, e um orgasmo tomou conta de todo o meu corpo em um mero segundo.

Comecei a chorar.

— O que foi? — ele quis saber.

Debaixo de toda a raiva e frustração havia um oceano de dor e tristeza. Ondas de solidão, como o próprio Dr. Rosen já tinha anunciado havia muito.

— Por que é tão difícil? — repeti, muitas vezes.

Por quê? Por quê? Por quê? Será que era tão difícil assim me amar e amar meu corpo? Por que não podíamos ter essa intimidade física o tempo todo? Todas aquelas semanas em que busquei o amor e a atenção de Jeremy reforçavam meu medo de que algo estivesse errado com a maneira como eu amava e desejava ser amada. O abandono que eu sentia confirmava minha capacidade deficiente de conexão. Tinha escolhido um namorado que oferecia porções insuficientes de amor e atenção. E o escolhi porque era o que eu podia aguentar, embora desejasse muito mais. Eu era como uma anoréxica que continuava a comer biscoito de arroz e aipo mesmo sonhando com filé mignon e batatas assadas na manteiga.

Com o fim de 2003, eu chegava ao último semestre da faculdade de direito. Jeremy ainda precisava de mais tempo sozinho do que eu. Com frequência, ele se fechava e se afastava sem explicação, e sua paixão por joguinhos de computador me fazia revirar os olhos. Porém, em vez de quebrar objetos da casa, eu mandava mensagens para Rory, Marty e Carlos: "Estou tão sozinha. Ele está jogando videogame." Durante aqueles tempos obscuros, quando Jeremy baixava as cortinas entre nós, avançávamos pouco a pouco, como o Dr. Rosen prometeu que aconteceria.

No entanto, o conflito de interesses não era de se ignorar. Afinal, o Dr. Rosen estava interessado no meu bem-estar ou no de Jeremy?

Certa vez, em uma terça-feira à noite, Jeremy voltou de seu grupo de homens e me perguntou se eu poderia pagar para ele uma assinatura mensal do *Financial Times* e comprar um tênis de corrida. Pelo jeito como ele perguntou — e porque tinha acabado de voltar do grupo —, tive certeza de que era uma prescrição.

— Que ideia é essa de fazer com que eu seja uma *sugar mama*? — gritei para o Dr. Rosen, na sessão seguinte. — Você deveria estar me ajudando, e não me usando para bancar os hobbies dele!

— Eu *estou* te ajudando.

— Tá nada.

— Quais são suas maiores queixas contra Jeremy?

Uma vez, eu disse que Jeremy parecia estagnado profissionalmente. Ele era membro da Mensa e lia filósofos gregos com nomes que eu mal sabia pronunciar, mas seu trabalho não tinha perspectiva e não pagava as contas. Ele odiava o chefe e sentia que estava desperdiçando seu potencial. Mencionou até a possibilidade de entrar na faculdade de direito. Também demonstrei certa preocupação com a vida sedentária dele, pois tinha receio de que tivesse um impacto negativo em nossa recente vida sexual.

— Será que ler o *Financial Times* não pode deixá-lo mais ambicioso? Um par de tênis de corrida o ajudará a ser mais ativo. Vocês podem até correr juntos e, depois, transar.

O Dr. Rosen, o grande titereiro, puxara as cordas: fez Jeremy pedir e agora me faria pagar. Ele sabia que eu tinha dinheiro porque, na semana anterior, contei sobre o adiantamento de US$ 7 mil que a Skadden me enviara. Sugeriu que eu passasse o cheque para todos do grupo verem. Quando chegou às mãos dele, elevou-o sobre a cabeça: *Baruch atah Adonai etc. etc.*

A mesma raiva que me fez ajoelhar no grupo antes do Natal ressurgiu — raiva porque o Dr. Rosen não conseguiu me ajudar e decidiu me usar para ajudar Jeremy —, mas permaneci sentada e apertei os lábios. Deixei aquele sentimento cozinhar. Eu não tinha palavras, apenas a raiva queimando todo o meu corpo.

A partir do fim de semana seguinte, Jeremy começou a receber exemplares diários do *Financial Times* e saímos para comprar um tênis preto. Quando o convidei para correr comigo, ele respondeu:

— Não, pode ir...

Depois do meu dinheiro, tudo piorou — o foco do Dr. Rosen passou a ser minha vagina.

Certa noite, no fim do inverno, Jeremy desviou os olhos do jogo de computador e declarou que março seria o mês do "oral na Christie".

— De onde saiu isso? — questionei.

— Acabei de decidir.

Estávamos namorando havia meses e não éramos, nenhum dos dois, muito ativos oralmente. Passei, então, a vislumbrar os presentes que março me reservava, até que, na última quinta-feira de fevereiro, Jeremy voltou do grupo com uma declaração:

— O Dr. Rosen acha que não é uma boa ideia.

Derrubei o livro de direito que estava segurando.

— Como é que é?

— Ele acha que estou tentando acabar com o relacionamento.

Quer dizer que meu terapeuta, que prometera me colocar em relacionamentos saudáveis, incluindo relacionamentos *sexuais*, estava trabalhando declaradamente *contra* meu prazer. Pedi licença, peguei o telefone e fui para o banheiro. Disquei o número do Dr. Rosen, mas caiu na caixa postal. Desliguei. Sem mensagens. Eu iria presenteá-lo com toda a força da minha raiva pessoalmente.

— Posso ouvir sua raiva — respondeu ele, calmo, quando o confrontei no grupo da manhã.

Bati com os punhos nos braços da cadeira, chamando-o de misógino e controlador.

— Entendo que ache isso.

— Você disse para meu namorado não fazer sexo oral em mim! Que merda é essa?

Ele sorriu como se dissesse: “Ah, ótimo, ela está brava mesmo!”

— Pare com essa manipulação!

Ele levantou as mãos, como se estivesse se rendendo, e fez que não com a cabeça.

— Não estou manipulando nada! Eu não controlo a língua de ninguém.

— Você sugere coisas para as pessoas que pagam para você dizer o que devem fazer!

— E o que você quer?

— Quero que você vá se foder.

Senti a raiva presa na garganta.

Mais sensação de aprisionamento. Em minha cadeira, meu corpo, meu relacionamento com meu namorado e meu terapeuta.

Quando o Dr. Rosen unia as palmas das mãos, era sinal de que acabara a sessão. Fiquei em pé, com todos, mas não recitei a oração da serenidade. Quando todos se levantaram e se dividiram em duplas para os abraços, fiz minha parte com Patrice, Rory, Marty, Carlos e coronel Sanders. Mas dei as costas ao Dr. Rosen. Eu não iria fingir que estava tudo bem só porque os noventa minutos de sessão haviam acabado. Estava me sentindo traída. Não havia dúvida: ele era leal a Jeremy, e usava todo o seu conhecimento de Harvard para tratar das questões sexuais *dele*. Meu terapeuta não estava nem aí para meus interesses ou para meu prazer.

No grupo da tarde, nem o olhei, mas expliquei a todas as mulheres como ele estava interferindo em meu relacionamento ao aconselhar Jeremy a não me dar prazer. Marnie semicerrou os olhos e gritou com ele, acusando-o de me usar para ajudar Jeremy. Então, virou a cadeira em minha direção e me repreendeu por estar tão disposta a receber apenas migalhas em meu relacionamento.

— Não é só com o Dr. Rosen, não — disse, apontando para mim. — Você está indo longe demais com tudo isso.

Não fiquei chateada por ela estar brigando comigo — percebi que ela me amava e desejava mais para mim. Eu também desejava.

22

Aquele adiantamento me deixou audaciosa. Todos os meus amigos da faculdade estavam planejando viagens depois das provas finais com seus companheiros, e eu sonhava em fazer uma com Jeremy. Sonhava com nós dois na Itália, de mãos dadas sobre pontes medievais e oferecendo pedaços de pizza de marguerita um ao outro, rodeados por rios lânguidos e imensas catedrais. Rindo, tocando, explorando e amando. O homem que segurava minha mão nesses sonhos não se parecia muito com Jeremy, mas coloquei todas as minhas fichas na viagem e não desistiria. Tinha me esforçado muito para merecer meu lugar na Skadden, o que me rendeu o tal adiantamento, e me dediquei na terapia para ter um relacionamento. Quão difícil seria isso?

As negociações foram tensas desde o início. Sugeri a Toscana ou Cinque Terre, mas Jeremy deu de ombros e suspirou longamente.

— A gente pode ir para a Grécia, o berço da filosofia.

Mais indiferença.

— Não podemos conversar sobre isso?

— Você decide porque o dinheiro é seu.

— Então, decido que você escolha — respondi. Para ser sincera, eu não estava nem aí com o destino da viagem, contanto que fôssemos *juntos*.

— Pode ser Itália — disse ele, após uma longa pausa.

Os dois grupos e o Dr. Rosen me aconselharam a me concentrar em mim mesma e planejar a viagem que eu queria fazer.

— Ele pode querer, ou não, ir com você — concluiu o Dr. Rosen.

Muito tranquilizador. Deixei de lado meu pavor crescente e passei por cima da resistência de Jeremy, pois ser uma jovem mulher sozinha na Itália não era algo que eu gostaria de viver. Viagens solitárias não eram um dos maiores chamados de meu coração.

Fazia 30º em Florença e a rádio BBC já computava sete mortes devido ao calor. Jeremy e eu comemos ovos mexidos, morangos frescos e torradas com geleia de laranja caseira no terraço ensolarado do segundo andar do Hotel Silla. Posicionamos nossas cadeiras para ficar sob a sombra de uma figueira. Eu poderia passar o dia todo ali, olhando para o rio Arno e ouvindo os arrulhos dos pombos, mas tinha agendado um passeio de bicicleta que começaria às dez da manhã. No dia anterior, havia pegado um ônibus para Siena. Sozinha. Jeremy não quis encarar o calor.

— Vamos passear de bicicleta? — perguntei, com a voz otimista das férias, a voz de meu coração se agarrando às esperanças.

— Pode ir, vou estudar.

Ele pegou um livro de simulado e sua caneta preta especial. Recentemente, tinha decidido se candidatar à faculdade de direito, o que era um avanço considerável. No entanto, sua rotina ferrenha de estudos não poderia ser interrompida pelas paisagens florentinas, mesmo que a prova fosse dali a meses.

— Tem alguma coisa que você queira fazer? Posso cancelar o passeio de bicicleta...

— Não, vá você. Preciso fazer um simulado.

Quando a viagem estava se aproximando, o Dr. Rosen sugeriu que eu aceitasse a personalidade introspectiva de Jeremy e parasse de tentar mudá-lo. Eu compreendia a importância da aceitação, mas, quando Jeremy disse que não iria comigo pelo segundo dia consecutivo, quis virar a mesa de ponta cabeça e arremessar seu precioso livro de estudos sobre as ruas de paralelepípedo. Quanto de meu desejo eu poderia minimizar para que as rejeições de Jeremy não me afetassem mais? O que eu poderia fazer para querer cada vez menos de um homem que dizia me amar, mas que parecia não querer passar nenhum tempo comigo?

Ele balançou a caneta e começou a esboçar a resposta de uma das questões.

Beijei o topo de sua cabeça e saí para pedalar, furiosa. Quem é que paga uma viagem para o namorado vir à Itália para ser ignorada? Meu coração batia em seu ritmo tão familiar: sozinho, sozinho, sozinho.

Sherry, uma magricela expatriada com postura de professora de yoga, apontou minha bicicleta.

— Onde está seu namorado?

— Ah, ele está... — Como uma esposa que dá cobertura ao marido etilista que não consegue sair da cama, menti: — ... doente.

Botei a culpa no calor e no *jet lag*.

As outras 12 pessoas de nosso grupo chegaram em duplas: casais em lua de mel, pais e filhas, amigos de faculdade, um casal comemorando trinta anos de união. A primeira parada foi em uma antiga casa rural de pedra, onde um jardineiro queimado de sol nos ofereceu um lanche. Sentei-me em um banco de pedra para comer o queijo curado e o ovo de codorna rodeada de estranhos que começaram a tirar fotos entre si.

— Quer uma foto? — perguntou-me um pai de San Diego.

Sequei o suor da testa e parei ao lado de uma figueira, tentando parecer natural, mesmo que não soubesse o que fazer com as mãos. Cruzá-las na frente do corpo? Colocá-las na cintura? Me apoiar na parede de pedra?

— Olha como ela é corajosa, viajando sozinha para um país estrangeiro... — sussurrou ele à filha.

Acredite, meu amigo, eu sou muitas coisas, mas corajosa só vem depois de desesperada, tola, solitária, deprimida, triste, perdida, humilhada e faminta.

Quando os outros ciclistas partiram de volta para Florença no fim do passeio, separei-me do grupo, pedalando em alta velocidade até que minhas pernas começassem a arder. Depois de devolver a bicicleta, segui pelas ruas estreitas para voltar ao hotel, mas me detive. Por que correr? Jeremy não estava me esperando ansiosamente. Será que ficaria feliz em me ver? Em vez disso, dei meia-volta e segui na direção da área turística da Ponte Vecchio, onde cintos de couro pendiam de barraquinhas como pedaços de carne no açougue. Em uma travessa, avistei um telefone público. Fui enfiando moedinhas até chegar a Chicago.

Depois de três toques, a secretária eletrônica do Dr. Rosen atendeu. Ao ouvir o sinal, deixei sair:

— Acabei de voltar de um passeio de bicicleta, *sozinha*. Ontem, fui a Siena *sozinha*. Achei que você tivesse dito que poderia consertar isso. Me consertar.

Solucei naquele telefone italiano encardido até que uma voz metálica desligou na minha cara.

Depois de todas as sessões de terapia, de todas as prescrições que cumpri de boa vontade, de *sentir* meus sentimentos... Lá estava eu, ainda terrivelmente só. A solidão deveria ter desaparecido. Eu achava que meu progresso na terapia seria um gráfico cuja linha só subiria e subiria, mas, sentada ali sozinha em Florença, senti o mesmo desespero que sentira em Chicago, antes de começar o grupo. Se eu ainda não tinha mudado, quando mudaria? Talvez essa não era uma possibilidade para mim. Eu adorava meus colegas do grupo — e até o terapeuta —, mas eles não podiam vir para a Itália comigo. O Dr. Rosen tinha razão: como eu tinha a companhia e a interação com os grupos semana após semana, longe deles a solidão parecia mais obscura e devastadora do que nunca.

Quando voltei para o quarto, Jeremy estava na cama, dormindo, com o livro apoiado na barriga. Ele abriu os olhos e sorriu. Nossos corpos mal se tocaram quando me deitei o seu lado. Em silêncio, vimos a luz do dia desaparecer pela janela conforme o Sol se escondia atrás do Duomo.

Naquela noite, depois do jantar, ele apagou o abajur e se deitou de barriga para cima. Será que iríamos transar? Respirei fundo e ordenei que meu corpo não se enchesse de desejo. Dobrei meu desejo como se fosse um pequeno pássaro de origami e o atirei para longe.

— Vou bater uma antes de dormir. Se quiser, junte-se a mim.

Jeremy tirou a cueca, e seu cotovelo batia em meu braço a cada movimento.

— Quer que eu faça isso? — sussurrei, deixando escapar um fio de desejo.

— Não precisa.

Coloquei a mão sobre seu ombro, satisfeita por ele ter me deixado colocá-la ali.

Depois da Itália, comecei a trabalhar por longas horas em meu primeiro ano como associada de um grande escritório de advocacia, e nunca deixava o escritório antes das 19 horas. De repente, eu tinha uma secretária, o direito de pedir reembolsos e uma sala com vista para o rio Chicago. Durante a sexta semana de trabalho, virei a noite pela primeira vez. Minha tarefa principal como jovem sócia era revisar documentos financeiros durante dez horas diárias para um cliente cujas bebidas mataram minha sede por toda a adolescência. A Skadden também me mandou à sede do cliente para entrevistar os figurões que elaboraram a estratégia de vendas para que pudéssemos defendê-los na Comissão de Valores Mobiliários. Depois de dias infinitos de uma reunião atrás da outra com minha equipe só de homens e longos jantares, eu desmoronava na cama de hotel e ligava para Jeremy, que estava em casa jogando seu NetHack de sempre.

— Você está mandando bem. Tenho muito orgulho de você — dizia ele.

Enquanto eu estava aprendendo a ser uma advogada da Skadden, Jeremy entrava em depressão. Ele ganhou peso, deixou de fazer a barba, começou a faltar às reuniões do A.A. e não saía da frente do computador, jogando durante quase todo o tempo em que não estava trabalhando. O Sr. Bourgeois vomitou uma bola de pelo que ficou no meio da sala por uma semana. A banheira estava nojenta, cheia de cabelo e limo. Quando passava a noite lá, segurava o máximo que podia para não ir ao banheiro — conseguia prender por quase 18 horas. E ultimamente ficávamos *sempre* na casa dele. Compreendi que ele era incapaz de gastar energia para fazer o caminho até minha casa.

Durante meu tempo livre, tentava tirá-lo dessa inércia comprando besteiras e sugerindo que ele fosse a uma reunião do A.A. ou telefonasse para seu padrinho. No grupo, implorava para que o Dr. Rosen o ajudasse.

— Você não percebe que ele está deprimido?

E a resposta era sempre a mesma.

— O que *você* está sentindo?

O conselho de meus dois grupos era o mesmo: "Foque a sua carreira."

— Se concentre na nova vida na Skadden. Talvez seus gostos mudem — disse o terapeuta.

Aquilo me pareceu um comentário despropositado. Meus gostos? Eu implorava por ação. Meu namorado não ficaria mentalmente doente ou — pelo amor de Deus — voltaria a beber comigo ao lado. Comprei para ele um novo edredom — uma estampa xadrez, masculina —, me enfiei no banheiro com uma garrafa de alvejante e tirei bolos de sabe-se lá o quê de dentro do ralo. Esfreguei vômito de gato do tapete, enchi a geladeira dele com frutas frescas e proteínas leves e sua despensa com cereais sem açúcar.

Nesse ímpeto, ignorei o único pedido que ele me fazia: ficar sozinho. Hoje em dia, tenho compaixão por Jeremy e pela doença que acabou com sua alegria e energia, mas também tenho compaixão por mim mesma, porque auditava ser capaz de curar a doença dele com lençóis novos e abacaxis frescos. Na época, tudo o que conseguia fazer era me esforçar cada vez mais para "consertá-lo", transformando-o no homem que eu queria que ele fosse.

Certa noite, no período mais crítico, sob o edredom xadrez novo que ainda não fora amaciado, deslizei para baixo para lhe fazer um boquete. Eu estava trabalhando havia seis meses. Meu padrão de vida fora de estudante de direito para advogada de um grande escritório. Às vezes, permitia-me fazer compras no Whole Foods. Comprei uma saia fora da promoção na J. Crew. Conseguia economizar bem. Durante o dia, andava de cabeça erguida e agia como a mulher que merecia os cartões de visita que a Skadden imprimira com meu nome — em papel de alta gramatura.

À noite, desmoronava e sofria.

O boquete tinha sido ideia minha. Uma tentativa de transpor o longo abismo que me separava de Jeremy. Enquanto minha cabeça se movia próxima àquelas coxas suadas, eu só pensava em uma coisa: "Não quero fazer isso." Eu violava minha vontade forçando o sexo oral e o violava ao fingir desejo. Eu usava o sexo oral para fazê-lo prestar atenção em mim e sair de sua depressão clínica. Jeremy não tomava banho fazia dias — seu corpo tinha aquele cheiro azedo da negligência e da sujeira. Eu respirava pela boca, tentando ignorar o fedor de seu corpo e as ondas do meu desgosto.

Na terça-feira seguinte, não contei sobre o boquete pois estava envergonhada. O corpo sem banho de Jeremy parecia algo que eu deveria proteger, mesmo que o Dr. Rosen sempre reforçasse que eu deveria contar *tudo* ao grupo. Eu também estava envergonhada por ter forçado aquele sexo oral que fiz sem vontade. Meu relacionamento era uma farsa e eu continuava agindo sem honestidade e contra meus interesses e meu prazer. No grupo da tarde, tudo o que eu não dissera sobre meu relacionamento se tornou uma arma carregada e apontada para mim mesma.

— Eu não quero chupar um pinto sujo — soltei, durante um instante de silêncio que invadiu a sessão.

Todos olharam para mim.

— O que você disse? — perguntou Marnie.

Nan foi arregalando os olhos enquanto eu descrevia o boquete.

— *Argh*, não... — murmurou ela.

Quando, enfim, olhei para o Dr. Rosen, vi compaixão em seus olhos.

— Você não tem que chupar um pinto sujo — afirmou ele.

Meus olhos se encheram de lágrimas.

— Você. Não. Tem. Que. Chupar. Um. Pinto. Sujo — repetiu ele, bem devagar. — Nunca mais.

Assenti.

— Eu não aguento mais — sentenciei.

E me sentei empertigada na cadeira com a verdade daquelas palavras.

O Dr. Rosen esticou os braços para a frente com a palma das mãos viradas para cima. Então, lentamente, virou as palmas para baixo.

— É assim que você deixa ir.

Eu não estava entendendo. Parecia um movimento de tai chi chuan. Minhas colegas de grupo colocaram aquele gesto em palavras.

— Pare de telefonar.

— Pare de ir àquele apartamento nojento depois do trabalho.

— Pare de pagar tudo.

Se eu parasse — de procurar, planejar, correr atrás, ser conivente, persuadir, limpar, comprar, lamentar, pagar, chupar... —, seria o fim. Jeremy jamais iria até minha casa por livre e espontânea vontade. Ele jamais faria reservas em restaurantes ou compraria ingressos para assistirmos à banda Wilco no Riviera. Se eu simplesmente parasse, não haveria mais nada. Eu ficaria sozinha de verdade, mas livre.

— Então, se eu parar... — disse, agarrando o braço peludo do Dr. Rosen. Inclinei meu corpo em sua direção, até ficar com o rosto a menos de trinta centímetros do dele.

Queria que ele terminasse a frase. Independentemente do que ele dissesse, eu o faria cumprir.

— Você vai descobrir como é um relacionamento real.

23

— *Você consegue se permitir ter um orgasmo com ele?*

O Dr. Rosen e o grupo da manhã esperavam minha resposta. Fazia três meses que eu tinha terminado meu relacionamento com Jeremy e estava flertando havia duas semanas com um estagiário da Skadden que estava em busca de um emprego integral.

— Não tem nenhuma lei contra isso? — perguntei. — Eu não deveria ir para a cama com candidatos aos cargos.

— A advogada aqui é você — respondeu Nan.

— E não sou adepta do assédio sexual.

— Aparentemente é, sim.

Conheci o "Estagiário" em um jantar que o escritório organizou no Japonais. Em meio a um fluxo constante de atum cru e unagi, permiti que seus olhos encontrassem os meus e insinuassem que seus dotes sexuais me deixariam louca. Era um garoto e tanto — convencido, de movimentos amplos e exalava sexo vestido em seu jeans de marca e tênis moderninho da Adidas. Era seis anos mais novo do que eu, só que parecia ainda mais. Crescera dirigindo o Lexus SUV zero quilômetro do pai e frequentando cursinhos preparatórios para o vestibular. Nunca tinha trabalhado em tempo integral. Na saída do restaurante, aceitei sua sugestão de caminhar comigo até em casa, pensando que aquela coisinha magrela jamais seria capaz de cruzar a cerca invisível que separava os homens sexualmente ativos de mim. Mas ele pulou essa cerca. Em um momento tranquilo, quando me beijou debaixo de um poste de luz todo quebrado na Clark Street, abri a boca e retribuí o beijo. Conforme os lábios dele se moviam suavemente contra os meus, senti uma centelha entre as pernas, e meu desejo por qualquer outra coisa no mundo que não envolvesse aqueles lábios evaporou no mesmo instante.

No dia seguinte, ele encontrou meu e-mail pessoal e me enviou uma mensagem. “Que beijo foi aquele?”, escreveu. Não respondi que passara a noite toda acordada, pensando o mesmo. Não contei que todos os meus membros vibravam de excitação — mesmo depois de 15 horas. Não contei que nem tinha tomado o café da manhã e só fui almoçar quase às 15 horas porque estava degustando a lembrança daquele beijo. Minha resposta foi: “Já tive melhores.” Uma mentira deliciosa que o fez prometer que ele seria o melhor que já beijei. “Quero ver”, desafiei.

O Dr. Rosen era imune a leis de assédio sexual.

— E aí? Você vai se permitir ter um orgasmo com ele?

Sim, eu queria desesperadamente ir para a cama com o Estagiário e deixá-lo cumprir todas as suas promessas. Queria que ele lambesse meu mel até o nascer do sol em Chicago. Mas também queria um relacionamento real, desses que o casal vai junto ao mercado no domingo à tarde. E aquele meninão não parecia ser do tipo que apreciava mulheres de moletom e com o rosto salpicado de creme antiacne depois de 16 horas de trabalho. Em seu terceiro e-mail, ele confessou ser bissexual e ter cheirado cocaína há pouco tempo em Miami.

— Nada nesse currículo indica “parceiro adequado a uma mulher em tratamento”.

— Você poderia transar com ele e descobrir — sugeriu meu terapeuta.

É, realmente não estou mais em um colégio de freiras.

Nosso primeiro encontro foi numa segunda-feira à noite, alguns dias depois de ele ter aceitado a oferta da Skadden — então eu já não estava transgredindo a lei de assédio sexual. Ele tinha aulas o dia todo às segundas, então apareceu na porta do escritório em seu Lexus preto reluzente depois do seminário de direito constitucional. Abriu a porta para mim, como um manobrista. O carro era impecável — banco de couro preto lustroso, porta-copos limpos e um sistema de som que iluminava o painel.

— Minha estratégia de sempre é levar as garotas ao Jane's, em Bucktown, e depois a algum bar na vizinhança, mas você terá o tratamento vip.

O sorriso era cheio de segundas intenções. Ele já havia se dedicado muito mais a esse encontro do que qualquer homem já planejara passar tempo comigo.

Ele nos levou a um bistrô na Grand Street. Eu o havia descrito como um galinha espertinho — o que ele era —, mas, debaixo de sua pose sexual implacável, revelou um fascínio pela ética jurídica e por um pouco de liberdades civis. Seu rosto se suavizou com uma ternura genuína quando contou da primeira vez que segurou a sobrinha no colo. Perdeu alguns pontos por ter votado em George W. Bush, mas recuperou alguns quando comentou que fazia terapia.

— Não é com o Dr. Jonathan Rosen, né? — perguntei.

Ele negou, fazendo que não com a cabeça. Graças a Deus.

Quando o creme de abóbora chegou ao fim, eu já estava pronta para dar uma de Luther Vandross para cima dele. Ele roçou o pé em minha panturrilha e senti mais uma vez aquele calor tomando conta de mim. Tinha um único pensamento enquanto cortava o robalo com o garfo: *Ai, meu Deus, hoje vou transar*.

Quando a conta chegou, ele abriu a carteira e enfiou um American Express preto na pequena pasta de couro. Rabiscou uma quantia como gorjeta, assinou seu nome com um arabesco ilegível e se levantou.

— Vamos?

Estendeu a mão para mim e eu a peguei. Seu sorriso sugestivo me dizia que ele não pretendia passar a noite toda jogando videogame.

No caminho para a casa dele, o Estagiário me perguntou sobre o Texas, como se fosse uma região exótica no espaço sideral.

— É plano, quente e conservador.

— Muitos judeus por lá?

— Alguns. Minha professora de balé era francesa e judia. Por quê?

— Nós, judeus, estamos sempre pensando em nossos parentes.

Era a primeira vez que ele falava de sua religião. Pude imaginar o sorriso satisfeito de você-sabe-quem quando soubesse que me aconselhara a ter um orgasmo com um judeu. "*Mamaleh*, estou tão orgulhoso de você!"

Quando as portas do elevador se fecharam atrás de nós, o Estagiário enganchou os dedos nos passantes da minha calça e me puxou mais para perto. Ele cheirava a amaciante e algo picante, como canela. Beijava-me como se tivesse fome de meu corpo, e correspondi sua intensidade quando o beijei de volta. Conforme suas mãos envolveram meus seios, gemi de prazer atrás de meu *único* sutiã.

Estava me sentindo tão livre — como se pudesse sentir as moléculas de ar dançando entre nós, comemorando minha libertação. Enfiei a mão por dentro de sua camisa e ele chegou ainda mais perto. Era mágico — um homem se aproximando de mim, um homem acordado por mim, um homem sedento por mim.

— Você gosta assim? — sussurrou ele.

A cada toque de suas mãos, uma camada minha se desfazia, como se derretesse. Ele mordia meus lábios, provocando — adeus às freiras que diziam que beijar de língua era pecado porque imitava o ato sexual. Ele tocava minha lombar — e tudo o que minha mãe dizia sobre fazer sexo só depois do casamento ia se desprendendo de meu corpo. Ele segurava meu rosto enquanto me beijava e limpava cada mancha de meu relacionamento com Jeremy — os tufos de cabelo no ralo, o boquete traumático e a fricção constante de minha carne contra a rocha de seu isolamento.

Quando as portas do elevador se abriram com um ruído, tentei me afastar, mas ele me puxou para ainda mais perto.

— Não precisamos sair? — perguntei.

Ele passou a língua na minha orelha.

— Ah, precisamos *mesmo* — sussurrou.

Avançamos depressa pelo corredor. Ele foi na minha frente, me conduzindo. Quem era esse cara que queria sentir prazer e me levar com ele?

Mal havíamos chegado ao apartamento quando ele abriu meu sutiã. Nunca me beijaram com tanta intensidade. Partes de mim que nunca haviam estremecido na presença de alguém ganharam vida. *Assim, assim, assim* — meu corpo cantava de prazer. *Mais, mais, mais.*

Ele me levou para seu quarto, pequeno e organizado. A luz estava apagada, mas pude ver um edredom cinza sobre a cama e alguns livros de direito na prateleira próxima a um pequeno relógio com números vermelhos brilhantes. Abri os braços e me joguei de barriga para baixo sobre aquela cama macia e limpa.

Não havia nada entre nós — nada de videogames, transtornos mentais, terapeutas. Ele procurou uma camisinha e tirou a calça. Com sua testa repousada sobre a minha, olhei de perto aqueles olhos abertos e livres de medo. Abracei-o com força e, estremecendo, levei minha prescrição até o fim.

Quando abri os olhos, seu sorriso malicioso transmitia uma única mensagem: "Eu te disse que era bom nisso." As ondas de prazer começavam entre minhas pernas e banhavam todo o meu corpo. Foi então que comecei a chorar.

— Não sei por que estou chorando. Não estou triste — afirmei.

Tentei sufocar os soluços de volta em meu coração traiçoeiro. O Estagiário beijava as lágrimas que escorriam por minhas bochechas. Ele perguntou o que houve.

— É só que você é tão...

Ele arqueou as sobrancelhas e chegou mais perto, beijando meu pescoço, caçando as lágrimas que tinham escapado.

— Tão o quê?

— Limpo.

As lágrimas não paravam de escorrer por meu rosto quente.

— Ah, meu Deus — murmurei, cobrindo o rosto com as duas mãos.

— Isso é bem sexy, na verdade. — Ele levantou meu queixo e beijou minha boca. — O que será que seu terapeuta vai dizer?

— Consegui gozar, e depois comecei a chorar.

Meu grupo da tarde ficou extasiado. Dormi demais e não apareci no grupo da manhã pela primeira vez em minha história terapêutica.

Finalmente. Esperei três anos para faltar ao grupo da manhã porque estava ocupada demais fazendo sexo.

Nan estava impressionada.

— O que aquele moleque branquelo fez com você?

O Dr. Rosen sacudiu a cabeça com as mãos nas têmporas.

— Você permitiu que ele lhe desse prazer e depois demonstrou tudo o que sentiu. Compreende como isso é íntimo?

Ele me olhava com espanto.

— Eu quero de novo.

— Quando é o próximo encontro?

— Na semana que vem.

Ele aprovou.

— E, veja só, ele é judeu — contei.

Exatamente como eu havia imaginado, o Dr. Rosen ficou surpreso e cruzou as mãos na altura do coração.

— Eu sabia que você faria isso.

— Por que acha que reagi assim?

— Para poder dizer que tudo tem a ver com você. Como foi com Luther.

Ele assentiu, eufórico, e levantou os dois polegares para indicar que eu tinha acertado.

— Você é tão irritante... — disse Marnie para ele, com um aceno de desprezo.

O terapeuta continuava me olhando.

— Você consegue entender?

Tudo o que eu entendia era que meu terapeuta tinha um besouro freudiano no rabo. Ele leu com precisão meu olhar de ignorância.

— Se você se conectar comigo, aqui, no tratamento — ele apontou na direção de seus sapatos marrons idiotas —, será capaz de se conectar com rapazes fora daqui. — Ele apontou para fora da janela. — Se tivermos uma conexão saudável, você pode usá-la como base para seus relacionamentos amorosos.

— E está funcionando?

Apertei a palma das mãos contra o peito.

— Sim ou com certeza?

Uma vez por semana, o Estagiário ia me buscar em seu carro preto brilhante e me levava a algum bistrô da moda, onde ficávamos trocando insinuações como se fossem figurinhas. Era flerte no nível máximo — ele se gabando de como poderia me dar prazer; e eu dando a entender que estava mais faminta do que ele imaginava.

— Passei por um longo jejum — dizia eu.

— Nada que eu não possa saciar — insistia ele.

De volta ao apartamento dele, o Estagiário se debruçava sobre o aparelho de som, à procura da música perfeita. Gostava de Al Green e hip-hop. Ver todo aquele esforço para criar o clima era muito excitante.

Na terceira noite que passamos juntos, ele me levou para o quarto com um olhar travesso.

— Tenho uma surpresa para você. Espere aqui — disse, e saiu do quarto. Quando voltou, estendeu em minha direção algo azul e branco, dobrado como uma bandeira.

— Mas o que...?

Ri enquanto desdobrava o tecido grosso e segurava uma camisa de futebol americano enorme com o número 18.

— É a camisa do Peyton Manning. Quero que você use.

— Só porque eu sou do Texas não significa que futebol americano me deixa excitada.

— Vai ser sexy dormir do seu lado com você vestida assim.

Meu corpo se rendeu à força de sua liberdade espontânea. Eu queria rastejar para dentro daquela camisa, para dentro de seu corpo, de seu mundo, onde o desejo estava exposto e corria solto e o sexo era sempre uma opção.

Os dois grupos adoravam o Estagiário. E achavam que ele estava se apaixonando por mim. Diziam que eu estava curada de qualquer dano emocional ou desvio de caráter que me fizeram passar tanto tempo com Jeremy. O Dr. Rosen me lançava sorrisos enormes, sessão após sessão, elogiando minhas revelações detalhadas de nossos encontros íntimos, minha alegria e minha entrega total ao prazer.

Eu flutuava pelos dias de trabalho. O brilho do sexo e do início de um relacionamento real suavizavam as humilhações diárias de ser uma mulher recém-associada a um escritório de advocacia. Numa terça-feira, quando um dos sócios pediu a mim — a única mulher da sala — para fazer as anotações durante a reunião de equipe, como se eu fosse uma secretária, mordi o lábio, mas deixei para lá depois de ver a notificação de um novo e-mail do Estagiário em meu BlackBerry.

Duas horas depois, estendi ao Dr. Rosen uma impressão do e-mail.

— Leia — ordenei. — Comece no segundo parágrafo.

— "Só posso me casar com uma mulher judia."

O Dr. Rosen me encarou.

— Mas por que ele está falando em casamento? Vocês transaram, o quê, umas seis vezes, não? — perguntou Nan.

— Cinco.

— Ele só está assustado — interveio Marnie.

Emily e Regina concordaram.

— Vocês, brancos, são tão estranhos! — comentou Nan, rindo para si mesma.

As argolas douradas penduradas nas orelhas dela refletiam a luz do sol.

Eu estava apavorada, o que me impedia de ficar sentada na cadeira e ouvir o que estavam dizendo. Como podiam estar tão calmos? O Estagiário ia recolher todo aquele prazer e liberdade e levar tudo embora em seu carrão preto.

— Não tem como saber — disse o Dr. Rosen.

— Sair com um cara judeu me ajudou muito! Muito obrigada, viu?

— Te ajudou demais. E você não sabe o que vai acontecer depois.

Eu sabia que, da próxima vez que entrasse nessa sala idiota de 16m², me sentaria sobre a minha dor, chutando a caixinha de lenços para longe enquanto as lágrimas cairiam sem parar.

Na última vez que o Estagiário passou em meu escritório, alguns dias depois, estampava um sorriso falso no rosto e não manifestou nem um pouco de sua ousadia habitual. Seu abraço era como um daqueles apressados que você daria em sua tia-avó. Não havia mais a promessa de sexo esquentando o ar entre nós.

Ele nos levou de carro até o Sai Café, no Lincoln Park, onde pedimos sashimi rolls separados. Não quis comer camarão, para mostrar a ele a ótima judia que poderia ser. Fui ao banheiro, onde havia uma fonte irrigando um jardim de pedras em miniatura, e liguei para Rory.

— Sinto que está chegando a hora do "até nunca mais".

Meu estômago estava na beira de um penhasco, prestes a saltar em queda livre. Rory me aconselhou a respirar fundo e estar aberta às possibilidades.

— Talvez ele peça para você se converter — comentou ela ao telefone.

— Isso não vai dar certo — disse ele, quando estacionou na frente de meu prédio no fim da noite.

Perguntei por que a gente não poderia continuar como estávamos, saindo de vez em quando. Ele fez que não com a cabeça, insistindo que seria errado ficar me enrolando. Respondi que poderia pensar em me converter.

— Você é católica.

— Não vou à missa há anos, e seria uma ótima judia. Eu detesto presunto. Posso levar as crianças para a sinagoga. Posso tocar o *shofar*.

Os lábios dele se moveram, mas não era um sorriso verdadeiro. Era um sorriso de pena.

— Estou falando sério, e não faria um curso qualquer de conversão on-line. Vou à Anshe Emet ou à KAM Isaiah. Posso ter um *mikvah* e um *bar mitzvah*...

— *Bat*.

— Posso seguir a dieta *kosher*, assar *challah*, ser circuncidada...

— Desculpa.

Calei a boca e olhei à frente, para o local onde demos nosso primeiro beijo, onde meu apetite havia despertado, onde essa coisa à qual eu chamava de "caso de amor" — mas que, depois de algum tempo, ganharia o título miserável de "ficada" — havia começado.

— Você não quer pelo menos subir para uma despedida?

— Não vamos nos tornar caricaturas de nós mesmos.

Na manhã seguinte, em meu escritório, implorei para que o Dr. Rosen me ligasse de volta. Não conseguiria esperar até a próxima sessão — precisava de ajuda imediatamente. Quando ele retornou, chorei no telefone, perguntando-lhe o motivo. Por que o Estagiário não queria ficar comigo? Por que eu estava chorando de novo ao telefone com ele? Por que tive que ser criada como católica? Por que meus pais escolheram meu nome como homenagem a Cristo? Fiquei enrolando o fio do telefone entre os dedos e procurava qualquer esperança nas respostas do meu terapeuta. Nada do que ele disse me acalmou. Dr. Rosen perguntou se minha vida estava melhor do que era antes de começar o tratamento. Sim, a minha vida estava melhor do que antes — eu me sentia próxima dele e de meus colegas do grupo. Clare sabia sobre os grupos e minha recuperação. Eu estava aprendendo a ser eu mesma na frente das outras pessoas. Porém, um relacionamento com um homem parecia mais impossível do que nunca.

— Eu preciso de mais ajuda. Algo mais. Deve haver outra coisa. Talvez eu já tenha atingido o máximo que poderia com você.

Não tinha a menor ideia do que estava pedindo a ele. Meus pensamentos não eram coerentes: eu balbuciava ao telefone tentando rebater minha tristeza. Meu dedo indicador perdeu a cor, de tão apertado pelo fio preto do telefone.

— Tenho uma ideia. Podemos falar sobre ela nos grupos de amanhã.

Respirei fundo, desolada.

— Em que você está pensando? — perguntei.

Meu coração vibrou ao pensar em um atalho para acabar com aquela dor no peito.

— Podemos discutir isso amanhã.

Qual seria o plano? Sessões individuais? ParPerfeito.com para mulheres acometidas de anorexia sexual?

— Me dê uma dica.

— Nos vemos amanhã.

24

Cheguei à sala de espera dez minutos mais cedo, com o rosto tenso e inchado de tanto chorar. Desmoronei em uma cadeira em frente à estante cheia de livros e fechei os olhos. Quando ouvi alguém entrando, abri um olho, esperando ver Carlos ou Patrice, mas o que vi foi um homem alto, vestindo um terno cinza e segurando uma pasta de couro marrom — típico advogado ou alguém do mercado financeiro. Mais ou menos uns dez anos mais velho do que eu.

Tinha me esquecido que receberíamos um novo membro.

— Oi, eu sou Reed — disse, estendendo a mão como se tivesse acabado de chegar a uma festa.

Não me levantei, mas o cumprimentei e senti um leve estalo no ar quando nossas mãos se tocaram. Seus cabelos grisalhos eram curtos nas laterais e mais longos no topo da cabeça, e seus sapatos estavam tão engraxados que eu conseguia enxergar meu rosto triste e inchado neles. Obviamente, notei a aliança dourada em sua mão esquerda e uma covinha na bochecha do mesmo lado quando ele sorriu. Segundos depois, o Dr. Rosen abriu a porta do consultório e entramos para a sala do grupo. Carlos e Patrice chegaram logo em seguida, antes que pudéssemos nos sentar.

— O que é isso? — perguntou Reed, apontando para uma toalha de rosto felpuda lilás em meu colo.

Eu estava carregando aquela toalha comigo para cima e para baixo desde que o Estagiário me abandonara na sarjeta.

— Essa é minha bandeira de luto. Acabei de levar um pé na bunda.

Peguei um fio entre as unhas do dedo indicador e polegar e arranquei, com um puxão. Arranquei outro, e depois mais outro. Logo, alguns fiapos isolados se amontoavam sobre meu colo. Alguns caíram no chão. Conforme eu os arrancava, lágrimas mornas desciam por minhas bochechas. Ter alguma coisa nas mãos me acalmava, e arrancar fiapos do tecido me ajudava a fracionar minha raiva em doses minúsculas. Patrice empurrou a caixinha de lenços no chão na minha direção. Chutei-a para longe.

— Não preciso de lenços.

Ela ignorou minha explosão, acariciou meu braço e me lembrou de que o Estagiário não era para casar.

Carlos tomou a frente no interrogatório de Reed e conseguiu as informações básicas: um figurão de uma corretora de investimento, casado, pai de gêmeas, sóbrio há alguns anos.

— Por que você está aqui? — perguntou Carlos.

Reed corou e olhou para o Dr. Rosen, que assentiu enfaticamente, como se dissesse "Vamos lá, conte a eles".

— Manda ver — disse Carlos.

Quando Reed abaixou a cabeça, Carlos buscou meu olhar e falou, sem som:

— Ele é tão gostoso.

Concordei, e arranquei outro fiapo lilás.

— Estou com problemas em meu casamento.

Ah, questões íntimas.

— Continue — pediu Carlos, erguendo as sobrancelhas.

— Ah, meu amigo — suspirou Patrice, sentindo o que estava por vir: uma história de infidelidade, uma esposa que só se queixava, uma amante que o fazia se sentir especial.

O rosto do Dr. Rosen foi dominado por um largo sorriso.

— Há algumas semanas, estava no coquetel de um de nossos financiadores. Tinha uma mulher... — Reed olhou à sua volta, hesitante. Será que poderia confiar na gente? — Fomos até a sala dela, e ela me fez um...

— Ah, meu Deus! Ela te chupou! — exclamou Carlos, unindo a palma das mãos.

Patrice perguntou se ele havia contado à esposa. Não tinha contado, não queria perder seu casamento. Patrice e Rory o elogiaram pela coragem em dividir seu segredo conosco.

Abri minha toalhinha no colo. Tinha feito um buraco de uns dez centímetros de diâmetro no meio dela. Passei a mão sobre o tecido esfarrapado. Como seria passar minhas mãos pelo peito de Reed? Por suas pernas? Era o máximo de tempo que tinha conseguido passar sem pensar no Estagiário em uma semana inteira. Senti como se a esperança estivesse tentando retraçar o caminho para a pilha de escombros que era meu coração, e desejei que a sessão tivesse mais de uma hora e meia.

Antes de encerrar o grupo, juntei os fiapos lilás e lancei uma provocação:

— Vocês acham que um dia vou transar outra vez?

Reed deu um sorriso contido.

— Basta querer — respondeu o Dr. Rosen.

— Eu quero. Logo.

Meu corpo sofria com a ausência do Estagiário e de todo o prazer que ele tinha para me dar.

— Você está aberta a sugestões?

— Farei *qualquer coisa*.

O novo, gostoso e infiel membro do grupo me fez esquecer que o Dr. Rosen tinha uma sugestão para mim.

— O que você tem em mente? — indaguei, largando a toalha no colo e estendendo as palmas das mãos.

— Sugiro que você comece a frequentar o grupo das segundas e quintas-feiras.

Respirei fundo e agarrei a toalha com as duas mãos.

— É sério isso? Outro grupo? *Duas vezes* por semana?

Será que ele sabia que eu tinha um emprego em tempo integral? Será que sabia que os advogados tinham que cumprir quarenta horas semanais? Fiz que não com a cabeça e contraí os lábios. Segurei a toalha e puxei com força um fio próximo ao buraco principal.

— Esse grupo é diferente. São os mesmos membros, duas vezes por semana, o que cria uma intensidade a mais. Todos são pacientes antigos...

— Vou precisar vir aqui quatro vezes na semana para conseguir ter um relacionamento decente? Sou tão ferrada assim?

— Você é muito ferrada — respondeu o terapeuta, sorrindo.

— Bom discurso esse.

O Dr. Rosen sugeriu que eu ficasse no grupo de terça-feira de manhã, mas trocasse o grupo da tarde por esse outro das segundas e quintas. Por que ele não fizera essa proposta um ano atrás, quando eu teria preferido raspar a cabeça a voltar ao grupo em que Nan e Marnie quase saíram na porrada? Porém, agora, sentia certa tristeza. Aquelas mulheres estiveram comigo no período com Jeremy e durante toda a minha aventura com o Estagiário. Nan me abraçara naquele dia em que tentei arrancar meus cabelos. Zenia me ensinara sobre fanfics e sexo lésbico a distância. Será que eu estava pronta para dizer adeus a elas?

— Vou pensar nisso.

Quando nos levantamos para o encerramento, larguei minha toalha esfarrapada e todos os fiapos caíram no chão.

Lá estava eu, outra vez, perguntando-me se deveria aceitar entrar em *outro* grupo de terapia. Eu dissera "sim" duas vezes e minha vida estava repleta de pessoas que me conheciam bem. Intimamente. Rory sabia de cada pedaço de comida que eu colocava na boca. Marty me oferecia elogios noturnos. Meus grupos sabiam do pau imundo que chupei, de meus vermes e minhas birras. Não era isso que sempre desejei? Pessoas que me conhecessem por completo e também todas as minhas histórias enquanto compartilhavam as próprias histórias comigo? Isso era tudo o que eu queria, mas agora desejava mais. Desejava ter minha família, como Marnie, Patrice, Rory e Nan. Era muito grata pelo que tinha, mas novos desejos surgiram: ter uma família com um companheiro; ser mãe; sossegar amorosamente; encontrar meu lugar na Skadden. Eu acreditava que o Dr. Rosen poderia me ajudar com isso, embora me doesse saber que precisaria de três sessões, ou seja, 270 minutos, de terapia em grupo por semana.

Já tinha ouvido falar do grupo das segundas e quintas. Era o único grupo do Dr. Rosen que se reunia mais de uma vez por semana. Era conhecido como o grupo "avançado", e havia certa atmosfera de orgulho em ser convidado para integrá-lo. Havia também a suspeita de que o Dr. Rosen só estava atrás do meu dinheiro — eu estava vulnerável e ganhava um salário de seis dígitos. Ele poderia estar me oferecendo um meio para sair daquela situação ou me usando para financiar um veleiro. Como eu poderia saber?

Ainda assim, é óbvio que aceitei. Com três dias de grupo por semana, é lógico que conseguiria tudo o que desejava em menos de um ano.

Parte 3

25

A temperatura estava mais que congelante no início do segundo mês de inverno, mas eu estava muito nervosa para sentir o vento queimando meu rosto. Acabei derrapando na camada de gelo que cobria a calçada e caí de bunda no concreto a dois quarteirões do consultório do Dr. Rosen. Será que entrar nesse grupo novo fora mesmo uma boa ideia? Meu quadril latejante dizia que não.

— O que você ouviu sobre nós? — perguntou Max, com seus cabelos desgrenhados e uma postura perfeita. Ele vestia um blazer azul com botões dourados. Quarenta e poucos anos, bem suburbano.

Já tinha ouvido falar de Max. Os rumores no Rosenverso eram que ele tinha chegado ao Dr. Rosen anos antes, afundado nas drogas e vivendo no carro. Ouvi algo sobre acusações criminais. Mas agora ele estava limpo e tinha conseguido subir na hierarquia de uma empresa farmacêutica. Tornara-se um executivo mandachuva, fazia parte do conselho de pais da renomada escola particular de sua filha e passava o verão em Snowmass. Algo em seu sorriso malicioso e suas sobrancelhas arqueadas me dizia que ele sabia sobre os boatos.

— Nada demais — respondi.

Minha pele parecia esticada em excesso.

— Mentira — retrucou ele, me encarando.

Já eu, desviava meu olhar para qualquer outro ponto. Olhei para o Dr. Rosen, que não deu nenhuma resposta além de seu sorriso bobo de sempre.

— Bem... — Respirei fundo. — Ouvi dizer que você é um adicto em recuperação.

— E?

Minha pele repuxada ficou vermelha.

— Você fazia uma boa farra.

Max não desviou o olhar. Ele sabia exatamente o que eu não estava dizendo. Aquilo foi um teste, e não passei.

Aqui não havia uma Zenia de cabelos roxos descrevendo sua fanfic erótica. Ninguém comia, gritava ou urrava. Todos tinham uma pasta ou bolsa de couro respeitável pendurada no encosto da cadeira. "Somos o grupo avançado." E Max era o porta-voz desse grupo controlado e civilizado.

Patrice, das manhãs de terça-feira, também estava aqui. Tinha sido admitida a esse grupo "avançado" um ano antes, mas nunca falara muito sobre ele, exceto que às vezes era muito difícil lidar com Max. Nessa manhã, ela sorriu calorosamente, mas não me deu nenhuma dica de como sobreviver até o fim da sessão. O hematoma em meu quadril pulsava junto com as batidas de meu coração, mas, se eu me movesse ou o esfregasse, chamaria atenção demais para mim mesma. Não, obrigada.

Lorne também era um rosto familiar. Tinha seus quarenta e poucos anos e era levemente desgrenhado — enfiado em uma calça cáqui amarrotada e um suéter vinho puído —, mas tinha um sorriso amplo que nos dava boas-vindas. Conheci Lorne em seu casamento, ao qual compareci como acompanhante de Jeremy. Ele e Lorne iam juntos ao grupo masculino. Meu pé esquerdo balançava enquanto pensava no que aquilo significava.

— Ouvimos falar de você — comentou Brad, como se lesse minha mente.

Ele era um pouco mais velho do que Lorne, tão alto quanto Ichabod Crane e com cabelos grisalhos. A única coisa que ouvi falar sobre ele era que tinha obsessão por dinheiro.

— O que vocês ouviram?

Ele e Max trocaram olhares e sorriram.

— Que você fez sexo anal com Blake — respondeu Brad, com apenas um vestígio de timidez.

Não era bem o que eu esperava, a lembrança de um relacionamento anterior a meu início no grupo. Minha boca se contorceu em uma careta. Que se dane, Brad. Eu era dona de minha história sexual.

— E com Jeremy também, na verdade — completei.

— Também soube disso — concluiu Brad.

Meu estômago pesava de ansiedade. Será que eu ia vomitar? O que eu estava fazendo, permitindo que homens que eu não conhecia me questionassem sobre minha vida sexual? Em meus três anos e meio com o Dr. Rosen, esse foi o primeiro momento em que desejei muito a confidencialidade. Durante todos esses anos, admirei a ideia de que os segredos eram tóxicos. Agora, no entanto, sentia-me em queda livre no escuro: acabara de entrar em um grupo cheio de pessoas que sabiam tudo o que poderiam sobre minhas experiências com sexo anal.

O grupo me deixou em um banho-maria desconfortável e começou a discutir sobre a ex-mulher doida de Lorne e a entrevista de emprego de Brad para um cargo que aumentaria seu salário em 20%. Quando houve um silêncio, busquei os olhos do Dr. Rosen.

— Por que esse é o grupo avançado? — perguntei.

— Max e eu somos os primeiros membros desse grupo — respondeu uma mulher de cabelos grisalhos na altura dos ombros, vestindo um terninho de poliéster azul-marinho. — Estamos por aqui desde o fim da década de 1980. Ah, meu nome é Maggie. — Ela estava sentada bem ao lado do Dr. Rosen. — Conhecemos o Dr. Rosen lá naquela época, quando...

Ela se deteve.

— Quando o quê?

Maggie revirou os olhos.

— Vamos apenas dizer que o Dr. Rosen tinha recursos diferentes.

— O que isso quer dizer? — insisti.

— Certa vez, Max foi almoçar na casa dele...

— E ele me serviu sanduíche de presunto — completou Max.

Presunto? O Dr. *Baruch Attah Adonai* serviu comida não *kosher* para um paciente?

— Ele era menos judeu naquela época. Essa coisa de superjudeu começou quando ele se casou pela segunda vez — explicou Max.

Maggie inclinou o corpo e me disse que já fora "muito próxima" da ex-mulher dele, que era anoréxica e o traiu com um cara que conhecera no Checkerboard Lounge, um clube de jazz.

— Acho que era um negro.

— Talvez isso explique sua reação a meu sonho com Luther Vandross — comentei.

O terapeuta apoiou as mãos na barriga e gargalhou.

Max mencionou que o terapeuta tirou uma longa licença no início dos anos 1990 por uma razão não revelada. Brad e Lorne discutiam se foi para um tratamento de adição de sexo ou codependência.

A cada revelação, meu estômago se contraía mais. O imaculado Dr. Rosen de minha imaginação, a quem autorizei o acesso a meus desejos mais profundos, era atingido por punhados de lama a cada nova declaração. Enfiei os lábios para dentro da boca e apertei com força.

Max se virou para o terapeuta e lhe deu um tapa no braço.

— Você se lembra de quando passou meses com diarreia? Quando foi isso? Em 1989? 1991?

Os demais do grupo se lembravam de anos diferentes. Por que sabiam dos movimentos peristálticos do próprio terapeuta?

Eu queria evaporar e voar para longe daquela sala e daquele tratamento. Max e Maggie pareciam extintores de incêndio soltando histórias e mais histórias que datavam lá do primeiro governo Reagan — quando eu ainda estava no ensino fundamental II. "Aquela vez que o cachorro dele fugiu." "Naquele verão que ele só usava anarruga." "Quando ele teve que fisicamente impedir Maggie de atacar Max e quebrou uma costela dela." Em 15 minutos, descobri mais coisas sobre meu terapeuta do que em mais de três anos. A tela em branco estava coberta de lama.

O Dr. Rosen sorria como sempre, sem defesas. Ele não ficou envergonhado com as revelações. Olhei em volta da sala e ninguém, além de mim, estava preocupado. Eles permaneciam relaxados sobre as cadeiras. Essas histórias eram como tradições familiares recontadas no almoço de Ação de Graças, ano após ano. Se Max parava no meio de uma história, Maggie ou Brad continuavam. Muitas histórias — em número e variedade. Muitas camadas de merda besuntando meu médico.

Até aquele momento, eu o admirava como iconoclasta, mesmo quando meus amigos que iam a outros terapeutas erguiam as sobrancelhas ao me ouvirem contar sobre o bebê Jeremiah, a prescrição de quem não fode nem sai de cima e meus telefonemas noturnos para Rory e Marty. Acreditava que o Dr. Rosen era corajoso, inteligente e talentoso para lidar com adictos em recuperação como eu. No entanto, comecei a pensar que ele fosse outra coisa: profundamente imperfeito e possivelmente negligente. Talvez até perigoso.

Quanto mais escutava meus colegas de grupo rirem do passado, mais enjoada ficava. Todos eram casados, tinham filhos e carreiras. Maggie já era avó. Nenhum deles parecia estar desesperado como eu, embora Brad fosse mesmo obcecado em aumentar seu patrimônio líquido. Nenhum deles precisava de um terapeuta que fosse o poderoso Oz — e não um charlatão comum — tanto quanto eu.

Ele inclinou a cabeça em minha direção e sorriu com malícia.

— Pois não?

— Não tenho nada a acrescentar a todas essas memórias.

— Você gostaria de compartilhar alguma coisa? Será que ouvi você murmurando em silêncio? — perguntou Maggie, com seu sorriso inocente de vovozinha.

Todos olharam para mim. Minhas mãos tremiam como se eu estivesse subindo a um púlpito para falar com uma multidão, e não com seis pessoas.

— Vejam só... Estou aqui para conseguir ter relacionamentos saudáveis e começar minha família. Não quero saber do histórico intestinal do Dr. Rosen. — Olhei para ele e fiz minha pergunta preferida: — Como isso vai me ajudar?

— Como você sabe que não está te ajudando? — perguntou Max, antes de o Dr. Rosen poder responder.

— Ouvir histórias sobre o histórico de seu psiquiatra com abordagens duvidosas está me ajudando?

— Por que não?

Max não sabia nada sobre mim. Olhei o relógio mais uma vez. O que me impedia de levantar da cadeira e sair dali? Por que estava me submetendo àquilo? O grupo novo — toda essa terapia — poderia nunca me levar a lugar algum. Poderia vir aqui religiosamente duas vezes por semana, pagar meus US$ 70 a sessão e, ainda assim, morrer sozinha.

Vovó Maggie levantou a mão esquerda e apontou para sua aliança de casamento.

— Ele é muito bom em fazer mulheres como você se casarem. Você vai ver. Eu me casei faz dois anos.

Maggie tinha lá sessenta e muitos anos e se consultava com o Dr. Rosen desde que Bush pai fora vice-presidente. Não era muito animador pensar que faltavam ainda algumas décadas até que eu me estabilizasse e iniciasse uma família.

— Seis meses — sentenciei. — Se minha vida não estiver melhor em julho, eu vou embora.

Não me importava mais com o plano de cinco anos que estabeleci em minha primeira consulta. Comecei aquele tratamento fazia três anos e meio, tinha passado a vir três vezes por semana e estava gastando US$ 800 por mês com terapia. As expectativas se elevaram. Eu queria resultados.

— Ameaçar ir embora é um jeito interessante de construir confiança e intimidade. — Max sorriu, malicioso.

— Eu venho aqui três vezes por semana!

— Eu também — disse Lorne.

— E eu — concordou Patrice.

— Isso aqui é mesmo um culto — comentei.

Todo mundo riu.

— Seis meses.

— Você também vai sair do grupo das terças de manhã? — perguntou o Dr. Rosen.

— Sim. É tudo ou nada. Seis meses.

Naquela noite, sentei em minha sala enquanto o sol se esgueirava horizonte abaixo. No campo de busca do Google, digitei "terapeutas em Chicago" e uma lista de links apareceu: uma psicóloga chamada Linda, uma analista chamada Francis — que inclusive atendiam no mesmo prédio do Dr. Rosen. Pensei em ligar para uma das duas, mas isso me pareceu impossível. Era preciso muita energia para contar tudo a uma pessoa nova. As maçãs. Os vermes. Jeremy. O Estagiário. O Dr. Rosen e meus primeiros dois grupos haviam me ensinado a comer, dormir e transar. Sentiria saudades do meu terapeuta e de sua risada boboca. Sentiria saudades de meus colegas da manhã de terça-feira. A primeira sessão no grupo "avançado" não foi necessariamente um ponto de virada em minha vida, mas eu devia a mim mesma a chance de esperar um pouco mais. Por desencargo de consciência, salvei nos favoritos o site com as informações de Linda e Francis.

Minha nova vida com três sessões de grupo por semana era mais ou menos assim: ia ao grupo antes do trabalho, às segundas e terças; nas quintas, escapava no meio do dia. "Almoção", foi como chamei. Trabalhava das 9h30 até 19 horas, a menos que houvesse um projeto que exigisse hora extra. No fim do dia, desligava o computador e caminhava até minha casa, meu novo apartamento na mesma rua de Clare, do outro lado da rua, que recentemente ficara noiva de Steven. Em vez de assumir o papel de colega de quarto e vela, aluguei o apartamento de um quarto de Kathryn, paciente do Dr. Rosen no grupo só de mulheres de sexta-feira à tarde, que ficava em um arranha-céu na Clark e Maple. Embora sentisse falta da companhia de Clare, era bom ocupar todos os espaços do meu novo cantinho e assistir ao pôr do sol das janelas que davam para o oeste. O Dr. Rosen interpretou essa mudança para um lugar só meu como uma evidência de que eu estava abrindo espaço para um relacionamento romântico. Semicerrei os olhos quando ele disse isso, com receio de abandonar meu ceticismo, sólido como uma pedra, em nome de uma esperança frágil e transparente. Durante os fins de semana, eu costumava ir às reuniões de Doze Passos e passava ao menos metade do dia no escritório, revisando documentos e provando (a mim mesma) que eu merecia meu cargo na Skadden. Por trás dos murmúrios comuns do dia a dia, esperava um Grande Acontecimento. Desejava que o grupo "avançado", que via como um maçarico apontado diretamente para meu coração, operasse sua mágica sobre mim. No entanto, não houve mágica nem faíscas saltando de uma chama aberta, tampouco um atalho para aperfeiçoar minha capacidade de me relacionar. Havia, isso sim, ficar sentada em círculo e falar, ouvir, sentir — as mesmas coisas de sempre desde que eu começara a terapia em grupo.

O prazo de seis meses estava chegando ao fim.

Na verdade, surgiram algumas mudanças. A primeira foi que contraí uma constipação severa. Meus intestinos se aliviavam apenas a cada oito dias, então durante os outros sete eu andava por aí com uma dor latejante no baixo ventre. Doía para abaixar. Doía para correr. Doía para espirrar. Eu me sentia mais gorda do que nos piores dias da TPM. Meu sistema digestivo desistira de funcionar assim que comecei no novo grupo. Nada se movia dentro de mim. Se essa seria a única recompensa, então, muito obrigada, desisto. Para me consolar, eu folheava o calendário até julho como uma criança que conta os dias para o Natal — mas, em vez de esperar um senhor divertido vestido de vermelho carregando presentes, imaginava como terminaria o relacionamento com meu terapeuta élfico que prometera que eu não iria morrer sozinha. Na segunda-feira de manhã, quando reclamei do intestino, Max não pôde evitar a lembrança da lendária diarreia do terapeuta no fim dos anos 1980.

— Talvez, se não tivesse esse prazo de seis meses, você não estaria tão cheia de merda — cuspiu Max, quando eu quis saber o que poderia fazer.

Nas manhãs de terça-feira, disse a meu grupo original que não tinha ideia do que fazer em meu novo grupo. Tentei descrever como era aquela sensação, não saber o que fazer com as mãos ou com a voz por noventa minutos consecutivos. Patrice fez que não.

— Ela está indo bem.

— Não parece terapia em grupo. Ninguém, exceto Lorne, traz questões. Eles conversam como velhos amigos. Ninguém sabe da minha história com os oxiúros, meu transtorno alimentar ou como me rebaixei para ficar com Jeremy. Eles não parecem se importar com nada além do que está logo à frente deles.

— E o problema disso é...? — perguntou o Dr. Rosen.

O problema era que eu passava quatro horas e meia na terapia por semana e não me sentia nem um pouco melhor.

No grupo novo, sentia-me como uma estranha que invadira uma reunião de família. Entre cada tópico, pulsavam camadas de histórias, lembranças e relacionamentos que eu não conseguia acessar. Quando Max ou Lorne me perguntaram como eu estava, manifestei o desejo mais íntimo de meu coração.

— Sério, como posso acabar com essa constipação?

— Bastante água — respondeu o Dr. Rosen. — E também pode tentar *psyllium*. É o princípio ativo do Metamucil.

Ao que parece, passei a gastar US$ 840 por mês para descobrir o princípio ativo de um laxante.

No grupo das segundas e quintas, não havia prescrições. Ninguém telefonava para ninguém antes de dormir ou para relatar a compulsão por frutas depois do jantar. Durante noventa minutos, duas vezes por semana, ficávamos sentados em círculo e tagarelávamos entre nós. Brad contava sobre ter sido injustiçado e não ter recebido uma comissão no trabalho e Max o provocava por ter uma obsessão patológica por dinheiro. Patrice reclamava de seus sócios na clínica e o Dr. Rosen a questionava por não exercer a autoridade que lhe cabia como sócia mais antiga do negócio. Se eu ficava em silêncio por muito tempo, Max olhava para mim e perguntava quantos meses faltavam para eu desistir. Eu o ignorava e perguntava como aquilo estava me ajudando.

— É lógico que está te ajudando — retrucava Max, soltando um suspiro de enfado.

— Mas nada mudou, exceto o funcionamento do meu intestino.

— Isso é bobagem. E sabe o que mais? — indagou Max, subindo o tom de voz: — Pare de tentar nos convencer de que você é patética. Já chega. Isso enche o saco.

Max tinha o dom de nos constranger como ninguém. Quando ele balançou a cabeça e suspirou, enojado, senti-me humilhada. Olhei para o Dr. Rosen procurando alguma orientação ou consolo, mas vi apenas aquele sorriso impenetrável, então dirigi o olhar para o carpete, para uma mancha que tinha o formato da Austrália.

Alguns minutos depois, o terapeuta se dirigiu a mim.

— Por que não pede para Max te contar todas as razões que te tornam uma pessoa que não é patética?

Senti um aperto no peito. Na fração de segundo que antecedeu minha ação de seguir aquela sugestão, imaginei Max proferindo as mesmas frases que se repetiam em minha cabeça: "A culpa é toda sua se você está sozinha. Você é intratável. Você é patética mesmo!" Apoiei os dois pés no chão com firmeza e olhei diretamente para Max.

— Então, por que não sou patética?

Max olhou para o Dr. Rosen antes de responder.

— Eu tenho mesmo que fazer todo o trabalho por aqui... — Então se virou para mim: — Você é uma advogada brilhante, trabalhando em uma das firmas mais conceituadas da cidade. Chegou ao grupo avançado. Está se esforçando para descobrir por que é tão ferrada e o que deveria fazer quanto a isso. Você não é patética, só está puta da vida porque ainda não conseguiu todas as coisas pelas quais está batalhando, o que é muito melhor do que essa ladainha de "pobre coitada" que fica repetindo.

Ele parou de falar por um instante e prendi a respiração, pensando que ainda faltava um *grand finale*.

— Pare de fazer isso, porra!

Eu sabia que deveria continuar olhando para Max e respirando, mas não consegui. Quem eu seria se me enxergasse como Max me via?

Em certa tarde de março, estava sentada em meu escritório comendo uma caixa de ameixas secas — ainda tentando lidar com a constipação — quando ouvi o som de uma nova mensagem na caixa de entrada do e-mail. *Vamos sair para tomar alguma coisa?* Era de Alex, que morava quatro andares acima de mim. Tínhamos conversado no elevador algumas manhãs atrás quando nós dois estávamos a caminho da academia e soube que, como eu, ele também era associado júnior de uma grande firma de advocacia. Ele escolhera uma esteira perto da minha e, pelo espelho, pude observar o movimento de suas pernas atléticas: zero gordura corporal, em perfeita forma, fôlego em ordem mesmo correndo a 10km/h. Sua beleza física me distraía tanto que tive que mudar para as bicicletas.

Cobri a boca com as mãos para conter minha alegria com esse convite, esse Grande Acontecimento em potencial.

26

Nós nos encontramos em um pub irlandês na Clark Street na segunda-feira seguinte após o trabalho. E o melhor de tudo: eu não estava mais constipada. Menos de uma hora depois de receber o e-mail de Alex, meu intestino rangeu e voltou à vida.

Alex e eu trocamos figurinhas sobre nossas promissoras carreiras jurídicas — "é muita revisão de documento" — e dividimos uma torta inglesa no jantar. Por um milissegundo, hesitei quando vi o prato, que veio com uma camada de purê de batatas gratinado por cima de misteriosos caroços marrons. Eu podia fazer isso: conseguiria comer um prato de outro país com esse belo rapaz.

Do banheiro, telefonei para Rory e contei que estava em um encontro com um vizinho que parecia o Brad Pitt — só que mais alto e mais saudável.

— Gay? — perguntou ela.

— Talvez.

Ele foi criado por sua mãe solteira e tinha duas irmãs, então fazia sentido que não vivesse destilando machismo. Que segredo naquele belo rapaz iria me ferir no futuro?

Alex e eu trocamos e-mails durante toda a semana, e coloquei minha melhor Christie em ação. Respostas sagazes, piadinhas sobre a vida nos escritórios de advocacia e cultura pop. Esperava algumas horas para responder, embora tivesse as respostas na ponta da língua em poucos segundos. Inventei uma Christie que imaginei que o agradaria. O que achava que um homem tão bonito e arrumado como Alex gostaria era: humor alegre, inteligência, ambição, independência. E, baseado em seu índice de gordura corporal, certo comprometimento com atividades físicas. Eu tinha tudo isso, e exibi a ele, servindo as características em pequenas doses a cada mensagem. Quanto a todos os meus altos e baixos emocionais, levei-os para o grupo.

Dois dias depois de nosso primeiro encontro, ele me convidou para um segundo: comida italiana e show de jazz.

A casa de shows escura estava repleta de casais que pareciam pelo menos dez anos mais velhos do que nós. Alex e eu nos sentamos perto de uma parede distante sob a foto de uma Billie Holiday jovem. Uma mesa redonda em que cabiam apenas nossas duas bebidas nos separava do corredor, onde garçons apressados levavam drinques para as mesas abarrotadas à nossa volta. Quando o trio começou a tocar, Alex segurou minha mão, e foi marcando o ritmo da música com o polegar.

Quando a banda parou para o intervalo, ele fez algumas perguntas para complementar as triviais que havia feito em nosso primeiro encontro.

— Você acha que vai voltar a morar no Texas um dia?

— De jeito nenhum.

Quando ele perguntou o motivo daquela resposta, congelei. Havia muitos. Eu poderia dizer que não gostava do calor ou da política conservadora; ou que sentia que precisava conseguir tudo o que queria na cidade que escolhi, porque voltar para casa seria como uma grande derrota; ou que não consegui manter o vínculo com nenhum de meus amigos que ainda viviam no Texas, então não tinha nenhum motivo para voltar. Era tudo verdade, mas, quando observei a curva dos lábios dele e seu maxilar perfeito, senti-me impelida a contar a verdadeira razão.

— Sou muito apegada a meu terapeuta.

E, já que tinha aberto o jogo sobre o Dr. Rosen, decidi revelar tudo.

— Faço terapia em grupo, então também sou bastante apegada a meus colegas.

Não havia necessidade de falar que ia a dois grupos, três sessões por semana. Olhei para a foto de Billie Holiday cantando em seu microfone antigo. Ah, meu Deus, o que foi que eu fiz? Será que, inconscientemente, estava tentando assustá-lo, sugerindo que era transtornada?

— Que legal — respondeu ele. E me deu um sorriso curioso, como se estivesse surpreso por minha revelação tão íntima. Chegou mais perto. — Você gostaria que eu contasse algo tão íntimo quanto?

— Com certeza.

Sorri.

— Falei que meus pais eram divorciados, certo?

Concordei com a cabeça.

— O que não contei foi que, depois do divórcio, eles se casaram de novo. Um com o outro. E depois pediram divórcio outra vez. — Ele levantou o olhar na direção do palco vazio e, em seguida, olhou para mim. — Então... é complicado.

— Imagino.

Eu só queria agradecer. Obrigada por compreender a vulnerabilidade. Por se juntar a mim nessa empreitada. Por me mostrar que mencionar a terapia no segundo encontro não era algo desastroso.

Quando a banda voltou para o palco, Alex arrastou a cadeira para mais perto da minha. No bar escuro, ficamos sentados de mãos dadas, os joelhos se encostando, a música penetrando nossos poros. Reconheci a sensação familiar de calor e segurança que nos domina depois do risco emocional — era a mesma coisa que eu sentia no grupo depois de compartilhar algo difícil e ouvir meus colegas responderem com "eu também" ou "sei como é". Como na vez que contei no grupo das mulheres sobre o ódio que sentia de meus seios e cada uma delas me presenteou com uma história sobre a própria relação com aquela parte do corpo.

Minha vez, sua vez. Minha vez, sua vez.

Então é assim que deveria ser. É assim que se constrói a intimidade em um relacionamento. Palavra por palavra. História por história. Revelação por revelação.

Exatamente como no grupo.

Quando saímos do clube de jazz, Alex me convidou para ir até seu apartamento.

— Quero mostrar a vista do lado sudeste.

Ele enlaçou meus ombros quando apontou a Ursa Maior. Com as estrelas nos observando, demos nosso primeiro beijo. Quando ele encostou seus lábios perfeitos nos meus, absorvi a luz das estrelas, e meu coração começou a brilhar. Ele me acompanhou até meu apartamento.

— Vai ter mais — disse, e me beijou mais uma vez.

Se essa era a recompensa por estar no grupo avançado, eu ficaria lá para sempre.

Alex era maravilhoso. Nossos encontros eram exatamente o que sempre desejei. Mal podia acreditar no quanto gostava de estar com ele, e o único ponto negativo era a ansiedade em relação a quanto aquilo iria durar que me acompanhava o tempo todo. Ficava angustiada ao pensar em quando ou como tudo iria azedar, implodir ou desmoronar.

Compartilhei essa ansiedade com o grupo.

— Isso não vai durar — insistia eu. — Me digam, por favor, o que posso fazer para que não acabe.

— Será que não consegue abandonar essa necessidade de controle? — disse o Dr. Rosen.

— Não.

Ele não entendia. O corpo de Alex era quase perfeito, ele tinha um aroma fresco e esportivo e eu conseguia enxergar o ápice de minha vida sexual logo adiante. Se eu me entregasse a esse relacionamento e me permitisse acreditar que era real, o que aconteceria se tudo viesse por água abaixo? Ficaria destruída?

— Consegue esquecer essa expectativa de que vai dar errado?

— Vou tentar.

Viver com Alex, que se inscrevera em dois triatlos no verão e uma maratona no outono, significava correr e pedalar todas as manhãs antes do trabalho e nadar na academia ou no lago Michigan após o expediente.

Depois de um mês juntos, ele começou a me convidar para acompanhá-lo quase todas as manhãs e noites. Em uma manhã de sábado, Alex apareceu na minha porta às seis da manhã. Tinha um número de corrida preso em seu casaco corta-vento e as mãos agasalhadas em luvas pretas. Prendeu o número que tinha levado para mim em minha camiseta e me estendeu uma garrafa de água. Na linha de partida da corrida de 15 quilômetros que havia nos inscrito, ele esfregou as mãos em meus ombros quando percebeu que eu estava tremendo de frio. Flocos de neve ainda caíam sobre o chão no trajeto, e apenas algumas centenas de corredores compareceram à corrida na beira do lago, onde o vento nos aguardava, pronto para congelar nosso rosto exposto. Eu nunca tinha participado de uma corrida de 15 quilômetros antes, mas meu corpo adquirira um ânimo novo desde que eu começara a sair com Alex — parte alegria, parte ansiedade. Uma estranha disposição para experimentar tudo, inclusive aquela corrida polar no meio da rua, me fazia querer dizer "sim" a qualquer proposta que ele fazia.

Todas as vezes que saíamos para jantar depois do trabalho ou corríamos na beira do lago, meu coração era preenchido por um otimismo flutuante, que me convidava a esquecer a projeção do fim do relacionamento. Talvez nem todos os relacionamentos terminem comigo encolhida na sala de terapia, chorando agarrada a uma toalha. Talvez nem todos os relacionamentos terminassem. Talvez esse fosse durar.

Depois da corrida, meus tendões da perna doíam e meus ombros ardiam sob as alças do top. Porém, com Alex ao meu lado, a dor deu lugar à mais pura alegria.

Certa manhã de segunda-feira, o Dr. Rosen exibiu uma fotografia para que todos vissem. Patrice colocou os óculos de leitura e Max se inclinou para a frente.

— É isso o que significa se destravar — explicou.

Era uma foto minha com Alex: eu estava usando um vestido de festa cor-de-rosa, e Alex, um smoking. Tínhamos ido a um evento de gala do Joffrey Ballet. No teatro escuro, os bailarinos rodopiavam usando tules reluzentes e as duas mãos de Alex seguravam a minha. Deslizei na poltrona de veludo vermelho para ficar mais perto dele, até que nossas pernas se tocassem. Durante o jantar no imenso e dourado salão do Hilton, ele acariciou minhas costas e brincou com o fecho de meu colar. Na pista de dança, me abraçou um pouco mais forte enquanto a banda tocava um cover de Otis Redding. Mais tarde, compartilhamos mais um beijo na varanda.

— Parece que você é minha namorada — disse.

Descansei o corpo no dele, com um suspiro.

Vovó Maggie apontou para a foto e tocou sua aliança.

— Você é a próxima, queridinha!

Com Alex, que se sentia tão bem na própria pele, eu sentia como se isso também fosse possível a mim. Ele falava das coisas que faríamos no futuro com total desenvoltura. Um passeio de barco pelo rio Chicago oferecido por seu escritório em junho, uma prova curta de triatlo em julho, uma viagem para visitar sua irmã no Iowa em algum momento do verão. Uma apresentação de stand-up comedy, um show, um passeio no zoológico. Ele agia como se tivéssemos futuro, e lentamente fui me permitindo nos imaginar como um casal que duraria mais do que alguns meses.

— É sério, qual é a pegadinha? — perguntei a meus colegas de grupo e ao Dr. Rosen.

— Você é que tem que nos dizer — respondeu Max.

Fiz que não com a cabeça. A situação dos pais dele aparentava ser complicada, mas Alex não parecia prejudicado por um trauma nem temia relacionamentos em geral. Sua agenda de exercícios era quase obsessiva, mas nunca o deixavam tão exausto a ponto de impedi-lo de sair comigo ou transar. Achava o gosto dele por livros um tanto imaturo, mas muitas pessoas amavam *Harry Potter* — esse não deveria ser um motivo válido para dispensar alguém tão maravilhoso como Alex. Eu só estava com medo.

Certa manhã, Alex e eu paramos na Corner Bakery para tomar café antes do trabalho. Nós nos sentamos em uma mesa colada na janela, oferecendo pedacinhos de muffin um para o outro e agindo como os casais dos quais eu desdenhava quando estava sozinha ou com Jeremy. Em certo momento, levantei-me para pegar alguns guardanapos e Alex ligou para meu celular, que estava enfiado na bolsa bem ao lado dele. A mensagem que escutei mais tarde fez meu coração ansioso e na defensiva derreter inteiro: "Olá, moça bonita no café. Aqui é seu namorado. Ele acha que você é muito linda."

Eu a ouvi várias e várias vezes, pensando em como sofreria quando aquilo tudo acabasse.

O Dr. Rosen mais parecia um disco riscado.

— Confie, *Mamaleh*. Confie.

Conforme as semanas avançavam, alguns traços de ansiedade ainda permaneciam, mas a constipação havia melhorado e eu estava radiante de alegria. Os dois grupos comemoravam meus registros semanais.

— A estabilidade combina com você — comentou o Dr. Rosen.

— Espero que saiba que isso tudo aconteceu graças a nós — iniciou Max. — Nos outros grupos, você chupava pinto sujo e foi dispensada por ser uma *shiksa*. Seja bem-vinda!

Lorne concordou com um duplo joinha e Brad calculou nosso patrimônio líquido total, considerando nossos cargos jurídicos bem remunerados.

— Eu sabia — sussurrou Vovó Maggie enquanto fazia um carinho em minha mão.

Eu flutuava, irradiando alegria. Na manhã de julho que marcava meu sexto mês no grupo avançado, anunciei que continuaria com eles. Para sempre.

— Ah, que ótimo — reagiu Max, com seu tom zombeteiro de sempre.

— Pode ficar — disse Lorne —, mas não vou usar roupas chiques em seu casamento. Se não puder ir de jeans, nem vou.

E em seguida deu uma piscadela do outro lado do círculo.

Sorria sem parar para cada um deles, meus novos colegas. Alex e eu tínhamos um relacionamento sólido, saudável e sexual, e eles eram os grandes responsáveis por isso.

— Mãe — comecei, durante o telefonema habitual das tardes de domingo —, conheci um cara. Ele é ótimo. Maravilhoso! Corremos 15 quilômetros juntos nesse fim de semana.

Eu dançava pelo apartamento enquanto contava as novidades. Estava em uma nova realidade: Christie, uma mulher que adorava seu namorado limpinho, normal e atencioso. Christie, a mulher com quem é bom passar o tempo e que é digna de receber atenção. Eu poderia abandonar meu passado problemático onde ele deveria ficar: no passado.

— Que alegria, querida. Você parece tão feliz.

— Sobe aqui, estou fazendo chili — disse Alex, certa noite.

Ele dourou a carne moída e esvaziou uma lata de tomates pelados em uma pequena caçarola. O aroma de cominho perfumava o apartamento. Abracei-o por trás enquanto ele mexia o conteúdo da panela.

— Sabe qual é o ingrediente secreto? — perguntou.

Fiz que não com a cabeça.

— Não mesmo? — perguntou outra vez, curvando os ombros e fazendo uma careta confusa, quase magoada.

Eu tinha me esquecido de alguma piada interna sobre chili? Será que o Harry Potter adorava chili? Eu não queria decepcioná-lo, mas a única coisa que me vinha à mente era uma piada nojenta sobre peidos.

— Me diga você.

— Amor. O ingrediente secreto é amor.

Comi duas cumbucas.

— Meu Deus do céu — soltou Lorne quando contei ao grupo sobre o ingrediente secreto. — Que coisa mais cafona!

Girei a cadeira na direção de Lorne e dei um chute no espaço que nos separava.

— Não seja estraga-prazeres! Foi tão fofo!

— Cafona.

— Você está com inveja.

— De um chili idiota?

— Você precisou comprar um anel gigante da Cartier para Renee, e Alex só precisou me fazer uma tigela de chili.

— Você ouviu o que acabou de falar?

Em certa manhã de domingo, Alex e eu acordamos às cinco da manhã, antes de o Sol despontar no lago, para pedalar 50 quilômetros na Lake Shore Drive. Vestimos nossa bermuda de pedal e bebemos muito isotônico. Quando descemos de nossa bicicleta para um café da manhã tardio com ovos e muffins, nossas costas estavam doloridas, e nossas pernas bambeavam.

— Vamos para casa? — surgiu ele.

Nós nos beijamos em sua cama de ferro, cansados por termos acordado tão cedo e das horas de exercício. Ele tirou minha bermuda. O sol do meio-dia brilhava sobre os lençóis brancos e limpos. Sua pele tinha gosto de sal, e eu queria engoli-lo. Ele me penetrou. Gozei, e depois de novo.

Esse doce rapaz, que chorou assistindo a *Les Misérables*; que me mostrou como era lindo ver o Sol nascer no lago Michigan enquanto andava de bicicleta; que temperava sua comida com amor, e a oferecia a mim. Esse rapaz, que não tinha arestas pontiagudas para me ferir. Meu coração e meu corpo se entregaram a ele. Em minha cabeça, Alex e o novo grupo formavam a hélice dupla que funcionava ao redor de meu coração remendado.

— Esse é O Cara — disse Marnie, depois de encontrar comigo e Alex para comer sushi.

Clare disse a mesma coisa, assim como Patrice e o Dr. Rosen.

— Eu gosto dele de verdade — afirmei, para meus grupos e amigos. E repetia para todos, porque adorava dizer aquilo. Eu dormia profundamente.

No meio de julho, fomos ao casamento de minha amiga Kathryn, a paciente do Dr. Rosen de quem aluguei o apartamento no mesmo prédio onde Alex morava. Ela se casou com Jacob, um cara que conheceu em um dos grupos. Do outro lado do salão, na mesa 4, o Dr. Rosen e sua esposa comiam seus filés e sorriam conforme os pacientes passavam para dar um "oi" tímido. Ao lado da fonte de chocolate, apresentei Alex ao Dr. Rosen. Enquanto eles se cumprimentavam, observei o rosto de meu terapeuta se encher de calor e cordialidade. Uma onda de completude inundou meu peito. Nunca me sentira tão inteira. Ouvi amor, e o reivindiquei como meu. Uma alegria persistente girava dentro de mim, como algodão-doce.

Naquela noite, em meu quarto escuro, Alex tirou minha camisola branca de algodão pela cabeça. Parecia que eu estava caindo e sendo resgatada, caindo e sendo resgatada — sem parar. Ele se recostou.

— Você é tão linda... — disse. — Estou tão feliz...

— Eu te amo — respondi, segurando seu belo rosto entre minhas mãos.

Eu me sentei com as costas alinhadas no grupo de segunda-feira, permitindo que o sol do verão atingisse meus braços pela janela à direita. Estava com um sorriso de um milhão de watts.

— Eu disse a ele que o amava.

— E ele disse que te amava também? — perguntou Lorne.

— Não com as mesmas palavras.

Brad e Max tentaram disfarçar uma troca rápida de olhares. Vovó Maggie olhou para baixo, para as próprias mãos. Afastei aquela preocupação passageira deixando-a afundar em meu corpo. Lembrei o toque de nossas peles. É óbvio que era amor.

No fim de julho, fui viajar com a família de Patrice para São Petersburgo em umas férias que estavam planejadas desde antes de conhecer Alex. O apartamento onde ficamos em Nevsky Prospekt estava infestado de mosquitos que deixavam marcas vermelhas em minhas pernas e meus braços. Desejava Alex à noite, quando ficava olhando a Lua e me coçando. Durante o dia, me esgueirava até cybercafés para dar uma olhada nos e-mails. Meu estômago se revirava sem receber nenhum sinal de Alex após dois, três, quatro dias. Àquela altura, mal conseguia comer direito, tamanha minha angústia. Por que ele não me escrevia? Não tínhamos uma ligação? Não era amor?

— Já era — choraminguei para Patrice do lado de fora do museu Hermitage.

Ela me envolveu em seus braços e me disse para aproveitar o espetáculo: uma artista de rua com uma caixa de som coagindo um urso preto acorrentado a dançar "Girls Just Want to Have Fun", de Cyndi Lauper.

— Não consigo. Estou com dor de barriga. — Curvei-me para coçar um conjunto de picadas no tornozelo. — Odeio a Rússia, essas abóbadas idiotas, esses mosquitos e esses ursos dançarinos.

Eu estava com frio, irritada e distante. Sozinha e esquecida. Cocei o tornozelo até sangrar. Sangue e pele se misturavam sob minhas unhas. Patrice fez carinhos em círculos em minhas costas e me ofereceu um pedaço de chocolate amargo. Fechei os olhos e senti saudades dos grupos, onde eu podia chorar, ranger os dentes e manifestar todos os meus sentimentos.

— Tive um tempo para pensar enquanto você estava na Rússia...

Alex e eu caminhávamos na Dearborn depois de uma corrida de 5 quilômetros pela Legal Aid Society. Meu corpo vagava pelo espaço, em algum lugar entre a Rússia e Chicago, pulsando num *jet lag* que me fazia sentir bêbada.

— A questão é que sei que não é você — continuou ele, andando pela Dearborn sem diminuir o passo ou olhar para mim.

Não, não, não. Respirei pelo nariz para suavizar minha voz.

— Do que você está falando?

— Só sei. Você não é a pessoa certa para mim.

Meus braços tremiam no ar úmido de agosto. Senti o gosto da banana que havia engolido quatro quarteirões antes, após terminar a corrida. O suor em meu pescoço ficou gélido.

No saguão, ele parou para olhar a correspondência, enquanto eu tremia como um gato abandonado ao lado dos elevadores. Ele realmente precisava olhar a fatura do cartão de crédito e as ofertas do mercado naquele momento?

Quando o elevador chegou, pulei para dentro, mas ele deu um passo para trás, para esperar o próximo.

Levei para o grupo da segunda-feira os cacos de todas as louças que quebrei naquela noite e os larguei no centro do círculo. Pedaços de uma travessa do Dia de Ação de Graças que comprei na Walgreens, as taças da IKEA, a cumbuca azulzinha para frutas do outlet da Tag que comprei com Carlos. Coloquei tudo dentro de uma sacola reforçada da Macy's, que enganchei no braço enquanto caminhava o quilômetro e meio que separava minha casa do consultório. A borda afiada de um prato quebrado rasgou a sacola e cortou minha perna enquanto eu atravessava a Chicago Avenue. Um fio de sangue escorreu até minhas sapatilhas pretas.

— Ele foi embora — contei ao grupo que trouxera Alex para minha vida.

Eu precisava da ajuda deles para me segurar, pois estava desabando.

— Eu não sou "a pessoa certa".

As lágrimas caíam, suaves e incessantes. Patrice se levantou de sua cadeira e me ajudou a ficar em pé. Em seguida, me abraçou.

— Sinto muito.

O Dr. Rosen se aproximou de mim como se fosse me contar um segredo.

— *Mamaleh*, ele só ficou assustado com sua viagem para a Rússia.

Não, ele tinha ido embora para sempre. Aquela bomba que certa vez imaginei debaixo da pele macia dele, de suas belas costelas, explodiu. Eu estava em cacos.

— Vocês não estão decepcionados comigo? Todo mundo dizia que Alex era a pessoa certa para mim.

Olhei o rosto de todos. A expressão preocupada de Max. O olhar atencioso de Lorne e Brad. Vovó Maggie, que vivia me apontando sua aliança e me chamando de "queridinha", balançava a cabeça com pena. Patrice, que mais uma vez usava seu tempo com o grupo para me consolar. E o Dr. Rosen, é óbvio, que ainda acreditava em sua pequena *Mamaleh*, embora ela tivesse quebrado toda a louça (outra vez) e cortado a perna durante a caminhada até a sessão.

— A gente não sabe se ele não é.

Meu terapeuta: eterno otimista ou lunático delirante?

Na saída do grupo, depois da oração e dos abraços, Lorne, Brad e Max me convidaram para tomar café com eles.

— Mas não vai levar esse saco de louça quebrada — disse Max, então deixei a sacola na sala do grupo.

Comi ovos, eles tomaram café. Ficamos falando besteira sobre o guarda-roupas do Dr. Rosen e especulando sobre seu casamento com a sofisticada Sra. Rosen, que às vezes víamos caminhando pelo saguão depois de nossa sessão das quintas-feiras. Quando comecei a olhar para o nada, pensando em Alex, no chili e em sua cama de ferro, Lorne estalou os dedos na frente de meu rosto.

— Terra chamando, Christie! Coma os ovos. Conta pra gente o que você acha da esposa do Dr. Rosen!

Às dez horas, levantei-me da mesa.

— Tenho uma reunião virtual em meia hora — disse, pegando um guardanapo para me socorrer se eu chorasse no caminho até o escritório.

Todos ficaram em pé para me abraçar. Lorne me lembrou de que Alex era "cafona demais". Max me aconselhou a comprar louças novas e mandar entregar. E Brad, que pagou os ovos para mim, se ofereceu para me acompanhar até o trabalho do outro lado do Loop. Ele carregou minha bolsa pelos seis quarteirões e me garantiu, a cada semáforo, que eu encontraria um novo amor. Ele ficou o meu lado até quando comecei a chorar em público na LaSalle Street.

No trabalho não havia colegas do grupo para me distrair ou confortar, então chorei sem me preocupar em fechar a porta. Raj, meu colega do escritório, entrou em minha sala diversas vezes para ver se eu ainda estava soluçando. Se eu estivesse, ele entrava, fechava a porta e ficava criando hipóteses sobre a vida sexual dos sócios até que eu deixasse escapar um sorriso. Eu tinha um pequeno aparelho para reproduzir CD debaixo da mesa tocando *Riverdance* sem parar. As horas úteis passavam enquanto eu ouvia canções celtas que combinavam com meu estado de espírito. Apertei a ponta de metal de um abridor de cartas na ponta de meu dedo indicador esquerdo. A pele não chegou a romper, mas a pontada de dor me acalmou. Eu *poderia* furar a pele, se quisesse.

Chorei durante a sessão de terça-feira, sem conseguir formar uma frase coerente. Na quinta-feira, sentei-me logo à direita do Dr. Rosen com a bolsa no colo para que pudesse, secretamente, ficar pressionando o abridor de cartas contra a ponta do dedo. Lógico que era impossível esconder o ato naquela salinha minúscula. Todo o propósito do grupo era ser flagrado para abandonar a dissimulação.

O Dr. Rosen estendeu a mão direita em minha direção, com a palma toda aberta.

— Me dê.

Fiz que não com a cabeça.

— Quero que entregue para mim.

Entreguei a lâmina, pois não queria fazer mal a mim mesma de verdade. O Dr. Rosen pegou o abridor de cartas e continuou segurando minha mão. Deixei, pois queria que ele me salvasse de mim mesma, de minha atração por objetos pontiagudos que me fizessem sangrar, de homens que não me amavam, de meu transtorno psicológico, independentemente de qual fosse. Queria que ele salvasse meu coração, que nunca teria entalhes suficientes para uma ligação duradoura. Eu morreria assim: pagando alguém para segurar minha mão enquanto minha vida se esvaía. Aquilo que sempre esteve errado comigo parecia pior do que nunca. Eu não era capaz de olhar nos olhos dos outros, apenas seus sapatos. Os mocassins caríssimos de Max, os sapatênis surrados de couro marrom de Lorne, os sapatos brancos de solado grosso da Vovó Maggie, os tênis da Nike na cor cinza de Brad, as sapatilhas azul-marinho de Patrice. Era a única visão que eu conseguia suportar.

— Não chore sozinha. Fique com seus colegas do grupo o máximo que puder — aconselhou o Dr. Rosen.

— O parto de Renee será induzido nesse fim de semana. Vá à maternidade — disse Lorne.

— Venha jantar conosco no sábado — disse Patrice. — Pode passar a noite lá.

— Tenho ingressos para a ópera e William não quer ir — disse Vovó Maggie.

Chorei no supermercado. Chorei no trabalho. No trem. No grupo. Em casa. No sofá de Marnie. No sofá de Patrice. No telefone com Marnie, Marty, Patrice e Rory. Fui ao hospital conhecer o bebê de Lorne e chorei, indo e vindo pelos corredores da maternidade, e assustei as enfermeiras de plantão. Fui à ginecologista para uns exames de rotina e chorei quando ela me perguntou se eu precisava de contraceptivos. Preocupada, a Dra. Spring largou a caneta e ofereceu uma indicação de terapeuta.

Todas as manhãs eu era surpreendida por uma violenta dor de barriga. Diarreia. Em uma delas, não consegui chegar ao banheiro a tempo e sujei meu pijama azul-celeste preferido no meio da sala de estar. O Dr. Rosen me prometeu que isso não duraria para sempre — as lágrimas, as diarreias. Eu acreditava nele por um segundo, mas deixava de acreditar no seguinte. A vergonha me consumia — por estar desabando devido a um namoro de cinco meses; por estar perdendo a cabeça por causa de um homem lindo com quem eu havia dormido 27 vezes; por, depois de 380 sessões de terapia — mais de 34 mil minutos com um profissional formado pela Ivy League —, meu coração ainda estar intacto, incapaz de se apegar.

27

— *O seu passaporte está em dia?*

Jack, um sócio de meia-idade com óculos de aros grossos e uma gargalhada amigável, enfiou a cabeça para dentro de minha sala, onde eu estava rascunhando um memorando sobre o caso da empresa de bebidas de que cuidava. Pausei *Riverdance* e alinhei o corpo na cadeira. Estávamos em agosto de 2005, e meu aniversário de dois anos na Skadden seria dali a dois dias.

— Até 2014.

— Você fala alemão?

— *Nyet?*

— Isso é russo.

— Então, não...

— Não importa. Temos um novo caso que envolve o Departamento de Justiça, então, precisamos ser rápidos. Você pode viajar domingo?

— Para a Alemanha? Com certeza.

Essa foi a melhor notícia que já ouvi. Havia deixado minha carreira em banho-maria durante meses enquanto corria, pedalava e comia chili. Jack era um dos chefões — seu principal protegido estava prestes a virar sócio. Se eu o impressionasse, poderia seguir o mesmo caminho. Um brilho se acendeu dentro de mim: fui escolhida. E daí que, anos antes, tinha ligado para o Dr. Rosen com a nítida intenção de ter uma vida cheia de relacionamentos, e não dedicada apenas ao trabalho?

— Estávamos discutindo na reunião dos sócios quais associados não tinham vínculos... Sabe, sem cônjuge ou filhos, e seu nome foi o primeiro.

— Excelente.

Meu rosto congelou em um sorriso.

Cheguei ao grupo na quinta-feira sorrindo pela primeira vez em dias.

— Não consigo reconhecer você sem as lágrimas e os objetos cortantes — disse Max.

— O escritório vai me mandar para a Alemanha. Terei que ir para lá nos próximos meses a cada duas semanas. Talvez mais.

Todos ficaram impressionados. Com certeza estavam imaginando minha chegada a um imponente edifício do tribunal alemão, com seus degraus de pedra, durante o dia, e erguendo uma caneca de cerveja na Hofbräuhaus à noite.

— Essa é uma oportunidade de crescer em sua vida profissional — afirmou o Dr. Rosen, mexendo a cabeça em aprovação. — Agora você pode parar de fingir que não está interessada em virar sócia e admitir que quer ser bem-sucedida tanto no trabalho quan...

Tapei meus ouvidos.

— Eu *odeio* quando você faz isso!

Profissionalmente, eu era e sempre seria bem-sucedida, pois sabia arregaçar as mangas e resolver as coisas. Eu já era a primeira da turma antes mesmo de entrar no Rosenverso. Aprendi a puxar o saco dos sócios e sabia tratar a equipe de colaboradores como seres humanos que mereciam meu respeito. Sabia como rir com meus colegas nos *happy hours* e como segurar as mãos dos clientes quando a Comissão de Valores Mobiliários os ameaçava com processos legais. Todas as minhas falhas estavam no campo dos relacionamentos pessoais.

— Se concentre na minha vida pessoal, meu amigo. De olho no alvo.

Naquela noite, liguei inesperadamente para minha mãe. Em geral, conversávamos uma ou duas vezes por mês, quase sempre aos domingos, quando ela e papai voltavam da missa. Queria contar sobre a Alemanha, mas a primeira coisa que escapou de minha boca foi que eu estava apavorada, pensando que havia algo realmente errado comigo, algo que me impediria de ter minha família.

— Sou tão sozinha — disse, e comecei a chorar com minha mãe pela primeira vez na vida adulta.

A gente nunca tinha conversado sobre meu afastamento da família ou meus medos de ficar sozinha para sempre. Meu plano era que o Dr. Rosen me consertasse para que eu pudesse me apresentar como a filha que, no fim das contas, não tinha dado tão errado. Porém, naquele ritmo, nós duas estaríamos mortas quando isso acontecesse.

— Eu me sentia do mesmo jeito, filha.

Ajeitei minha postura no sofá e limpei o nariz com a manga da blusa. Segundo o que eu sabia, meus pais se conheceram em um jogo de vôlei e o restante — três filhos e uma casa de tijolinhos no número 6.644 da Thackeray Avenue — era história. Era impossível imaginar minha mãe — com seu corte de cabelo do fim dos anos 1960 e seu trabalho como caixa de um banco em Dallas — sofrendo debaixo das cobertas, preocupada com a ideia de morrer sozinha.

— Eu era igualzinha a você. Todos os meus amigos estavam se casando e tendo filhos, e nunca imaginei que isso fosse acontecer comigo. Aos 26 anos, uma idade avançada para os anos 1970, eu ainda estava solteira... Parecia que ninguém nunca iria me querer.

Será que era genético? Senti-me estranhamente aliviada — talvez nem tudo fosse minha culpa. Talvez não fosse falta de imaginação, de vontade ou feminismo. Essa crença de achar que havia algo errado comigo no campo dos relacionamentos era algo que eu compartilhava com ela, assim como os olhos castanhos e um medo aterrador de dentista. Talvez eu pudesse parar de tentar fugir dela. Talvez eu não precisasse mais esconder de minha mãe meu sofrimento e minha confusão. Eu ainda não estava preparada para contar sobre a terapia e que a frequentava *três* vezes por semana a sessões em grupo, mas era um alívio compartilhar algumas emoções sinceras.

— Você quer que eu vá para Chicago?

Essa oferta me fez chorar ainda mais. Eu precisava da atenção de minha mãe, mas não conseguia engolir a ideia de ela voar até Chicago. O fato de ela ter perguntado foi suficiente, assim como saber que eu não precisava mais esconder dela meus maiores medos.

Eu nunca nem vi a Autobahn. Muito menos um tribunal alemão. Tudo o que via na Alemanha, dia após dia, era uma sala enorme em um prédio comercial de quatro andares sem personalidade no meio de um campo perto de Augsburg. O mugido longínquo das vacas me saudava nos momentos de silêncio. O cheiro forte de esterco também chegava aos escritórios do segundo andar, onde advogados e assistentes da Alemanha, de Chicago e de Atlanta se espremiam nas mesas compridas. O escritório racionava papel higiênico, então, quem quisesse se limpar, tinha que usar o banheiro até as 15 horas.

O ponto alto do dia era o almoço da equipe no refeitório, no qual o principal ingrediente era o molho marrom. Ele estava em absolutamente tudo: nos pratos principais, nos acompanhamentos, nas saladas — marrom, viscoso, gorduroso e insosso.

Eu odiava a Alemanha. Odiava meu trabalho. Odiava minha vida.

Era muito bom estar ocupada, mas passava os intervalos entre as tarefas olhando o relógio e calculando que horas seriam em Chicago. Em certa tarde de terça-feira, usei o telefone do escritório para ligar para Rory durante o horário do grupo. Ela não atendeu.

Naquela noite, sozinha em meu quarto de hotel, entrei em desespero. Esperava alojamentos sofisticados de quatro estrelas, mas, em vez disso, ficamos em um hotel de categoria econômica e sem graça, exceto pela equipe simpática e pelo Denny's ao lado do hotel. A temperatura do chuveiro era, no máximo, morna. Eu sentia saudades de casa, onde pelo menos conseguia tomar um banho com a água pelando.

Na televisão só se transmitia a destruição causada pelo furacão Katrina — imagens chocantes de águas escuras e pessoas desabrigadas amontoadas no Superdome, em Nova Orleans — e pornografia alemã violenta. A "pizza" que pedi era um pedaço semiderretido de queijo branco nadando em uma poça de ketchup sobre uma folha de pão pita. Engatinhei para baixo dos lençóis, ainda tremendo, efeito do banho morno. O sono pelo menos me fazia parar de pensar naquela situação.

O barulho dos copos batendo e as risadas abafadas me acordaram menos de uma hora depois. Levantei as persianas e vi que, logo abaixo da janela do quarto onde estava hospedada, ficava a piscina, um bar aberto com uma dúzia de pessoas comendo petiscos e tomando drinques — todas nuas. Meu quarto estava logo acima do Schwaben Quellen, que aparentemente significava "comer schnitzels e beber Heineken como viemos ao mundo".

Disquei o número da operadora internacional e passei o telefone do Dr. Rosen. Do outro lado do Atlântico, ele estava na última sessão do dia e iria checar o correio de voz em breve.

Bipe.

— Tem gente pelada festejando logo abaixo da minha janela. Não consigo mais. Por favor, me ligue de volta. Por favor. — E deixei o número de onde ele poderia me encontrar.

Às duas horas da manhã do fuso alemão — 19 horas em Chicago —, me conformei com a dura verdade: o Dr. Rosen não retornaria a ligação. Eu me enrolei no edredom áspero e fechei os olhos. "Como ele pôde me abandonar assim?" Então, me desenrolei e pedi para a operadora internacional ligar novamente.

Bipe.

— Quero ver o artigo oficial de uma revista de psicologia que diz que médicos não podem ajudar pacientes por chamadas de longa distância! Você não poderia perder cinco minutos do seu poderoso tempo só para me garantir que ainda está aí? Eu iria reembolsar as taxas. Idiota!

Bati o telefone no gancho. Dane-se ele. Depois de tanto dinheiro, tempo e confiança que lhe entregara de bom grado, ele não tinha nada para me oferecer?

Sexta-feira, na sala de reuniões de Augsburg, Jack perguntou, em voz alta:

— Quem quer voltar para casa?

Aqueles que voltassem para Chicago iriam atualizar a equipe e retornar na semana seguinte. A maioria dos associados queria ficar para curtir o fim de semana nas cervejarias e na Floresta Negra. A Oktoberfest aconteceria dali a poucos dias. Minha mão se levantou na mesma hora, bem no alto. "Me mande para casa."

Cheguei ao aeroporto com três horas de antecedência, mas o trecho de Augsburg para Frankfurt de meu voo tinha sido cancelado. Uma funcionária impertinente no balcão da United me ofereceu um voo no dia seguinte. Fiz que não com a cabeça. Não. Comprei uma passagem de trem para Frankfurt e reservei um voo mais tarde para Chicago. Nem que eu precisasse rastejar pela Alemanha, eu ia voltar para casa.

Uma hora depois, entreguei o bilhete para o condutor do trem sem erguer o olhar. Tinha tomado uma decisão: quando voltasse para o grupo, iria romper com o Dr. Rosen. Meu sofrimento e minha raiva não estavam inflamados e furiosos, mas frios e afiados. Uma decisão fora tomada. Um contrato fora assinado. Uma porta fora fechada. Se eu estava afundando, que meus pés tocassem o chão. O Dr. Rosen me provou que não poderia cuidar de mim quando eu mais precisava, então não queria mais estar sob seus cuidados. Iria atrás de Linda ou Francis. Arrumaria um terapeuta de verdade. Um que realmente se importasse comigo.

Encostei a cabeça na janela sem prestar atenção na paisagem alemã que passava em alta velocidade. Eu já deveria estar melhor agora. Ninguém mais teve tão pouco progresso depois de tanto tempo de tratamento. Outros membros do grupo chegaram e melhoraram. Suas respectivas carreiras decolaram em rumos novos e promissores. Eles quitaram dívidas. Seus filhos se formaram e foram fazer faculdade de artes. Eles também foram morar com seus respectivos companheiros. Casaram-se. Tiveram filhos.

E eu, nada. Os relacionamentos continuavam escorrendo entre meus dedos, independentemente de quantos grupos eu frequentasse. Que tremenda estupidez. Talvez o Dr. Rosen estivesse zangado porque manchei seu histórico. Eu era o cavalo azarão, que deveria vencer, mas não conseguira dar uma volta completa no percurso. Alguém deveria me dar um tiro. Eu tinha voltado ao mesmo ponto onde estava antes do primeiro telefonema para o Dr. Rosen, exceto pelo fato de que eu tinha aprendido a *sentir* mais — o que tornava tudo pior. E era capaz de sentir com palavras exatas: dor, raiva, solidão, vergonha.

Saquei o BlackBerry para avisar a alguém que eu chegaria em Chicago seis horas depois do esperado. Mas... quem? Poderia contar a meus pais que naquele exato momento eu estava em um trem, e não em um avião, mas isso me fez sentir uma trintona perdedora. Quem se importava com onde eu estava àquela hora? Ninguém. Absolutamente ninguém.

Digitei uma mensagem para o Dr. Rosen: "Me desculpe. Eu tentei. Juro que tentei."

No grupo de segunda-feira, não abri a boca até os últimos cinco minutos da sessão. Todos pareciam ter percebido que eu precisava de espaço. Reparei nos olhos de Max e Vovó Maggie pousados sobre mim, mas eles não disseram nada. Eu não tinha energia nem para romper com o Dr. Rosen: seriam necessárias muitas palavras, um movimento muito grande. Por ora, eu ficaria boiando até minha cabeça afundar.

— Não vou estar aqui na semana que vem — disse Patrice, faltando cinco minutos para as nove. — Conferência em São Francisco.

O Dr. Rosen tirou do bolso sua agendinha azul — sua prática habitual quando alguém anunciava que se ausentaria de alguma sessão. Certa vez, perguntei por que ele sempre anotava nossas ausências na agenda, e ele respondeu que era porque se importava com onde estávamos. Lembro-me de quando acreditei naquilo.

Ele olhou para mim, a caneta em punho, esperando que eu anunciasse quando voltaria para a Alemanha — para que pudesse anotar minhas iniciais nos quadradinhos de segunda, terça e quinta. Eu não disse nada. Minha cabeça foi escorregando para baixo da linha da água.

Ele prendeu a caneta na agenda e pigarreou.

— Preciso compartilhar uma coisa com o grupo.

Os lábios dele formaram uma linha fina, e os olhos ardiam, sérios. Senti que estava olhando para mim, mas meus olhos só se dirigiam aos tênis de Brad.

— Quando recebi seu último e-mail, Christie, pela primeira vez — ele ficou em silêncio e olhou em volta da sala — temi por sua segurança.

Eu havia assustado o impassível Dr. Rosen? O homem que achava tudo engraçado e útil para o crescimento emocional?

— Normalmente você é cheia de paixão e fúria. — Ele agitou as mãos para o alto e mexeu a cabeça para a frente e para trás, tentando me imitar. — Você grita, se exalta e fica indignada. Dessa vez foi diferente. Assustador.

Assustar o terapeuta não poderia ser algo positivo.

Uma lembrança invadiu minha mente. Dois verões antes, eu estava debruçada diante de livros de estudo para o exame da ordem dos advogados sete dias por semana e, nas horas livres, tentava salvar meu relacionamento cada vez mais falido com Jeremy. Apontei para um conjunto amontoado de animais de pelúcia que o Dr. Rosen mantinha na sala do grupo.

— Posso pegar um desses emprestado? E dormir com ele quando Jeremy estiver ocupado demais jogando videogames para dormir comigo?

Na época, o Dr. Rosen estendeu a palma das mãos como se dissesse "vá em frente" e Carlos me lançou um ursinho marrom com cara de preocupado. Apoiei o queixo e o rosto nele e fingi que dormia.

— Perfeito!

Em certa noite de domingo naquele verão, minha prima mais nova — de quem eu tinha trocado as fraldas quando bebê — me ligou para contar que ela e o noivo haviam assinado o contrato para comprar uma casa em Houston. Quando desliguei o telefone, meu rosto queimava de vergonha. Eu nem sabia que minha prima tinha ficado noiva. Também ardia de inveja dela e de seu momento promissor, enquanto meu namorado não admitia ser interrompido ou desviar os olhos da tela do computador. A árvore genealógica de minha família estava cheia de casais — só eu que continuava pendendo, sozinha, de um galho.

Naquela noite, quando Jeremy dormiu, fiquei sentada em sua sala de estar, mentalmente fazendo a decoração da casa nova de minha prima: uma mesa de jantar de madeira rústica, uma cama tipo tradicional na suíte principal. Enquanto sonhava com a vida perfeita de minha prima, a luz de um poste brilhava lá fora, emitindo luz suficiente para que eu conseguisse ver uma tesoura de cabo laranja sobre a mesa de Jeremy. Agarrei a tesoura e cortei o braço direito do ursinho. Na terça-feira seguinte, joguei o ursinho desmembrado e um saquinho cheio da espuma do braço da pelúcia no meio do círculo.

O Dr. Rosen encarou, sério.

— Minha priminha mais nova está comprando uma casa. De dois andares.

Àquela altura, o grupo já estava acostumado com minhas explosões, mas nosso terapeuta permanecia imóvel como se tivesse sido cimentado.

— Ele parece furioso. — A voz de Rory manifestava ansiedade.

— Por que a mandíbula dele está tremendo? — perguntou Carlos.

O coronel Sanders pegou a carcaça do urso sem braço. Punhados do enchimento branco caíram pelo chão.

— Por que você está tão esquisito? — perguntei ao Dr. Rosen.

Ele não estava nem um pouco orgulhoso. Suspirou, ameaçou começar a falar, e depois moveu o corpo outra vez em sua cadeira. Imaginei que ele abriria a boca e rosnaria: "Você é uma mulher bem ferrada."

— Você destruiu uma coisa minha. O que isso significa para você?

— Significa que eu sou uma perdedora e que estou isolada num canto de minha árvore genealógica! Todos estão a caminho de morar juntos...

— E o urso?

Procurei em meu corpo pelo sentimento que o Dr. Rosen insistia que deveria estar ali. Eu sabia que estava ferrada. A vergonha se revirava em meu estômago.

— Foi a primeira coisa que vi.

Ele não piscou nem se acalmou.

— O ursinho representa a mim e o grupo. — Ele apontou para o círculo de pessoas. — O que você acha de pensar melhor no que significa passar a tesoura nisso?

— Mas eu já tinha quebrado toda aquela louça na varanda...

Minhas mãos começaram a tremer.

— Não era minha louça — respondeu ele.

Por que ele não estava sorrindo? Por que eu estava chorando? Segurei o ursinho e o abracei em meu colo. Passei o dedo pelo buraco onde o braço estivera preso, tentando sentir alguma coisa, e tudo o que consegui sentir sob a vergonha foi uma massa fria de medo. O fato de não conseguir decifrar meu subconsciente me assustou. Por que, desde o início do grupo, minha reação ao ciúme e ao desapontamento envolvia objetos afiados?

— Como posso consertar isso?

A mandíbula do terapeuta relaxou levemente.

— Peça ajuda ao grupo.

Os olhos de Marty encontraram os meus.

— Apareça em meu escritório hoje à tarde. Posso costurar o braço.

Antes de se especializar em psiquiatria, o sonho de Marty era ser cirurgião. Ele parecia empolgado com a ideia de colocar sua linha e agulha em ação.

No escritório pequeno de Marty, na região nobre da cidade, coloquei o máximo de espuma de poliéster de volta dentro do ursinho, e então segurei as bordas da ferida para ele suturar.

— Assim — disse Marty, passando a agulha grossa através da pelúcia.

Costurei os últimos pontos e então lhe mostrei o resultado, aguardando sua aprovação. Com o braço costurado, a espuma branca não tinha mais por onde sair.

Quando cortei o ursinho de pelúcia, o Dr. Rosen ficou bravo. Agora, com meu e-mail, parecia temeroso e triste. Sabia que não adiantava pedir soluções rápidas. Isso não existia no Rosenverso. Eram nove horas. A sessão chegara ao fim. Ficamos em pé e estendi as mãos a Lorne e Patrice, mas fora apenas pela memória muscular, e não um gesto de conexão verdadeira. Suas mãos mornas contra as minhas não conseguiram derreter o gelo e, quando todos vieram me abraçar, repeti mecanicamente os movimentos para abraçá-los de volta. Mais memória muscular. Ninguém conseguiu acessar o centro congelado em meu peito. E não me juntei a Brad, Max e Lorne para tomar o café da manhã. Não deixei Brad me acompanhar até o trabalho. Rejeitava a preocupação jovial deles e me recusava a vê-los se revezando para me animar com brincadeirinhas e afirmações. Queria ficar sozinha. Queria que me permitissem afundar de vez. Caminhei até minha sala, fechei a porta, coloquei *Riverdance* para tocar e redigi memorandos o dia todo, até que escureceu e, às 20h15, fui para casa.

28

Tive que abandonar o caso alemão.

Voltei a Augsburg para um segundo período e novamente me flagrei em um quarto com vista direta para os peladões comedores de schnitzel. Mais uma vez pensei, brevemente, em tomar uma cartela de anti-inflamatórios. Quando voltei a Chicago, o Dr. Rosen sugeriu que eu dissesse a Jack que questões pessoais me impediriam de viajar para a Alemanha nas próximas semanas. Mandei um e-mail dizendo que precisávamos conversar sobre assuntos particulares e ele respondeu imediatamente: "Vamos almoçar!"

Jack era um sócio importante e uma pessoa de caráter. Convidou-me para almoçar, usou ponto de exclamação. Quem sabe eu não pudesse aguentar mais algumas semanas de Alemanha? Então me lembrei do hotel, dos *happy hours* dos pelados e daquelas noites infinitas e solitárias. Todo o meu corpo gritou que *não*. Se essa negativa arruinasse minha carreira de advogada, paciência.

Caminhamos, Jack e eu, pela One North, e nos sentamos a uma mesa na varanda, rodeados por mais pessoas em ternos de gente bem-sucedida e almoçando refeições de gente bem-sucedida. Respirei fundo algumas vezes enquanto Jack pedia sua salada completa, sentindo os segundos que me aproximavam de minha confissão.

— E então, o que me diz?

A expressão de Jack estava tão aberta que quase me fez perder toda a coragem. Firmei os dedos debaixo da mesa e inclinei o corpo à frente.

— Não posso mais viajar para a Alemanha. Tem uma questão pessoal...

Jack elevou a mão.

— Não diga mais nada. Você tem muito a fazer por aqui. Vou avisar aos outros sócios.

Ele pegou seu BlackBerry e digitou uma nova mensagem. Fiquei olhando a Wacker Drive, rezando para não ter acabado de vez com minha carreira.

Cruzei com Alex duas vezes no elevador, e nas duas ele estava com uma loira vestida com roupas da Duke University e tênis de corrida. Em ambas as vezes, nos ignoramos. Em ambas as vezes, prendi a respiração e fixei o olhar no horizonte, mas, assim que eles desapareciam rua abaixo, eu ligava para Rory e chorava por causa daquela namorada nova sem nenhuma gordura corporal.

— Você deveria se mudar — disse Max.

— Com o que você ganha, daria para bancar um apartamento de três quartos — afirmou Brad.

— Uma mulher na sua posição precisa mesmo ter a própria casa — concluiu Vovó Maggie.

— Eu não queria fazer isso sozinha — confessei quando o Dr. Rosen questionou minha resistência.

Comprar um apartamento sozinha iria consolidar o meu status de mulher bem-sucedida, solteira e sozinha no mundo. Que tristeza ir visitar apartamentos vazios e sonhar com o futuro tendo apenas o corretor de imóveis ao meu lado. Que solitário embarcar em uma imensa transação comercial por minha conta. Poder comprar um apartamento pode ter sido uma vitória do feminismo, mas esse me parecia o mesmo futuro que eu esperava que o Dr. Rosen conseguiria me ajudar a evitar.

— Não custa nada dar uma olhada — disse Max, na saída da sessão.

No fim de janeiro, estava sentada em uma sala no décimo andar de uma empresa de registro de imóveis vestindo um terninho azul-marinho e pronta para assinar uma pilha de documentos. Não estava totalmente sozinha: um advogado que contratara estava sentado à minha direita e, à esquerda, estava Renee, a esposa de Lorne. Assinei meu nome dezenas de vezes sob a linha que indicava: *Christie O. Tate, Mulher Não Casada, Solteira.*

— Ai — sussurrei.

— Alguns desses documentos imobiliários ainda têm uma linguagem bem antiquada — afirmou meu advogado, com um riso frouxo.

— Ha, ha. — Renee deu uma risada sarcástica. -- Talvez alguém devesse atualizá-los.

Ela acariciou minhas costas enquanto eu rubricava cada página.

Alguns minutos depois, quando cheguei ao grupo, apertei a campainha da sala com o dedo indicador da mão direita e, no esquerdo, girava o chaveiro com as chaves de meu novo apartamento, maravilhada que agora era dona — juntamente com o banco — de um loft no quinto andar de um prédio em River North. Dois quartos. Estava extasiada com meu avanço e minha capacidade de investir 10% do valor de um imóvel. Que sorte a minha, que bênção. Todos me parabenizaram quando me sentei, mas, enquanto a sessão avançava, minha energia se esvaiu, dando lugar a um único pensamento: Christie Tate, Solteira.

Interrompi Max. Não me lembro do que ele estava falando, mas cortei a história dele com meu pânico.

— Gente, acho que ainda estou em dúvida sobre esse apartamento...

Todos aqueles papéis, toda aquela evidência oficial de minha solteirice sob o selo do estado de Illinois. Eu teria que povoar sozinha todos aqueles quartos vazios e cheios de eco.

Aborrecido com minha intromissão, Max bufou.

— Tá tudo bem, você vai ficar bem. Fez a coisa certa — disse ele, voltando a contar a própria história.

Tentei ficar quieta o máximo que pude, mas a raiva de Max e o pânico em relação ao apartamento eram muito intensos para serem contidos por tanto tempo. Minhas mãos se fecharam, e lancei o corpo para a frente, pronta para gritar.

— E lá vamos nós... — comentou Max.

Eu não estava olhando para ele, mas pelo tom pude deduzir que revirava os olhos.

Foda-se. Deslizei os pés para fora das botas de neve cor-de-rosa e lancei uma delas na direção dele. Juro que mirei na parede acima dele, e não em seu rosto. E não o acertei, mas cheguei bem perto. Conforme minha bota forrada de pelinhos voava atravessando o círculo, meu "Vá se foder" ia junto. Olhei diretamente para o rosto arrogante de Max.

— Não aguento mais você me intimidando. Não aguento mais esses seus suspiros. Você me dizendo o que é e o que não é certo. Você nunca teve que comprar...

Max pegou a bota e deu alguns passos largos em minha direção, apontando-a para mim, como se me apontasse uma arma. Ele parou diante de mim e me levantei da cadeira para encará-lo.

— Vá se foder você também! — gritou Max.

— Não, vá se foder você!

Estávamos tão próximos que eu podia sentir os botões de metal do casaco dele tocarem meu abdome. Minha ira se desenrolou até sua boca, e sua raiva explodiu diretamente na minha. Nos olhos dele, eu podia ver manchas douradas de puro ódio. Ódio de mim. E esperava que ele fosse capaz de ver a raiva e o ódio que eu sentia por ele e por todas as outras pessoas naquela sala — e no mundo — que nunca tiveram que comprar um apartamento sozinha, namorar depois dos 30 anos ou enfrentar horas e horas de terapia para chegar ao mesmo ponto que estava tentando, a todo custo, evitar: Christie Tate, Solteira.

— Você não me conhece, porra!

— Conheço, sim! É óbvio que conheço! Por que diz essas coisas tão idiotas?

— Eu não sou idiota!

— Então pare de agir como se fosse!

Tudo o que eu sabia é que iria gritar na cara dele enquanto ele gritasse comigo. Não iria voltar a aceitar calada, estragando o transe com lágrimas dignas de pena. Ficaria em pé e gritaria enquanto ele gritasse, e tão alto quanto. Eu sustentaria minha força com meu corpo. Ele não iria vencer.

De repente, fez-se silêncio. Ainda estávamos a apenas alguns centímetros de distância um do outro. Ele se afastou e se sentou. Só então recuei e me sentei também.

O Dr. Rosen não fez nenhum pronunciamento depois daquela briga. Nada de "Isso significa que vocês desejam ser íntimos". Nenhuma questão condutora como "Você nunca brigou assim com um homem antes? Com ninguém? Entende o que isso significa, *Mamaleh?*". Mas eu não teria escutado nada, com meu coração martelando em minhas orelhas. Além disso, pela primeira vez em todas as minhas horas de terapia em grupo, não desejava ter a atenção do Dr. Rosen para mim, elogiando minha dedicação. Pela primeira vez, não precisava de validação para provar que eu estava avançando e passando pelas dificuldades necessárias para me tornar a pessoa que eu queria ser. Eu tinha na bolsa as chaves de um apartamento novo em River North. Jogara o sapato na direção de Max e mantive minha postura em uma discussão difícil e intensa. Sem dúvida que comprar um imóvel era um passo e tanto na vida, mas eu já tinha passado por sessões suficientes de terapia em grupo para reconhecer que minha vontade de brigar poderia ser um sinal de transformação ainda mais expressivo do que um novo endereço na Ontario Street. Meu corpo todo zumbia com uma adrenalina que iria passar logo, mas naqueles momentos vertiginosos depois de toda a gritaria havia uma parte íntegra de mim que sabia: eu estava avançando, do meu jeito confuso, barulhento e assustado.

No fim da sessão, me levantei, sem saber se minhas pernas bambas dariam conta de me manter em pé. Não sentia vergonha, mas não estava certa de como lidar com Max durante os abraços ou no caminho até os elevadores. Foi ele quem se aproximou de mim depois de abraçar o Dr. Rosen. Pela segunda vez em meia hora, Max ficou a poucos centímetros de mim. Dessa vez, abriu bem os braços. Também abri os meus. Nenhum de nós disse uma palavra sequer, mas nos unimos em um abraço apertado.

29

Pendurei meu casaco vermelho no cabideiro atrás da porta da sala, sentei em minha cadeira e apertei o botão para ligar o computador. Ainda estava iniciando quando o telefone tocou. Conferi o número no cartão de visita que segurava em minha mão suada. Sim, era ele, bem como tinha prometido.

— Christie Tate — atendi, tentando soar profissional, tentando controlar os nervos e sustentar a ideia de que aquele era um telefonema de negócios.

Reed, o novo cara do grupo das terças-feiras, administrava transações — ou sei lá o que que os gerentes de fundos multimercado faziam — havia duas décadas. Eu era advogada havia dois anos. Ele não precisava de meus conselhos legais. Quando ele riu do outro lado da linha, pude visualizar suas covinhas, como quando rimos de algo que Rory dissera sobre o pai.

— Você parece uma advogada de verdade falando.

— É porque eu sou uma advogada de verdade.

A temperatura de meu corpo subiu. Eu me abanei com o cartão de visita que ele tinha colocado em minha mão.

— Você achou que eu fosse telefonar?

A verdade funcionaria por aqui — no espaço indomável e sem supervisão fora do grupo — como funcionava por lá? Será que me livraria do clichê no qual me via mergulhando, uma piscina reluzente em um drama noturno dos anos 1970, tipo *Dinastia* ou *Dallas*? O que eu achava que poderia acontecer entre mim e esse homem mais velho, casado, com antebraços fortes e pescoço esguio e que está ficando calvo? O homem casado que entrou em meu grupo de terapia porque não conseguia parar de receber sexo oral de outras mulheres?

— Não muita.

Mas esperava que sim, fiquei feliz com o telefonema.

— Como posso ajudar?

— Você conhece alguém que trabalha com fusões e aquisições?

Minha vez de rir. A Skadden era conhecida internacionalmente por seus casos naquelas áreas. Eu estava a um andar de distância de trinta advogados daquele setor.

— Posso passar o nome do diretor do departamento para você.

— Aceito o nome e o contato.

Passei para ele o nome e o contato do sócio de cabelos brancos que usava ternos risca de giz sob medida e fechava acordos que iam parar na primeira página do *Wall Street Journal*.

Houve uma pausa. Dei um peteleco na ponta do cartão de Reed e depois fixei-o no quadro de avisos atrás do meu telefone, embora já tivesse memorizado o número.

O silêncio se prolongou.

— Então — disse ele, e pude notar seu sorriso malicioso e imaginar o brilho em seus olhos. — Se eu ficar no telefone com você, vamos precisar de um supervisor?

— Por quê?

Eu queria fazê-lo dizer.

— Por causa de todas as coisas que vamos fazer e dizer um para o outro.

Quando desliguei o telefone, ainda sorrindo, sentindo pulsar do quadril até o topo da cabeça, fiquei em pé e torci as mãos, tentando sair do transe e afastar o calor, a vibração, o prazer de ter a atenção de Reed. Revivi cada momento de nosso diálogo, entusiasmada por ter descoberto a real intenção por trás daquele telefonema de trabalho.

Estalei o pescoço e alonguei as costas, mas meu corpo implorava por alívio, então tranquei a fechadura de metal de minha sala. Afastei a cadeira e me deitei no chão. Deslizei a mão entre minhas pernas. Minha mandíbula se retesou enquanto eu me masturbava, pensando nas covinhas de Reed, em suas mãos fortes e seu colarinho alinhado. A voz dele ao telefone. Aquelas pausas deliciosas. Gozei com tamanha intensidade que bati a cabeça na borda da torre do computador. Todo o meu corpo pulsava — pontas dos dedos, tríceps, lábios, abdome, tendão de aquiles, dedos dos pés.

Ainda estava difícil respirar quando me sentei na cadeira, ajeitando o suéter, e comecei a responder aos e-mails de Jack e da equipe na Alemanha.

Por causa do grupo, eu já sabia que Reed encarava seu casamento como um beco sem saída. Ele era o marido culpado e que se afastava; e a raiva de Miranda, sua esposa, cozinhava, mas não fervia. A comunicação deles se limitava a diálogos curtos e grossos sobre a logística de buscar as meninas na ginástica e na escola. Eles dormiam de costas um para o outro.

Também sabia que era um clichê terrível correr para um relacionamento com ele enquanto ainda estava me recuperando de Alex. Mesmo assim, corri.

Não mencionei o nome de Reed nas sessões de quinta e segunda-feira, uma omissão justificada pois ele estava em meu grupo de terça — que era quando eu deveria falar nele. Na terça, programei o despertador 15 minutos mais cedo para ter mais tempo de me arrumar. Meu estômago deu um salto mortal quando o trem parou na estação. "Vou passar noventa minutos com ele."

Reed chegou um pouco atrasado. Colocou sua pasta ao lado de minha cadeira e, quando foi se sentar, aproximou-se vários centímetros de mim. Será que as pessoas podiam sentir a temperatura esquentando entre nós? Meu coração batia acelerado. Com certeza, todos conseguiam ouvir.

Durante a sessão, eu olhava o azul-escuro da calça de Reed, os pelos finos em seus pulsos. Quando ele falava, eu observava o movimento de seus lábios. Quando passava a mão pelos cabelos, frustrado, eu não conseguia desviar o olhar. Ao mesmo tempo, olhava obsessivamente para o relógio, pois às nove horas a sessão terminaria, Reed tomaria o rumo do escritório, que ficava para o norte, e eu iria para oeste, onde minha vida sem cor, de revisão de documentos e *Riverdance*, me aguardava. No entanto, no grupo, a menos de trinta centímetros de distância, minha vida se enchia de cor e promessas, pois eu podia vê-lo desafiar o coronel Sanders, esbarrar o pé no meu e ouvir sua risada.

E tinha mais: meus sentimentos por Reed eram, sem dúvida, de natureza sexual, o que significava que eu deveria compartilhá-los com o grupo. A pressão para me abrir forçava meus lábios, mas Reed foi mais rápido.

— Penso em Christie o tempo todo. Quando deito na cama com Miranda, queria que fosse com ela. Nos jogos de futebol das meninas, queria que ela estivesse comigo. Conversamos um dia desses pelo telefone e foi muito... — Reed olhou para mim como se pedisse permissão. Assenti. — Foi muito bom.

Todo mundo me olhou, esperando minha parte da confissão. Admiti que tinha gostado de falar com ele. Não confessei que, depois do telefonema, tranquei a porta e me masturbei em minha sala. Que palavras descreviam aquela sensação em meu corpo? As palpitações constantes, a sensação de leveza como se eu tivesse virado algumas doses de bebida ou inalado gás hilariante. As únicas palavras que conseguia pensar eram ridículas. Eu não poderia dizer a todos que estava me apaixonando.

Ao mesmo tempo, eu não era uma mulher que roubava o marido de outra. Tive aulas de estudos femininos e li MacKinnon, Chodorow e Cixous. E mais: eu sabia que Reed não abandonaria sua vida no subúrbio. Eu não tinha passado por centenas de sessões de terapia para me jogar no clichê da garota solitária que se apaixona pelo homem casado e infeliz que *conheceu na terapia em grupo*. Já tinha tentado namorar um cara em tratamento com o Dr. Rosen e não dera certo. Lembrei-me de Monica Lewinsky — o desprezo público e a rescisão da oferta de trabalho na Revlon na época que o escândalo com o boquete veio à tona. Como as fronteiras frouxas do Rosenverso permitiam, eu também poderia acabar me tornando um caso público de vergonha, sem dizer que colocaria em risco minha base terapêutica.

— O que você quer? — perguntou o Dr. Rosen.

— Não sei como responder a isso.

— Por que não?

— Não sei o que posso querer.

Olhei de volta para o Dr. Rosen, certa de que ele sabia a resposta: eu queria Reed.

Toda manhã, meu celular vibrava na mesa de cabeceira. Era Reed, a caminho do trabalho, antes do amanhecer. Horários da bolsa de valores. Ele sempre me ligava no escritório no meio da manhã para dar um "oi", e depois voltava a ligar quando a bolsa fechava. À noite, telefonava durante a caminhada do trabalho para o trem, e eu conseguia ouvir seus passos na calçada. Às vezes conversávamos da hora em que ele saía do escritório, durante toda a viagem de trem e a caminhada da estação até sua casa, e então ele enfiava a chave na fechadura e sussurrava que precisava desligar. Reed me mostrou como enviar mensagens PIN no meu BlackBerry — mensagens que driblavam os servidores de nossas empresas e, supostamente, não deixavam registro. Quando a luz do BlackBerry piscava vermelha, eu sabia que era uma mensagem dele, e meu corpo reagia na mesma hora.

Ele me disse que eu poderia perguntar o que quisesse, então perguntei sobre Miranda. Talvez, dessa forma, ela se tornasse real para mim e isso me faria cair fora. Qual era o perfume dela? (Suave.) Ela era magra? (Manequim 38.) O que ele mais gostava nela? (Sua dedicação aos filhos.) Quando foi a última vez que dormiram juntos? (Impossível lembrar.) Por que se casou com ela? (Pareceu ser a coisa certa a fazer.) Por que ainda não se separou? (Pelas meninas.) Eu tinha uma imagem dela em minha cabeça: uma mulher da minha altura num vestido cor de ameixa, com sandálias prateadas e luzes perfeitas nos cabelos quase loiros, e uma frieza que eu associava a mulheres supermagras e saudáveis que não precisavam trabalhar. Imaginei que ela tivesse um tom de batom exclusivo e comia como um passarinho. Era inabalável, mas fria; segura de si, mas faminta; tinha as unhas impecáveis, mas quebradiças. Meu corpo tinha mais carne, mais calor, mais vitalidade, mais juventude, mais poder.

Eu me sentia culpada — era uma feminista hipócrita, no fim das contas. Uma destruidora de lares. Um clichê.

Ainda assim: nunca me sentira tão viva.

— Preciso ir à reunião do A.A. ao meio-dia. Me encontre lá — pediu Reed, certa manhã.

Jack estava me esperando para uma reunião em dez minutos. Depois que ele me ajudou a não voltar para a Alemanha, tentei não causar muitos problemas. Quanto eu seria capaz de arriscar por Reed?

Escrevi para Jack: *Tive um imprevisto. Podemos nos encontrar às 13h30?*

A reunião do A.A. ficava a quatro quarteirões do escritório, e corri até lá de salto alto, sem casaco, num frio de zero grau. Não levei carteira, dinheiro nem bom senso. Tudo o que eu tinha, além de meu "sim" inconsequente, era a força da voz de Reed me chamando para ficar perto dele. Ao lado do Chicago Loop, acenei e me movi entre os pedestres. Avancei no meio do trânsito para chegar mais rápido, para fugir de minha vida cinzenta e sem afeto e reanimá-la com sua presença. Sim, saí correndo para uma reunião do A.A.

Mesmo sem ser etilista.

Mesmo tendo que cancelar uma reunião com o maior mandachuva do departamento.

Mesmo que Reed fosse casado e tivesse um histórico de infidelidade.

Sentei ao lado dele na última fileira. Ele pressionou seu sapato lustroso contra meu salto preto. Prendi a respiração. Eu me apoiei no encosto e enfiei a mão no espaço entre o cotovelo e o tórax de Reed. As pontas de meus dedos latejavam, mas parecia ser a pulsação dele. O anfitrião do encontro passou por nós um panfleto para um retiro de Doze Passos e, quando o passei para Reed, deixei os dedos descansarem na palma de sua mão. Pele com pele. Nada mais importava: as salas de paredes brancas cheias de advogados, secretárias, comerciantes e um massoterapeuta. As moedas da serenidade. As cadeiras empilháveis. A mulher com uniforme de segurança comendo seu burrito na esquina. Depois daquele toque, tudo havia sumido — o Loop, os trens, o trânsito na Wacker.

Eram apenas minhas impressões digitais e a palma da mão de Reed. E meu coração batendo no corpo todo.

Reed me acompanhou de volta até o escritório. Fui acompanhando seus passos largos para que nossas mãos se tocassem, e a cada toque as afastávamos rapidamente, como se tivéssemos levado um susto; ou fôssemos flagrados. Sorríamos feito bobos.

Essa é velha demais: homem mais velho e bem-sucedido com sua jovem amante. No fim da história lá estou eu, gritando, deixando mensagens para meu terapeuta, socando algum objeto, com raiva de minhas escolhas estúpidas. Mas naquele momento, na esquina da Wacker com a Randolph e com a mão de Reed a poucos centímetros da minha enquanto meu corpo explodia com um desejo proibido, era tudo o que importava. Era o suficiente.

— Quero que você saiba tudo sobre mim — disse Reed, quando paramos diante da grande porta automática que me engoliria de volta para o trabalho.

— Tudo o quê?

Graças ao grupo, eu já sabia que o pai dele era adicto de remédios e o pressionou a fazer um MBA mesmo sabendo que ele queria ser arquiteto. Ouvi falar na história de um treinador de atletismo que o embebedou e o violentou durante uma competição fora da cidade durante o ensino médio. Fiquei sabendo das sessões nas quais ele descreveu como era quando bebia diariamente e, é óbvio, do sexo oral que o levou ao grupo. E também de outras escapadas extraconjugais que prejudicaram seu casamento. Eu sabia de coisas, e saber era um poder um pouco parecido com o amor.

— Tudo. Como eu abro uma garrafa de água. Como eu seguro o volante e como nado na piscina. Coisas que você não vê no grupo ou na rua.

Ele se aproximou para sussurrar em meu ouvido:

— Quero que você saiba como eu fico quando digo que te amo.

— Fiz uma coisa ontem — anunciei no grupo de segunda-feira, onde era mais fácil me abrir, pois Reed não fazia parte dele.

Durante semanas, fiquei prestes a cometer um pecado. Considerei cada transgressão inofensiva porque ainda não havia acontecido nada abertamente sexual. Segurar a mão dele na reunião do A.A. não era um encontro, tampouco encontrá-lo para almoçar em um bar escuro sob os trilhos do trem ou ficar conversando até altas horas, depois da esposa e filhas dele terem ido dormir. Nós sequer tínhamos nos beijado. Mentia para mim mesma, dizendo que não tinha culpa de nada, embora lá no fundo suspeitasse que o que estava fazendo era como comer uma dúzia de maçãs e dizer que tinha me recuperado de um transtorno alimentar.

— O que aconteceu? — perguntou Lorne.

Há algumas semanas, ele já vinha dizendo que minha "amizade" com Reed estava ficando íntima demais. Sua esposa, Renee, fizera parte de um grupo com ele anos antes e eles quase começaram um caso, o que deveria me fazer desistir. Mas não fez.

— Estávamos conversando no telefone ontem e as coisas ficaram meio... fora de controle.

— O que isso quer dizer? — As sobrancelhas de Patrice vincaram de preocupação.

Vovó Maggie pigarreou, como se soubesse o que viria a seguir.

— Ele ligou do supermercado.

Nos fins de semana, Reed e eu arranjávamos telefonemas de guerrilha de onde quer que ele conseguisse escapar da família. E eu ficava grudada no celular.

— E disse coisas... Estava no corredor de congelados...

— Meu Deus, o que os congelados têm a ver com isso?

— Certo. Fizemos sexo por telefone.

— Enquanto ele estava comprando comida com a esposa e as filhas? — perguntou Patrice, para reforçar.

— Sabia que ele também fez isso com Renee? — lembrou Lorne. — Ele disse o quanto você era especial? Que amava você?

Eu dizia a mim mesma tudo o que as mulheres dizem a si mesmas nessa situação: comigo era diferente. Porém, o nó em meu estômago — numa ponta a esposa de Reed, na outra, as filhas — se apertou. Comprimi os lábios e olhei para o Dr. Rosen, que me incentivou a falar mais, então descrevi como me masturbei no chão do closet enquanto Reed me dizia para imaginá-lo dentro de mim. Ele disse que me amava, que faria qualquer coisa por mim. Quando escutei o caixa perguntar se ele queria sacola de papel ou de plástico, tentei desligar, mas ele queria que eu ficasse na linha até entrar no carro.

— Por que no closet?

Max e suas perguntas muito relevantes.

— Quando a conversa com Reed foi esquentando, estava na porta do closet para pegar uma blusa. Depois, a única coisa de que me lembro é que estava no chão, com os dedos no meio das pernas, o telefone apoiado no ombro e minhas calças e saias me olhando de cima.

— E qual é o melhor lugar para esconder a sexualidade senão o armário? — completou o Dr. Rosen. — A escolha é óbvia.

Incapaz de encará-lo, mirei o contorno de seu queixo. Ele perguntou o que eu estava sentindo, e a resposta era uma só: vergonha. Vergonha. Vergonha. Toda a excitação se liquefez em vergonha e percorreu cada parte de meu corpo.

— Eu sou um clichê, porra. Devia ser melhor do que isso. Estou retrocedendo.

Um etilista em recuperação com filhas adolescentes era um alçapão na área que denominei "fundo do poço". Não tinha como ser um progresso ir de Alex, solteiro-mas-que-não-me-amava, para o Reed casado. Mas o Dr. Rosen insistia que eu estava indo na direção certa.

— Quero meu marido e meus filhos, e não os filhos de outra pessoa! Quero mais do que sexo por telefone usando sapatilhas.

— E se isso for o que você precisa para chegar aonde quer?

— Impossível.

— Quando foi a última vez que você se permitiu ser adorada por um homem que queria transar com você?

— O Estagiário.

O Dr. Rosen assentiu.

— Você deveria me alertar! Colocar um alerta vermelho bem abaixo da minha fuça!

Isso nunca aconteceu. O Dr. Rosen era expert em permitir que descobríssemos nosso caminho sem julgamentos. Se eu, uma anoréxica sexual declarada, precisava ter um caso com um homem casado para chegar ao fundo do poço com homens indisponíveis, que fosse. Para mim, Reed era um furacão de categoria 6 prestes a atingir a costa, e eu queria que meu terapeuta me resgatasse e me levasse para um lugar seguro. Mas não foi isso o que ele fez. Ele era apenas uma testemunha, e não a Guarda Nacional.

Patrice se indignou com aquela abordagem *laissez-faire.*

— Talvez você não devesse conversar com ele fora do grupo, Christie.

Concordei com a cabeça, sabendo que deveria seguir aquele conselho e tendo a certeza de que seguiria o curso, inspirada nas palavras imortais de Martinho Lutero — "Seja um pecador e peque com ousadia" —, embora ele não estivesse se referindo a passar do closet para os sussurros de um companheiro de grupo de terapia casado.

— Como isso vai me levar aonde quero chegar? — perguntei.

— É o que vamos descobrir.

O Dr. Rosen deu de ombros, um gesto não muito inspirador para alguém que estava caminhando na direção do caos.

— Max, me ajude — pedi.

Desde nosso confronto, senti que podia confiar nele mais do que em qualquer outra pessoa naquela sala. Quando gritamos na cara de alguém, descobrimos quão firme a pessoa pode ser. Max era uma maldita sequoia com raízes mais profundas e amplas do que qualquer outra no círculo. Se ele me dissesse para correr, eu consideraria calçar os tênis.

— Acho que você deve ver aonde isso vai dar — respondeu, com um olhar sério que me assustou.

Ali estava sua bênção para minha loucura.

No entanto, a figura de autoridade, o médico, o formado em Harvard era o Dr. Rosen. Ele deveria se manifestar.

— Não é ilegal aprovar esse caso?

— Você acha que levar esse caso adiante e deixá-lo *ainda mais secreto* seria bom pra você? Então, vamos nessa.

30

Quando meus colegas de grupo começaram a discutir o potencial de Reed como um companheiro para mim, detiveram-se na grossa linha dourada que ele carregava no dedo anelar esquerdo. Eu não ignorava tal detalhe — mesmo ao ouvi-lo dizer que eu seria uma ótima madrasta e que ele poderia se mudar para meu novo apartamento. Em vez disso, resolvi focar em como ele era muito melhor do que todos os homens com quem já saí. Ele dizia que me amava sempre que conversávamos, então era o oposto de Alex. Não ligava para minha religião, então era o oposto do Estagiário. Respondia a meus e-mails em trinta segundos e me chamava para almoçar dia sim, dia não, então era o oposto de Jeremy. Achei que seria bom praticar enquanto aproveitava o amor e a atenção de Reed. Em algum momento, eu iria mudar meu foco para um homem exatamente como ele, exceto pela aliança dourada.

Assim que chegava às sessões de terça-feira, ele estendia a mão para pegar a minha. Eu já tinha segurado as mãos de muitas pessoas nos grupos — Patrice, Marty, Nan, Emily, Mary, Marnie, Max, Vovó Maggie, Lorne e o Dr. Rosen. Às vezes aquelas mãos me apoiavam, e outras vezes minha mão servia de apoio para alguém. Mas, com ele, era diferente. Segurar a mão de Reed não parecia uma ação de apoio na terapia... Pareciam preliminares.

Da primeira vez que ficamos de mãos dadas na sessão, Rory e Marty arquejaram. Patrice suspirou, frustrada. Carlos sussurrou um "Amiga, não". O Dr. Rosen demonstrou ter visto nossos dedos juntos e entrelaçados, como uma treliça entre dois corpos, mas não disse nada. Quando meus olhos se encontraram com os dele, a semente do medo e da frustração germinou num protesto.

— Qual é seu plano? — levantei a mão, ainda presa à de Reed.

— Plano? Não sou Deus.

— E a esposa de Reed? Você não se importa com ela?

— Ela não é minha paciente. Você é.

Ele me perguntou o que eu estava sentindo. Minha resposta era sempre a mesma: tinha fome e vergonha. O Dr. Rosen perguntou o que eu queria.

— Reed. Quero Reed. Você está me ajudando? Eu vim aqui procurando ajuda com relacionamentos...

— Eu *estou* te ajudando.

— O resumo de todos os seus conselhos terapêuticos para mim é vir aqui, sentir o que sinto e revelar tudo?

Enquanto eu confrontava o Dr. Rosen, Reed segurava minha mão, passando o polegar pela palma.

— Isso mesmo.

Será que ele achava que Reed e eu deveríamos ficar juntos? Juntos-*-juntos*? Comecei a encará-lo com seriedade: seus olhos fixos, que não piscavam, o pescoço alinhado, seus ombros levemente curvados, seus sapatos plantados no chão. Quando ele espiava o futuro, o que via para mim? Uma vida com Reed e suas filhas? Uma vida com alguém como Reed, mas que eu pudesse ter inteirinho para mim?

Patrice e Vovó Maggie imploravam para que eu acabasse logo com aquilo. Lorne recitava a história de Renee para me alertar. Max continuava dizendo que eu deveria deixar rolar, e que a misteriosa alquimia do grupo avançado impediria, de alguma forma, minha destruição total. Rory, Marty, Carlos e o coronel Sanders olhavam para o Dr. Rosen, que tinha um sorriso imperscrutável no rosto.

— Não sei o que o Dr. Rosen está fazendo com você — disse Rory baixinho, no elevador.

O olhar dela se afastou do meu, apavorado.

No fim de fevereiro, Steven organizou uma festa de aniversário para Clare e convidou todos os colegas da faculdade de direito. Quando entrei no restaurante pouco iluminado, avistei Clare vestindo uma blusa de seda e calça jeans skinny. Parecia que eu tinha voltado de uma longa viagem estrangeira. Meu relacionamento com Reed me consumia tanto que eu tinha me esquecido de que havia um mundo imenso e amplo além da tela de três polegadas do BlackBerry, na qual lia e relia as mensagens trocadas enquanto esperava que ele terminasse seu casamento e me telefonasse.

Meu BlackBerry vibrou durante todo o jantar e, a cada notificação, eu fingia procurar algo na bolsa — o gloss, um chiclete, uma caneta — para conseguir ler as mensagens. *Estou com saudade.* Dois minutos depois: *Que horas você vai para casa?* Dez minutos depois: *Tenho um tempinho para conversar. Pode falar? Onde você está?* Passaram-se mais cinco minutos: *Estamos voltando para casa em breve. Não estarei disponível por cerca de uma hora.*

— Amiga, o que você tanto olha nesse BlackBerry? — perguntou Clare, na fila do banheiro.

Contei a ela que estava envolvida com uma pessoa e ela quis saber por que ele não estava ali comigo. Minha boca congelou em um sorriso quando percebi: Clare jamais conheceria Reed. Eu era um segredo, uma *amante*. Ter que olhar nos olhos de uma amiga e dizer a ela que eu estava com um homem que, naquele momento, se encontrava na apresentação de balé da sobrinha com a esposa — com quem era casado havia 19 anos — foi um choque e tanto de realidade. Comentei que ele era "meio comprometido", e ela entendeu na hora.

— Vocês estão apaixonados?

Tirei da bolsa o cartão de Dia dos Namorados que Reed me dera — e que eu carregava sempre comigo. Ela abriu e leu em voz alta: "Eu te amo, Reed."

— Como vocês se conheceram?

Clare sabia tudo sobre os grupos de terapia, mas a verdade emperrou em minha garganta.

As palavras soaram absurdas quando as disse.

— Na terapia.

— Bem, ele com certeza ama você!

Ela balançou o cartão no ar e me abraçou novamente. Acolhi sua alegria verdadeira por meu relacionamento falso.

Horas depois, quando fui me deitar, meu BlackBerry brilhou, anunciando uma nova mensagem. Digitei a senha para desbloquear, mas não abri a mensagem dele. A expressão no rosto de Clare quando contei que ele era casado me fez querer ficar deitada em posição fetal, lamentando com um gemido em alto e bom som. Reed jamais deixaria Miranda e as filhas. E, se deixasse, será que continuaríamos sentindo atração um pelo outro? Como eu poderia sequer confiar nele? E se o grande lance da relação fosse mesmo o fato de ser proibida, o segredo, a sensação de vergonha que perpassava nossa interação? Esse tema já não tinha sido abordado nos filmes mais banais da sessão da tarde?

Joguei o BlackBerry dentro do armário. A dor de não falar com Reed antes de dormir era física — uma cólica como se algo se movesse em minhas entranhas. Ele até poderia me amar, mas não estava disponível. Eu não queria algo real? Como que sair por aí com um homem casado faria de mim uma pessoa real, se a coisa toda precisava ser um segredo? Balancei o corpo para a frente e para trás. Enfiei uma ponta do travesseiro na boca e mordi com força. A luz vermelha do celular piscava como se fosse um monitor cardíaco.

31

Entrei no Starbucks da Logan Square às 18h30 de uma sexta-feira. Os trabalhadores se apressavam em ir para casa, e a escuridão já havia se sobreposto ao sol débil do inverno. O telefonema de Reed estava dez minutos atrasado. Minha decisão na noite da festa de Clare se dissolvera no dia seguinte, e retomamos nossas ligações diárias. Houve também uma pequena viagem noturna ao subúrbio, onde o encontrei no shopping para ajudá-lo a escolher um casaco de inverno — quando o shopping fechou, ficamos nos pegando em seu SUV sob o letreiro da Cheesecake Factory. Nosso romance era muito sofisticado.

Quando o telefone vibrou, fui me sentar em um lugar mais silencioso, longe da máquina de café. O fôlego de Reed se sobrepunha a sua voz, como se ele estivesse correndo, apressado. Imaginei-o correndo pela Madison Avenue para chegar logo em casa. Para ver a família dele. *Eu queria que ele viesse correndo para mim.* Algo frio e cortante em sua voz me fez sentar ereta na cadeira. Ele vivia repetindo que não escondia nada de mim, que eu poderia perguntar o que quisesse. Na hora, precisei reunir toda a minha coragem.

— Aonde você está indo?

— Vou levar as garotas na pizzaria.

Garotas incluía a esposa, sem dúvida. O nó em minha garganta tomou a forma dela, naquele vestido cor de ameixa sob os holofotes de Hollywood.

— Vamos voltar cedo. Partimos para Iowa amanhã.

O pai de Miranda foi diagnosticado recentemente com um câncer de fígado terminal. Eu tinha certeza de que a doença reaproximaria o casal, mas, até agora, ele disse que ela o estava afastando mais do que nunca.

— Você está bem?

Eu movia meu corpo para a frente e para trás. Uma mão sobre o peito, a outra, agarrada ao telefone.

— Ansioso com a viagem. — Sua voz ficou ainda mais cortante.

— Estou por aqui, se precisar de mim...

A máquina de café urrou e rugiu, engolindo todas as outras palavras.

— Preciso desligar.

Pela primeira vez, ele desligou sem dizer "eu te amo". O balcão barulhento da Starbucks girava enquanto um verdadeiro pânico tomava conta de mim — um pânico que eu já tinha sentido outras vezes. Reed não sentia mais atração por mim. Agora ele deslizaria para dentro da água e desapareceria para sempre, como todos os outros, como sempre soube que aconteceria.

A mensagem de Reed chegou logo depois das 23 horas. *Me desculpe*, escreveu.

Eu não estava ali para interrogá-lo. Eu era a anti-Miranda — nunca desconfiava, nunca me intrometia, nunca era difícil. Respondi: *Não precisa se desculpar! Eu te amo! Conversamos amanhã*. É óbvio que não perguntei por que uma pizza "com as garotas" demorou quatro horas.

— Eu menti pra você.

Eram seis horas da manhã do dia seguinte. Eu estava acordada desde a madrugada, vagando pelo apartamento e tomando leite desnatado direto da caixa, tentando acalmar meu estômago.

— Cara, eu já sei que você é casado e tem duas filhas.

Forcei uma risada, mas ele permaneceu em silêncio.

— Ontem à noite, Miranda e eu saímos juntos para...

Eu prendi a respiração, balbuciando as palavras antes de ele dizer:

— ... aniversário de casamento.

Apoiei as costas na parede do quarto e deslizei até o chão.

Aniversário de casamento. Palavras tão lindas e tão amargas em minha boca. A verdade daquela mentira caiu como um soco no estômago. Meu corpo só queria expulsá-la: vomitar, chorar, gritar. Mas fiquei sentada no chão contra a parede, as pernas esticadas.

Ele não tinha falado uma palavra sequer no grupo sobre aquilo. Durante todas as sessões de terapia que compartilhamos — de mãos dadas —, eu tinha a impressão de que não havia civilidade suficiente entre Reed e Miranda para se suportarem durante uma refeição sem as filhas. Agora eu não conseguia tirar da cabeça a cena dos dois comendo seus filés e bolo de chocolate sem glúten. Visualizava luz de velas, pedidos arrependidos de desculpas com carícias e toda a mágoa que havia entre os dois se abrandando.

Eu tremia, tremia e tremia.

— Eu amo você. Por favor, nunca duvide disso — implorava Reed. — Diga alguma coisa, por favor.

— Isso é um saco.

Eu fui esperta o suficiente para saber que aquilo nunca ia durar, mas bastante burra ao esperar que tivesse um fim diferente.

Ainda segurando o telefone, rastejei até o banheiro e me debrucei sobre o vaso sanitário, uma visão reconfortante que eu conhecia tão bem. Não saiu nada, pois, diferentemente de Reed, que teve um adorável jantar de aniversário de casamento comemorando *vinte anos de união com a esposa,* não consegui comer na noite anterior.

— Vou desligar.

Desliguei o telefone e o arremessei com toda a força no espelho do banheiro. Ele foi parar em um canto perto da banheira. Depois desliguei o BlackBerry e o tranquei no porta-malas do carro.

Chega de mensagens.

Chega de sexo por telefone.

Chega de emoções secretas.

A fúria em meu corpo — comigo mesma, com Reed, com o Dr. Rosen por chamar isso de “progresso” — me impedia de ficar parada. Também estava furiosa com Max, por ter me encorajado a “deixar rolar”. E com Rory, Patrice e Vovó Maggie, por estarem certas desde o início. Calcei os tênis de corrida e corri 16 quilômetros na beira do lago. Passei depressa por grupos de corredores e aglomerados de turistas tirando fotos no Navy Pier. Coloquei o boné bem enterrado na cabeça, para não fazer contato visual com ninguém. A música no meu fone estava no volume máximo, e sufoquei cada pensamento sobre Reed e como fui idiota. Quando terminei, continuava me sentindo inquieta e nervosa — poderia ter corrido mais 16 quilômetros. Poderia ter corrido até estilhaçar cada músculo de minhas pernas, queimar meus pulmões e transformar meus dedos dos pés em cotos sangrentos.

Mas o que eu precisava mesmo era chorar.

Fui a uma reunião de Doze Passos e não ouvi ou disse uma palavra sequer. Várias pessoas se aproximaram no fim e perguntaram se estava tudo bem. Respondi que não, apenas movendo a cabeça. Olhava para meus dedos sem cor. Não, não está tudo bem.

Entrei no carro depois da reunião, sem saber aonde ir. A luz do sol brilhava por todos os lados, e estudantes risonhos da DePaul, além de grupos de turistas suburbanos, vagueavam pela rua. O mundo do lado de fora do carro era muito barulhento e assustador.

Telefonei para Patrice.

— BlackBerry desligado. Já chega.

— Estava tão preocupada com você. Você não deveria ficar sozinha.

Fui até a casa de Lorne, chorei em suas almofadas e lutei contra o desejo de abrir o porta-malas e pegar o BlackBerry. Renee, a esposa de Lorne, acariciava minha cabeça, contando sobre as noites em que ela também chorou por aquele homem quando se deu conta de que ele nunca abandonaria a esposa. Roman, o filho de Lorne e Renee, engatinhava no chão, perto de meus pés, fazendo adoráveis barulhinhos de bebê.

A dor do luto me derrubou, e eu insistia na ideia absurda de que o estava abandonando injustamente.

— O sogro dele está morrendo... Talvez eu devesse terminar com ele no verão.

Lorne e Renee faziam que não com a cabeça.

— Rosen vai ficar orgulhoso de você — disse Lorne.

As lágrimas jorravam de meus olhos. O que meu terapeuta deve ter pensado ao me ver de mãos dadas com Reed, descrevendo nosso passeio idiota pelo shopping e nossa vida sexual velada? Sua expressão permanecera impassível naquelas semanas todas, mas, ao voltar para sua sala, devia balançar a cabeça de um lado para outro e pensar em quando sua tola paciente iria recobrar a razão.

— Tive uma ideia. Vem cá!

Renee me levou até sua mesa e me colocou na frente do computador. Depois de apertar algumas teclas, a tela se encheu de imagens com rostos sorridentes de um casal de jovens. No fundo, havia imagens borradas de pessoas segurando taças de champanhe em volta dos dois. Na tela, lia-se: "Descubra onde começam os relacionamentos judeus. Comece já!"

— JDate?

— Esses rapazes estão solteiros...

— E procurando mulheres *judias*. Meu nome é literalmente uma homenagem a Cristo.

— Eles vão adorar você, acredite! Vamos colocar seu nome como "Texas Girl". Quando te conhecerem, não vão se importar nem se você for freira.

Hesitei um pouco, mas ela me lançou um olhar como que dizendo: "Vamos em frente ou não?" Renee conseguira uma vida feliz com Lorne, um rapaz judeu muito legal, logo depois de terminar seu relacionamento com Reed. Agora tinha um filho lindo, almofadas e ovos orgânicos na geladeira. Ela parecia muito certa de que aquilo funcionaria. No primeiro dia de tratamento, o Dr. Rosen sugerira que eu poderia me dar bem se envolvesse ele ou o grupo em minhas decisões. Com certeza isso estaria em "não tomá-las sozinha".

Renee me ajudou a responder às questões do perfil. Não, eu não era asquenaze. Não, não ia semanalmente à sinagoga. Renee insistiu que eu clicasse a opção indicando alimentação *kosher* por detestar presunto. Não tinha muitas esperanças de que os homens do JDate iriam gostar de mim, mas Renee me fez rir. Ela me mandou para casa com o que havia sobrado do challah que fizera para o jantar do Shabbat.

— Shalom — disse e me despedi, fechando a porta atrás de mim.

O caminho pela Lakeshore Drive saindo do norte para o centro em uma noite clara e limpa de fim de inverno é um dos cenários mais bonitos que existem — o Drake Hotel, todo de pedra, mais parece um castelo, e o edifício Hancock quase alcança as estrelas. Mesmo que estivesse confusa depois de toda aquela história, olhava para a cidade e só conseguia sentir admiração. Em minha terceira noite como aspirante a judia no JDate, estava voltando para casa depois de uma reunião de recuperação. Sabia que meu apartamento estaria frio e vazio, mas preferia o golpe duro da solidão à instabilidade eletrizante e ruidosa de tentar uma vida com Reed. Até então, não tinha quebrado nenhum prato nem pegara o abridor de cartas.

Telefonei para o Dr. Rosen, que estava fora da cidade para um congresso e não sabia nada sobre a mentira e o jantar de aniversário de casamento.

— Terminei com Reed. Não terei mais nenhum contato com ele fora do grupo — deixei registrado no correio de voz.

Respirei fundo. Havia muito mais a ser dito. Durante semanas fiquei pensando em como meu terapeuta conseguia viver tranquilamente observando minha relação com Reed. Alguns colegas do grupo o confrontaram por mim: "Por que você não está fazendo nada em relação a isso?" "Christie vai se machucar." "Isso é antiético." E ele respondia a cada acusação com uma expressão neutra, perguntando o que, exatamente, ele poderia fazer para me impedir.

Durante minha permanência no Rosenverso, vários membros do grupo se referiram a ele como *brilhante*. Vira ele conversando em alemão fluente com o coronel Sanders e Max, e ouvira bênçãos em hebraico se desenrolarem de sua língua. Ele identificava conexões profundas entre acontecimentos aparentemente desconexos na vida dos membros do grupo. Furões de estimação e o Holocausto. Aulas de violão e comprimidos de cianeto. Oxiúros e dívida de cartão de crédito. Ele era aguçado, mas isso era ser brilhante? Talvez.

O que eu mais gostava nele era sua coragem inabalável. Ele confiava tanto em si mesmo que chegava ao ponto de permitir que dois membros do grupo tivessem um caso literalmente sob sua supervisão. Ele me viu fazendo uma escolha duvidosa após outra, esperando pacientemente que eu voltasse à razão. Se, em vez disso, eu tivesse acabado com minha vida por conta dessa história, ele teria que prestar contas a um conselho profissional. Mas confiava em si mesmo — e confiava em mim. Esperar que eu me conscientizasse deve ter sido como remover um dente sem anestesia. Eu jamais conseguiria ver alguém com quem me importo tomando decisões tão questionáveis.

Fiquei agradecida por ele conseguir.

32

Eu estava nua, tremendo, e com os braços cobrindo meus seios, uma tentativa inútil de escondê-los — o que parecia um tanto tolo, porque acabara de transar com o cara. Minhas roupas estavam do outro lado do quarto, sobre o aquecedor. A única luz que entrava no cômodo era o triângulo isósceles vindo do closet. Sade cantava para nós com sua voz atemporal.

Fiquei ali parada por alguns minutos olhando Brandon, que já havia vestido a camisa de botões de seu conjunto de pijama. Ele esticou bem os lençóis da cama e dobrou o edredom de maneira impecável. Nem se deu conta de que eu estava ali, tremendo. A cabeça dele estava em outro mundo, num lugar longínquo composto de lençóis, cobertores, edredons, linhas retas e superfícies lisas, sem amassados. Meus braços se contraíam contra meu peito, e eu sentia um frio na barriga conforme meu cérebro tentava, sem sucesso, voltar aos momentos anteriores a Brandon focar a visão em seus lençóis.

Ele deu um passo para trás, com as mãos nos quadris, e analisou a cama. Assentiu e balbuciou algo para si mesmo. Avançou por seu lado da cama e puxou o lençol outra vez, cautelosamente. Colocou o corpo sob o lençol com cuidado, como se não quisesse incomodar aquela arrumação tão árdua. Com a cabeça no travesseiro, virou-se para me olhar com um sorriso largo e espontâneo.

— Vamos dormir?

Depois que Renee fez meu perfil no JDate, vários rapazes que procuravam mulheres judias me rejeitaram depois de saber que a "Texas Girl", na verdade, era uma *shiksa* cujo nome evocava o Salvador do Novo Testamento. Aaron e Oren pareceram ofendidos, achando que eu queria enganá-los, enquanto Daniel, Eric e Marc pareceram impressionados com minhas alegações sobre seguir a dieta *kosher*. Jerry, que devia ter 62 anos, me convidou para ir ao Manny's e, depois, me mostrar sua salsicha judia. Deixei meu perfil no JDate no esquecimento e migrei para o eharmony.com.

A primeira mensagem de Brandon me encantou. Ele perguntou se eu gostava de comer cereais de café da manhã no jantar, o que deu início a um debate acalorado sobre os méritos do Frosted Flakes em relação à granola. Deu para perceber, lendo as mensagens, que ele era experiente quando se tratava de namoros e encontros, pois sabia flertar bem pelo site. Também deduzi que era muito instruído, pois sabia quando usar ponto e vírgula.

Brandon se adequava a meu único critério para um encontro: não era um homem casado em meu grupo de terapia. Tinha aquele olhar tranquilo de homem de trinta e muitos anos que agora buscava uma companheira estável. Em nosso primeiro encontro, saímos para almoçar no East Bank Club, a versão de Chicago de um clube campestre que se vangloriava da adesão de Oprah e da família Obama. Ele vestiu um blazer azul e sorria com olhos gentis. Era alguns centímetros mais alto do que eu, e tinha cabelos mais longos do que sua foto de perfil mostrava. Parecia jovem e acessível, como um Beatle se preparando para a primeira apresentação no programa *The Ed Sullivan Show*. No segundo encontro, fomos assistir a uma peça de teatro chamada *Love Song*, no Steppenwolf, seguida de jantar no Boku, em Halsted. Brandon era o tipo de homem que pedia coisas do menu especial e usava calça cáqui passada nas noites de fim de semana. Ele sempre pagava a conta, sempre abria a porta para mim e sempre insistia em dividir a sobremesa. Sua faculdade — o mesmo lugar onde se especializou em medicina — era famosa por ter formado diversos presidentes e juízes da Suprema Corte. Quando ria, cobria a boca com a mão, tímido. Recentemente começara a fazer escalada para se forçar a aprender algo que não fosse natural para ele. Era impecavelmente higiênico — escovava os dentes antes e depois que a gente se beijava e tomava dois banhos por dia. Nunca falava palavrão, não bebia e nunca perdia a compostura. Eu tinha quase certeza de que ele era republicano, mas ainda não havia demonstrado nada de misoginia, racismo ou preconceito de classe, então me permiti ser cortejada por suas boas maneiras e seu comportamento de sangue azul.

Com Brandon, não havia nada daquelas demonstrações espontâneas de desejo que me obrigavam a deitar no chão do escritório para um orgasmo de emergência. Durante nosso primeiro beijo em meu sofá, depois da peça no Steppenwolf, senti algum prazer, mas não estava exatamente excitada. E tudo bem para mim. A perda de apetite que veio com o Estagiário e a sensação ilícita de meu relacionamento com Reed me deixaram exausta. Com Brandon, meu corpo era como um lago calmo, em uma tranquila manhã de junho.

Às vezes, no grupo, eu sussurrava que estava quase entediada.

— Isso é bom — respondia Max. — A marca registrada de um relacionamento saudável é o tédio.

— É verdade, queridinha — disse Vovó Maggie, sorrindo muito. — Faz parte de todo casamento.

O Dr. Rosen concordou: se eu estava entediada, estava fazendo algo certo. Porém, quando outras pessoas contavam sobre o começo dos relacionamentos delas, diziam que não conseguiam dormir nem comer e eram incapazes de se concentrar. Nenhuma descrevia um lago sem ondas. Parte de mim sentia falta da excitação que me dominava em namoros anteriores, mesmo que o resultado não tivesse sido positivo. Agora, quando olhava para meu coração, era capaz de ver que ele fora arranhado por Reed, escavado algumas vezes por Alex e pelo Estagiário e entalhado por Jeremy. É óbvio que cada membro do grupo de terapia, e o próprio terapeuta, também fizeram seus entalhes. Tentei imaginar como seria me conectar a Brandon. Certa vez, durante o jantar, observei sua camisa branca impecável e imaginei a superfície de seu coração. As feridas dele combinavam com as minhas?

Naquele momento, assistia a Brandon alinhar seus lençóis como alguém que fazia uma série de esquetes sobre TOC. O que será que havia por trás desse ritual de arrumar a cama? Só conseguia imaginar que um trauma indescritível de infância o levara a tamanha ordem com suas roupas de cama. Eu queria perguntar, mas seus olhos já estavam pesados de sono. Ele parecia tão indefeso com aqueles lençóis em torno de seus ombros que eu sentia que deveria trazer um copo de leite e um biscoito.

O sexo foi esquisito. Voltamos para casa, de mãos dadas, depois de jantar no restaurante tailandês preferido dele. Em seu apartamento, Brandon colocou Sade para tocar. Ele me levou para seu quarto escuro, e pela primeira vez nos beijamos em sua cama. O lago calmo de meu estômago se agitou levemente quando ele tirou a própria camisa e, depois, a minha blusa. Quando estávamos sem roupas, ele se sentou na beira da cama e colocou a camisinha. Engatinhou sobre meu corpo e prendeu minhas pernas com as dele. Foram muito menos preliminares do que eu imaginava — ou queria —, mas ele não namorava ninguém desde a faculdade, 15 anos antes. Não o culpava por estar um tanto enferrujado, e não queria conversar sobre aquilo.

Em vez da posição papai e mamãe clássica que eu estava esperando, Brandon colocou a palma da mão direita sob meu ombro esquerdo e virou meu corpo com um movimento rápido. Tudo ficou escuro quando caí de cara no travesseiro. Antes que eu pudesse levantar a cabeça ou dizer qualquer coisa, Brandon puxou meu quadril para cima e me penetrou. As investidas eram rápidas e clinicamente controladas, mas não desprovidas de prazer. Fiquei presa nos pensamentos: surpresa e levemente excitada por alguém tão certinho, tão possivelmente republicano, gostar de fazer sexo por trás.

Mas eu não queria ficar com o rosto enfiado no travesseiro. Queria vê-lo, queria ouvir a música, queria respirar livremente. As palavras que o fariam me virar novamente — *Espera. Calma. Para. Me vira de novo. Não é assim que eu gosto* — não saíam de minha boca. Estava ali, tentando pensar em como contaria aos grupos sobre aquela virada, quando os dedos de Brandon alcançaram o meio de minhas pernas e meus pensamentos se apagaram conforme o prazer me dominava, rápido e quente. Minhas costas arquearam, e meu rosto bateu no travesseiro com um baque surdo. Quando virei o corpo e o olhei, ele já estava enfiando os braços na camisa do pijama.

Os pensamentos foram engolindo cada sensação física, como se meu corpo se fechasse até meu cérebro, feito uma persiana. *Qual é a do pijama? Foi bom para mim? Onde está a Sade?*

E também: *O que aconteceu com minha voz?*

Desde que entramos no quarto, ficamos em total silêncio. Nenhum gemido, nenhum arquejo, nenhum *oooh*, nenhum *Aaaah*. Nenhuma conversa — "como é que você gosta?" ou "está gostoso assim?". Foi tudo muito limpo e organizado, exatamente como os pijamas antiquados empilhados no armário de roupas de cama, impecáveis, que ele tinha.

Quando Brandon pegou no sono, repassei toda a cena na cabeça, da virada antes do sexo até a cama arrumada digna de um hospital. Nada daquilo acabava com meu tesão. Ele não foi maldoso, desatento ou relapso, mas o diagnostiquei com fobia de sexo frente a frente e obcecado com lençóis. Bem, todos nós temos nossas bagagens. Eu poderia levar para os grupos todos os meus julgamentos, inseguranças, medos, desilusões e sentimentos sobre aquela cena. Eles me ajudariam.

— Pelo menos ele é melhor que Reed — comentou Lorne.

Max disse que não sabia se o lance dos lençóis era adorável ou um sinal de que ele era rígido e inflexível.

— É provável que você tenha que trazê-lo para a terapia — sugeriu Max.

Disse a eles que ainda não tínhamos falado sobre terapia, e Max ergueu as sobrancelhas para mim.

— Eu não estou escondendo nada, é que o assunto não surgiu.

— Você está esperando que ele pergunte se você faz terapia em grupo três vezes por semana? — indagou Max, sorrindo maliciosamente.

A regra era contar tudo ao Dr. Rosen e ao grupo, e não contar a meus namorados em potencial tudo sobre minha terapia.

— Não sei se gosto do Brandon. Meu corpo não reage muito a ele.

— Você teve um orgasmo? — perguntou Lorne.

— Sim.

O Dr. Rosen estava radiante como uma lua cheia em um céu sem nuvens.

Brandon me esperava na cozinha enquanto eu arrumava as coisas para passar a noite na casa dele. Sempre dormíamos em sua cobertura com vista para o Navy Pier pois lá tinha mobília importada, um aparelho de som e, é óbvio, seu pijama. Era meu aniversário, 34 anos.

— Quem é esse?

Toda a porta da minha geladeira estava coberta de fotografias, números de corridas de 10 quilômetros e ingressos e, dentre as dezenas de rostos que Brandon poderia apontar, ele foi direto naquele sobre o qual eu não queria falar. A gente iria mesmo falar sobre isso no dia do meu aniversário?

— É meu... — Travei.

Brandon moveu a cabeça como se dissesse "seu o quê?", e continuou com o dedo apontando a fotografia.

— Meu mentor.

— É mesmo?

Brandon inclinou o corpo e analisou a fotografia. Era um close do rosto do Dr. Rosen no casamento de Kathryn, pouco antes de apresentá-lo a Alex.

— Que tipo de mentor?

Não queria contar pois não sabia o que ele pensava sobre tratamentos psicológicos. Algumas semanas antes, quando contei que frequentava reuniões de programas de Doze Passos para tratar um transtorno alimentar, ele franziu o rosto.

— Não entendo por que você precisa de todas essas pessoas ou por que ninguém consegue parar de comer depois de ficar satisfeito — comentou na época.

— Bem, na verdade, ele é meu terapeuta.

Dane-se.

Brandon se aproximou ainda mais da foto e deu uma boa olhada nela.

— Terapeuta? E como você tem essa foto do seu terapeuta?

— Foi em um casamento. Dois pacientes dele se casaram, e sou amiga da noiva.

Uma centelha de alerta brilhou nos olhos de Brandon.

— Dois pacientes se casaram *entre si*? Como foi isso? Eles se cruzaram na sala de espera e foi amor à primeira vista?

Contei-lhe sobre o grupo e sobre como o Dr. Rosen não proibia encontros fora das sessões. Os lábios de Brandon congelaram em uma linha tensa. Ele começou a andar de um lado para o outro e a fazer dezenas de perguntas sobre como funcionava o grupo, de onde vinham meus colegas e como era o tratamento. Garanti a ele que era como a terapia normal, mas com a sala mais cheia. Ele quis saber se eu falava sobre ele e, quando fiz que sim com a cabeça, enfiou as duas mãos nos bolsos. A temperatura no ambiente pareceu cair vários graus.

De volta ao apartamento dele, o sexo foi ainda mais rápido e protocolar do que o normal: ele me virou e em vinte minutos já estávamos deitados para dormir. Em seguida, apoiei minha cabeça em seu peito, mas percebia que ele estava olhando para o teto. Sentei-me.

— O que foi? — perguntei.

O olhar de Brandon permaneceu imóvel.

— Por favor, não fale nada sobre mim nesse grupo.

— O quê?

Será que ele entendia como a terapia funcionava?

— Não diga meu nome.

Isso porque ele não sabia que meu "grupo" era, na verdade, *dois grupos*, e que eu ia a três sessões por semana.

— Eles já sabem que estou saindo com você.

Sabiam de *tudo*. Certa manhã, depois da sessão, Max e Brad pesquisaram o nome dele no Google e descobriram que aquele apartamento valia mais de US$ 1 milhão e que sua mãe doava muito dinheiro para o Catholic Charities.

— Eles sabem meu nome?

Fiz que sim e senti o rosto queimar. Eu não deveria dizer o nome dele?

— Por favor — ele virou o rosto para mim —, me deixe fora disso.

Assenti — não por concordar, mas porque entendia o que ele estava me pedindo. Ele entendeu meu silêncio como concordância, aproximou-se para me dar um beijo na bochecha e voltou a se ajeitar em seu travesseiro.

33

— *Como foi o aniversário?* — *perguntou Max.*

Elogiei o salmão com *panna cotta* trufada da Custom House.

— Ele te deu um presente, como olhar nos olhos durante o sexo? — perguntou Lorne.

Mostrei-lhe o dedo do meio.

— Podemos mudar de assunto? — pedi.

Max semicerrou os olhos.

— Normalmente você é uma tagarela! O que ele disse, como te beijou, como está em negação em relação ao TOC...

— Como ele te virou dessa vez... — adicionou Lorne, e ganhou mais dois dedos do meio.

— E agora está agindo como se nada disso fosse da nossa conta — disse Max.

Olhei para o Dr. Rosen.

— Você pode me ajudar?

Nós dois tínhamos conversado pelo telefone na manhã seguinte ao meu aniversário. Ele disse que não me forçaria a falar sobre Brandon, mas insistiu que eu contasse ao grupo. Então fez um gesto para que eu avançasse. Respirei fundo e expliquei o pedido de Brandon, bem como meu assentimento em não o mencionar na terapia.

Todos fizeram a mesma pergunta: por que ele iria atrapalhar meu tratamento? Apertei os lábios. Eles eram dramáticos demais. Brandon só queria privacidade. O fato de eu ficar confortável ao contar a meus grupos o que comia e como transava não significava que ele também ficasse. Qual seria o problema de tentarmos do jeito dele? Se voltasse a ideação suicida e compulsão por maçãs, poderia mudar o rumo novamente.

O grupo lançou mais perguntas. Vovó Maggie queria saber como eu buscaria ajuda com esse relacionamento. Lorne queria saber se Brandon tinha conhecimento de que seu apelido era "doutorzinho". A pergunta de Max foi a mais cruel: esse relacionamento valia mesmo o sacrifício que eu estava disposta a fazer?

O Dr. Rosen permaneceu em silêncio enquanto eu respondia às questões. Olhei para ele várias vezes. Em certo momento, podia ver a aprovação por minha decisão de estar aberta ao pedido de Brandon, porém, ao olhar novamente, detectava na fina linha de seus lábios uma cautela que fazia eu me tensionar. Queria tapar as orelhas com as mãos e gritar. Por que todos os meus relacionamentos tinham que ser um drama? Quando as coisas ficariam mais fáceis?

No fim da sessão, fiz uma proposta ao grupo: não contaria histórias sobre Brandon, mas, quando precisasse de alguma ajuda com o relacionamento, deixaria uma mensagem para o Dr. Rosen, que me aconselharia fora do grupo. Então eu contaria a questão a todos — não os detalhes principais da conversa com o terapeuta, mas apenas o que ele me aconselhara por fora.

— Isso nunca vai funcionar — comentou Lorne, e enfrentou meus dedos do meio outra vez.

Contudo, mesmo que eu estivesse confiante com minha proposta, a preocupação me cutucava. Passara cinco anos aprendendo a me apoiar e contar com a terapia, a "deixá-los fazer parte de minha vida". Agora qual seria o custo de deixá-los de fora?

— Christie, atenção — disse Max, num tom de voz grave. — É sério. Qual é o problema? Por que você não pode falar sobre ele na terapia?

Imaginei que fosse por um segredo antigo de família, que ele tinha que proteger por fidelidade à linhagem. O melhor palpite era que havia um histórico familiar do qual ele se envergonhava, como adição, transtorno mental ou uma gravidez fora do casamento. Eu sabia que o pai de Brandon falecera quando ele ainda era jovem, e podia sentir que aquela história, mencionada apenas uma vez, tinha uma aura de dor e vergonha. Eventualmente, ele aprenderia comigo que segredos eram tóxicos e que se abrir era o caminho para a liberdade e intimidade.

Naquela noite, enquanto comíamos sushi, disse a Brandon que estava disposta a não falar dele para o grupo se pudesse contar a meu terapeuta tudo o que quisesse. Ele disse que tudo bem. Levantei-me da cadeira e caminhei até o lado dele para abraçá-lo. Ele corou com a manifestação pública de afeto. Pedimos torta de limão e dois garfos. O clima era de festa.

As semanas seguintes no grupo foram esquisitas. Antes do decreto de Brandon, eu tinha meu lugar naquela interação, falando sobre a pessoa com quem estava dormindo ou sobre o fora que tinha acabado de levar. Rasgava panos, arrancava os cabelos e queria saber como o grupo poderia me ajudar. Eles haviam me ensinado a rir de mim mesma e a olhar para meus relacionamentos de vários ângulos diferentes. Agora, porém, eu ficava na minha quando o assunto era sexo ou relacionamentos, apertando os lábios para lembrar a mim mesma e a todos de que não iria dizer nada.

Depois de todos os encontros com Brandon, eu deixava mensagens informativas para o Dr. Rosen ("jantamos com um colega dele da faculdade" ou "dormi na casa dele na sexta, no sábado e no domingo!"). Eu não estava cometendo o pecado de *tomar decisões sozinha*. Ainda ligava para Rory todas as noites para contar o que tinha comido ao longo do dia.

Brandon e eu estávamos comendo nosso mingau de aveia de café da manhã lado a lado em sua mesa de carvalho feita sob medida. Ele vestia um robe com monograma e eu estava pronta para o trabalho. Estávamos saindo havia mais de três meses e já tínhamos um relacionamento agradável nas manhãs dos dias úteis. O *New York Times* estava aberto sobre a mesa e cada um lia a seção de seu interesse: negócios para ele, primeira página para mim.

— Preciso ir andando — disse, dobrando o jornal. — Tenho uma videoconferência com um cliente daqui a uma hora.

— Que horas são? — perguntou ele.

— 8h30.

Ele voltou os olhos para o jornal.

— Meu horário é só às dez.

Imaginei que estivesse falando de um paciente. Quando inclinei o corpo para lhe dar um beijo de despedida, ele disse:

— Tenho um horário com o Dietrich — esperou um momento, então concluiu: —, meu terapeuta.

— Seu o *quê*?

Ele riu, abraçando o próprio corpo na altura em que o roupão se amarrava na cintura.

— Meu terapeuta.

Ele continuou rindo. De repente, passei a ver Brandon não apenas como alguém excêntrico e inexperiente, mas frio e calculista. Respirei fundo e passei a alça da bolsa do ombro direito para o esquerdo.

— Há quanto tempo você está fazendo terapia?

Ele fingiu contar nos dedos, ainda rindo, ensimesmado.

— Brandon, quanto tempo?

— Na verdade é um analista.

— Quanto tempo?

— Não é em grupo. Não sei como vocês conseguem... sentar juntos, escutar os problemas uns dos outros... — Ele ria e dobrava o papel com uma precisão calculada. — Essa coisa de grupo nunca funcionaria para mim.

Ele me acompanhou até a porta.

— Por que você está tão brava? — perguntou para minhas costas, enquanto eu me apressava para pegar o elevador.

— Você está brincando comigo.

Apertei com força o botão para descer. Brandon veio atrás de mim com um olhar de coitadinho.

O elevador apitou.

Entrei.

Quando as portas estavam fechando, escutei:

— Nove anos.

Tinha pensado que Brandon fosse uma boa pessoa — excêntrico e um pouco reprimido, mas essencialmente bom. A mistura de seu sorriso, sua fala suave e seu comportamento irretocável tinham me dado a impressão de que era uma alma sensível, como eu, tentando encontrar o próprio caminho. Mesmo com sua fortuna e todos os privilégios, ele tratava a todos com respeito. Dava boas gorjetas. Quando lhe disse que adorava *Rei Lear*, ele comprou ingressos para assistirmos a uma montagem no Goodman. E, até depois que descobri aquela mania esquisita com as roupas de cama, não me pareceu um traço de sociopatia latente. Ele era apenas socialmente esquisito, como o juiz Souter ou Bill Gates; ou eu.

Mas aquilo já era demais. Ele exigira muito de mim — deixar de falar sobre ele na terapia — sem sequer me contar que *ele* fazia terapia. Isso não estava certo. Se consegui sobreviver aos outros caras, àqueles que trouxeram meu corpo à vida, também sobreviveria a ele. Fiquei fantasiando em ligar para ele depois do trabalho e dizer: "Vá com Deus. Aproveite sua cobertura e seu dinheiro."

No entanto, não achava que tinha permissão para abrir mão dele. E essa era literalmente a palavra que ficava martelando em minha cabeça: *permissão*. Vinha chorando por relacionamentos havia anos e investindo milhares de dólares em terapia. Fizera um perfil no maldito JDate mesmo não sendo judia. Envolvi-me com um homem casado. Portanto, não tinha *permissão* para abandonar Brandon. Ele era solteiro, tinha dinheiro e, na maior parte do tempo, era gentil. Quando o táxi desceu a Wacker e fez uma curva brusca à direita, parando na frente da firma, eu sabia que não terminaria com ele. O ímpeto de fugir fora dominado pela necessidade de provar que estava disposta a me dedicar de acordo com o que meus relacionamentos necessitavam. Eu havia aprendido a conter a raiva, a encará-la de cabeça erguida. Já tinha feito muita terapia para simplesmente abandonar tudo e fugir. Agora, no entanto, estava com uma dúvida cruel: será que deveria contar a meu grupo o que havia acabado de acontecer?

Tinha quatro horas e meia para decidir.

— Nove anos? — perguntou Max.

Tecnicamente, não quebrei minha promessa, pois disse no grupo que "o homem com quem dormi ontem à noite me contou que faz terapia há nove anos".

— Sim, quase uma década. Babaca.

— Podemos ir com mais calma? — disse o Dr. Rosen, com a mão levantada.

Apontei para ele.

— Ele sabe tudo sobre você há meses! Você tinha que ver como ele ria de mim. E esses segredos...

— Não é um segredo. Ele contou a você — evidenciou o Dr. Rosen naquele seu tom de voz calmo, o que me fez ficar ainda mais nervosa.

— Você não acha que mereço *mais*?

Ele arqueou as sobrancelhas.

— Como assim, mais?

— Ele fez eu me afastar do grupo e não me contou sobre a própria terapia. Esse relacionamento é outro beco sem saída. Minha especialidade.

O terapeuta ficou me encarando com sua expressão pensativa. Passou a mão no queixo e quase começou a falar algumas vezes. Por fim, lançou uma pérola de sabedoria.

— Eu não sei.

Mas eu não lhe pagava US$ 840 por mês para ele *não* saber. Pagava para que usasse seus diplomas sofisticados e transformasse minha vida ao me ensinar técnicas que eu pudesse usar em relacionamentos saudáveis. Perguntei se ele achava que era hora de terminar.

— Por que você terminaria com ele?

Ele reagiu como se eu tivesse acabado de dizer que roubaria toda a prataria de Brandon.

— Ele mentiu por omissão durante semanas. Vou acabar exatamente onde comecei. Até onde sei, ele pode ter uma mulher e filhos em Peoria.

— Impossível — afirmou o Dr. Rosen.

— Por quê?

— Porque Peoria é uma merda — respondeu Lorne.

O Dr. Rosen se inclinou teatralmente em minha direção, como se fosse me contar um segredo.

— Psiu! Mensagem confidencial para Christie: esse é o melhor relacionamento que você já teve.

Eu queria derrubar aquela cabeça meio careca de seu pescoço esquelético. *Esse era o melhor?*

— Vá à merda, Dr. Rosen.

— É verdade — interveio Patrice.

Vovó Maggie também concordava, assentindo.

— Reed jamais teria escondido um segredo como esse.

— Ele mentiu na sua cara — retrucou Brad.

— Certo. Mas Alex... A gente saía para pedalar no pôr do sol e fizemos sexo vinte e...

Max soltou um suspiro exasperado.

— Ele não amava você, lembra? Lembra o abridor de cartas e a sacola com a louça quebrada?

Todos concordavam que Brandon era, de longe, o melhor relacionamento que tive. O Dr. Rosen abriu um sorriso satisfeito consigo mesmo. Parei de discutir. Eu abrira mão do frio na barriga que sentia com Reed e Alex para que pudesse ter um relacionamento aparentemente real com um homem disponível. Porém, esse homem disponível tinha algumas questões profundas que me assustavam.

— Você se sente atraída sexualmente pela possibilidade de ser abandonada — concluiu o terapeuta.

Queria discutir, mas como? Em todos os relacionamentos anteriores, pelo menos a metade da atração estava relacionada a enfrentar os obstáculos — a religião do Estagiário, a esposa de Reed, a dúvida de Alex em relação a mim.

— Brandon não vai a lugar algum — disse o Dr. Rosen. No silêncio que se seguiu, posso jurar que o escutei dizer: — Nem você.

No fim da tarde, Brandon apareceu em meu escritório com seu melhor sorriso pedindo perdão.

— Para mim, é difícil me aproximar das pessoas — confessou.

Todo o meu discurso de término foi por água abaixo.

— O que vamos fazer no jantar? — perguntei, em vez de "isso não está funcionando para mim".

Mais tarde, quando ele me virou, senti certa urgência em seus movimentos e imaginei que ele tivesse medo de me perder. O fato de nunca conversarmos sobre nossa vida sexual me incomodava — as viradas, o silêncio esquisito. Peguei no sono com uma única questão em mente: será que eu realmente poderia formar uma família com esse homem? Isso era melhor do que ficar sozinha?

34

Comecei a testar Brandon. Será que teria feito isso se tivesse a liberdade para falar sobre ele no grupo? Provavelmente não. Queria saber se ele acreditava que poderia me amar. Se imaginava um futuro comigo. Se se importava comigo tanto quanto se importava com a cama bem-arrumada. Parecia mais fácil testá-lo do que ir direto ao ponto e perguntar de uma vez.

Primeiro teste: quando John, um advogado alto e introvertido do escritório, me convidou para jantar, aceitei. Tudo o que sabia dele era que gostava de golfe, não tinha televisão em casa e contava histórias com milhares de voltas e parênteses. Aceitei o convite porque um encontro com outro cara era tudo o que eu precisava para forçar a conversa "para onde vamos?" com Brandon.

Quando contei sobre o jantar com John, ele sequer levantou o olhar do jornal.

— Parece ótimo — disse.

No dia seguinte, cancelei o jantar.

Certa noite, Brandon e eu estávamos comendo sanduíches de *prosciutto* e azeitonas pretas em uma varanda sobre a North Avenue Beach depois de assistir ao pôr do sol. Ele me envolveu em seus braços enquanto olhávamos o lago Michigan silenciosamente lambendo a areia. E me beijou na sombra das árvores do pavilhão de xadrez e imaginei que algo se agitava profundamente em meu corpo. Não era o tremor ou o calafrio da luxúria, e sim algo mais essencial. Era assim que adultos normais se apaixonavam? Quando se afastou, Brandon ficou me olhando.

— Acho que você não sabe, mas costumo passar o inverno em Londres — disse, segurando minha mão em seguida. — Neste ano, quero ficar aqui. Para ver onde isso vai dar.

Mais tarde, durante o sexo, ele não me virou.

Algumas semanas depois, em uma noite de segunda-feira, Brandon me telefonou da calçada em frente ao meu condomínio. Eu queria sair para dar uma volta? Lá embaixo, ele estava digitando algo no celular com um olhar angustiado. Começou ao caminhar sem dizer uma palavra, e eu o segui e esperei que começasse a falar. Na LaSalle Street, paramos abruptamente. Um ônibus passou por nós.

— Quero contar uma coisa, mas você não pode contar a ninguém. Nem ao Dr. Rosen. Isso deve ficar entre nós.

Fiquei encarando as letras vermelhas onde estava escrito *Sports Authority*. Agora era eu quem estava sendo testada. Por que ele estava me pedindo isso? Pior: por que eu deveria concordar?

Em cinco anos, nunca deixei de ser leal ao Dr. Rosen em detrimento de algum namorado. Será que romper aquela dependência me ajudaria a avançar? Talvez fosse necessário traçar um limite e deixar meu terapeuta de fora, mas será que eu deveria realmente colocar minha saúde mental nas mãos de um cara que olhava com mais carinho para seus lençóis de milhares e milhares de fios do que para mim? Será que esse "sim" marcaria pontos com meu coração? Ou dizer "não" é que marcaria?

Sim. Foi o tempo de o semáforo passar do vermelho para o verde e eu já havia abandonado meu tratamento para poder ter acesso ao segredo mais profundo de Brandon e permitir que ele me levasse para mais longe do Dr. Rosen, que era legalmente obrigado a guardar todos os segredos que eu lhe contasse.

— Eu não tenho libido — admitiu Brandon.

Soltei uma gargalhada. Uma gargalhada bem parecida com a de meu terapeuta, colocando a mão na barriga e me curvando para a frente. Primeiro, porque eu já sabia. E segundo, o que importa se o Dr. Rosen soubesse ou não da libido dele? Ninguém esperava que Brandon transasse como o Mick Jagger em 1975. Fiquei aliviada e me senti acolhida e poderosa. Poderíamos lidar com isso. Ele balançou a cabeça.

— Talvez isso nunca melhore.

— O que Dietrich diz?

— Que eu tenho questões com intimidade.

Eita.

— Mais alguma coisa?

— Não...

As luzes do McDonald's de dois andares se acenderam na calçada diante de nós. O trânsito na Clark Street se intensificou perto do drive-thru da Portillo. Libido não era um motivo para término. Se ficássemos juntos e nos esforçássemos — ele com Dietrich e eu, bem, tinha acabado de prometer lidar com isso sozinha —, quem sabe o que poderia acontecer? Não iria desistir por causa dessa sua grande "revelação".

— Eu deveria querer tirar suas roupas, mas não quero.

Ele tocou meu braço e disse que nunca tinha sentido algo parecido por ninguém. Seus olhos contavam a história da tortura que o dominava. Eu conhecia essa história. Vivera toda uma vida sentindo que havia algo irremediavelmente rompido dentro de mim. Passara anos e anos buscando soluções para meus problemas, tentando me encontrar como menina, bailarina, texana, estudante e namorada, e essa batalha me deixara com a cara no vaso sanitário por anos. Assim como eu, Brandon sempre se deu bem nos estudos e alcançou uma alta posição na medicina, mas sua vida pessoal — como ele se sentia em relação a si mesmo, como lidava com a perda precoce do pai e como se relacionava com as outras pessoas, especialmente mulheres — fora deixada de lado por muito tempo. Como eu poderia lhe dar as costas em um momento em que ele estava buscando sair do mesmo pântano em que eu me encontrava? Ele pedia segurança emocional, e eu o amava o bastante para tentar fazer funcionar do jeito dele. Ao menos por um tempo.

Quando cheguei ao grupo no dia seguinte, estava arredia. Sentia a necessidade de cruzar as pernas de dez em dez minutos. Trechos da última conversa com Brandon flutuavam em minha cabeça, mas não disse nada. Mal abri a boca nos noventa minutos.

Dois dias depois, o mesmo aconteceu no grupo da quinta-feira. Lorne me perguntou o que estava acontecendo com o doutorzinho, e Patrice perguntou se eu estava bem. Recusei-me a dar respostas completas, e todos me deixaram em paz até pouco antes de a sessão terminar, quando Max perguntou se eu achava que manter segredo estava funcionando. Patrice disse que estava se perguntando a mesma coisa.

O Dr. Rosen começou a dizer algo, e então se deteve.

— O que foi? — perguntei.

Tinha deixado uma mensagem para ele explicando que concordara em manter o segredo de Brandon, mas não dei mais detalhes.

— Posso falar uma coisa sobre a mensagem que você deixou? — perguntou ele.

— Manda ver.

— Eu não vou contar seu segredo, mas...

— Segredo? — perguntou Lorne.

— Christie — Max tomou a palavra, alongando as duas sílabas de meu nome em voz baixa —, o que você está fazendo?

O Dr. Rosen me assegurou que eu não precisava falar nada, mas queria se certificar de que eu compreendia como funcionavam os segredos.

— Quando concordamos em manter o segredo de alguém, também guardamos a vergonha dessa pessoa.

Eu já sabia daquela filosofia. Mas eu não entendia era por que seria tão ruim ajudar meu namorado a lidar com a própria vergonha. Manter o segredo dele iria me matar enquanto arrumávamos nosso relacionamento? Relacionamentos não envolviam estabelecer compromissos para que não morrêssemos solitários ao lado de uma lata cheia de cinzas de bebê?

O apetite do grupo foi aguçado: queriam a revelação e tentaram chutar. Fraude? Falência? Esposa secreta? Apostas? Cheque sem fundo? Impulsos pedófilos? Brandon confiou seu segredo para mim e aquele grupo de estranhos suspeitava de que ele estivesse envolvido em lavagem de dinheiro ou aliciamento de menores. Olhei para o Dr. Rosen e implorei que fizesse todos calarem a boca, mas ele fez que não com a cabeça, insistindo que estavam me ajudando a carregar a culpa.

— Eles estão mostrando o preço que você está pagando.

Olhei no rosto de todos. A leveza de momentos antes não existia mais. E eu desejava muito contar a eles o que Brandon tinha me contado. Se eu contasse, Max iria rir e dizer algo maldoso sobre o mito do homem insaciável. Lorne diria algo maldoso sobre as viradas. Patrice acariciaria meu braço e balbuciaria palavras consoladoras, e Vovó Maggie apontaria para sua aliança de casamento. Brad, por fim, faria alguma pergunta sobre o histórico financeiro de Brandon. Eu amava meu grupo muito mais do que amava Brandon, mas não podia levar todos comigo para casa. Eles não poderiam ser minha companhia na próxima reunião dos colegas da faculdade. Não poderiam segurar minha mão à noite ou construir uma família comigo. E não poderiam me impedir de morrer sozinha.

O Dr. Rosen perguntou como eu estava me sentindo.

— Sozinha — respondi, com a voz embargada.

35

Na segunda-feira antes do Dia de Ação de Graças, permaneci em silêncio enquanto todos do grupo discutiam as complicações de seus planos para o feriado: Max tivera um atrito com a esposa por não encomendar a farinha de rosca certa para o recheio do peru. As filhas de Patrice estavam na cidade, mas queriam passar tempo demais com o pai. O enteado de Vovó Maggie, que viera do Arizona, havia desobedecido às regras da casa e fumara maconha no porão. O Dr. Rosen escutava e respondia a cada um. Ele olhou para mim muitas vezes, mas mantive a expressão impassível.

Max me deu um chutezinho com seu sapato caro.

— Você está quieta.

Confirmei com a cabeça e dei de ombros.

— E aí, o que pode dizer para nós? Pode nos contar quais são seus planos para o Dia de Ação de Graças?

Girei na cadeira para olhar o relógio na parede logo atrás de mim. Faltavam cinco minutos. Eu conseguiria ignorar essa pergunta pelos próximos trezentos segundos? A verdade é que eu não tinha planos. E embora pudesse me juntar a muitas pessoas — Clare, Rory, Marnie, Patrice, Lorne e Renee —, que ficariam felizes de me receber, fiquei envergonhada de mendigar um lugar na mesa de alguém. Disse para minha família que ficaria em Chicago com o rapaz com quem estava namorando porque supus que passaríamos o feriado juntos. Porém, na noite de sexta-feira, Brandon anunciara que no dia seguinte partiria para uma viagem em família de uma semana. Não tive tempo de processar todos os meus sentimentos — a vergonha, a solidão, a dor e a raiva. Eles se acomodaram como um explosivo caseiro debaixo de minha caixa torácica.

— E Brandon? — perguntou Max.

Olhei para o Dr. Rosen, esperando que ele soubesse que eu estava a ponto de explodir com a vergonha de ter que encarar mais um feriado sem ter aonde ir, mesmo tendo um namorado. Era a Itália com Jeremy se repetindo outra vez.

— Vá em frente — aconselhou ele.

Ele sabia.

Fiz que não com a cabeça, tentando resistir.

— Você quer guardar tudo isso dentro de você? — perguntou o Dr. Rosen enquanto olhava para o relógio.

Faltavam duzentos segundos.

— Não! — gritei. — NÃO! NÃO! NÃO! NÃO!

— Não o quê? — quis saber o terapeuta, me encarando.

Não para tudo: me calar por um cara que não queria passar o feriado comigo depois de meses de namoro. Brandon me avisar de sua viagem 48 horas antes do voo. Aquela solidão. Ser virada. O silêncio. E por ficar isolada, solitária, cheia de segredos no grupo. O Dr. Rosen me olhava do mesmo modo que olhara quando voltei da Alemanha. Ainda estava preocupado comigo, seu pequeno desastre. Deveria me odiar. Eu me odiava.

— O que você quer? — perguntou.

— Pare de ser legal comigo!

— Eu não vou deixar de amar você. Nem eu, nem o grupo.

Fechei os olhos com força. Odiava todos eles pelo que tinham: sogros que detestavam, ex-cônjuges, enteados adictos. Receitas de recheio para o peru. Família. Lugares onde precisavam estar, pessoas para quem fazer companhia. Se abrisse meus olhos, veria a reação de todos ao admitir que não tinha aonde ir. Desabei no chão, agarrei meus cabelos e puxei. Com força. A dor física trouxe algum alívio. Minhas mãos fechadas estavam cheias de cabelos arrancados.

Eu queria que a terapia fosse linear. Queria identificar avanços mensuráveis a cada ano. Naquele momento, depois de cinco anos e dois meses, deveria estar imune aos ataques de fúria que me faziam arrancar tufos de cabelo com as próprias mãos.

Patrice colocou a mão em minhas costas.

— Por favor, não se machuque. Venha para minha casa.

— Não quero que vocês tenham pena de mim! Quero ter minha família! Achei que você pudesse me ajudar, Dr. Rosen!

As janelas vibravam com meus gritos. Mais uma vez, eu era a mulher em prantos com fios de cabelos nas mãos. Será que algum dia eu conseguiria ser outra coisa?

— Você consegue suportar a dor? — perguntou o Dr. Rosen.

— Não!

Não faltava mais nenhum segundo para o fim da sessão. Minha cabeça doía.

— Aceite a dor.

Levantei-me e peguei um vaso de flores de cerâmica que estava no parapeito da janela. Ergui-o sobre minha cabeça com as duas mãos e o bati com força bem na região onde a testa se unia ao couro cabeludo. Um silêncio ardente me dominou antes da onda de dor em minha cabeça. Soltei o vaso. A terra, salpicada de bolinhas brancas, caía no carpete junto com um graveto de eucalipto. O Dr. Rosen agarrou meus punhos e me conduziu de volta à cadeira. Não resisti. Toquei o galo que já se formava em minha testa. A sala estava em silêncio, exceto por minha respiração irregular.

— Diga, doutor: "Vamos parar por hoje." Já chega.

Já eram 21h02. Ninguém se moveu. Sem levantar os olhos, perguntei:

— O que eu faço?

Estava perguntando a todos eles, já que não nos veríamos durante uma semana. Um soluço preso em meu peito se libertou.

— Achei que estivesse melhorando...

— Não se machuque mais — pediu Patrice. — Por favor.

— Christie... — iniciou Max, hesitante. — Guardar o segredo de Brandon não está te ajudando.

Concordei e estendi as mãos, na esperança de que aquele gesto pudesse me salvar de mim mesma. O Dr. Rosen sugeriu, como sempre, que eu estivesse rodeada de pessoas ao longo do feriado. Que eu fosse a reuniões. Dormisse no sofá de Lorne e Renee. Como uma criança, eu deveria marcar encontros com pessoas do grupo ou das reuniões de recuperação.

Às 21h05, o Dr. Rosen respirou fundo e uniu as mãos. Todos ficamos em pé para o encerramento. Estendi a mão direita, manchada com meu sangue, para Patrice. O Dr. Rosen segurou a outra. As lágrimas rolavam por meu rosto, e a cabeça latejava de acordo com minha pulsação. Na hora de sair, todos se moviam em câmera lenta. Inclinei o corpo para pegar minha bolsa, dando as costas ao grupo. Estava envergonhada por meu ataque, da ferida ensanguentada na testa, de meu caminho tortuoso na terapia.

— Vocês podem ficar mais uns minutinhos? — perguntou o Dr. Rosen.

Todos se detiveram em silêncio diante de suas respectivas cadeiras.

— Quero passar um remédio nesse machucado, Christie.

Ele tirou do armário uma pequena caixa de primeiros socorros. Apertou um tubo de pomada na ponta do dedo e espalhou o conteúdo em minha testa. Depois, deu tapinhas carinhosos em minha cabeça.

— Vai ficar tudo bem — repetiu, duas vezes. — Sua sorte é que você é muito cabeça-dura!

Abri as cortinas para deixar o sol brilhante de dezembro preencher o quarto. O oceano Pacífico se desenrolava em direção à costa como uma língua espumosa. A areia cintilava sob a luz da manhã, e a roda-gigante no cais brilhava contra um céu perfeito e sem nuvens.

Era Natal, e eu estava com Brandon em Santa Monica.

Depois do episódio do vaso, reuni coragem para ser mais direta. Assim que ele voltou de sua viagem de Ação de Graças, disse-lhe, sem rodeios, que gostaria que passássemos o feriado seguinte juntos. Não era um teste ou uma exigência — era uma necessidade. Ele sugeriu que fôssemos a Los Angeles por alguns dias.

— Conheço um hotel excelente na praia — comentou.

Ele nunca me perguntou sobre o machucado na testa.

O Dr. Rosen parecia neutro sobre aquele relacionamento — nunca deu a entender que eu deveria contar os segredos —, mas todo o grupo estava descrente. Entre si, especulavam durante as sessões: quanto ao segredo, se ele ainda me virava durante o sexo ou quanto mais aquilo ia durar. "Será que ela pelo menos está gostando desse relacionamento?"

Nas férias, Brandon e eu estávamos relaxados e apaixonados. Ele brincou mais e até cantarolava enquanto fazia a barba. Transamos mais, cantamos juntos as canções que tocavam no rádio, comemos pratos preparados com abacate fresco. Assistimos ao filme *À procura da felicidade*, em que Will Smith interpreta um vendedor fracassado que acaba caindo em um estágio não remunerado em uma corretora de prestígio e por fim se torna um homem de negócios riquíssimo. Brandon segurou minha mão o tempo todo. O filme provava que mudanças aparentemente impossíveis podiam acontecer. Sob o céu brilhoso da Califórnia e com o oceano como testemunha, deixei a felicidade entrar.

— Domingo vou encontrar minha mãe para um brunch no Peninsula — avisou Brandon.

Ele andava de um lado para outro em minha sala numa noite de janeiro enquanto eu verificava e-mails de trabalho em meu BlackBerry.

— Quer vir com a gente?

Levantei a cabeça de repente. Abandonei o BlackBerry no balcão. Brunch. Peninsula. Mãe.

— Sim. É lógico que quero ir ao brunch com você e sua mãe no Peninsula.

Era a segunda semana de inverno, e tudo em Chicago estava quieto e congelado: árvores carregadas de neve, ruas escorregadias cheias de neve suja, os gélidos trilhos que levavam ao trem. Entretanto, sob meu suéter de lã, meu sobretudo e meu gorro, eu estava cheia de vida. Nunca tinha conhecido uma mãe durante o brunch de um hotel cinco estrelas antes. Meu coração aqueceu todo o corpo. Sutilmente, dei a entender ao grupo que as coisas estavam indo bem.

— Talvez eu vá para um brunch chique no domingo com um amigo e a mãe dele.

Na manhã combinada, a mãe foi com o motorista nos buscar em um longo Mercedes preto. O casaco de pele que ela usava era tão grosso que eu não conseguia enxergar sua cabeça. Ela apertou minha mão e deu um pequeno sorriso. Depois de nos acomodarmos, falamos sobre os romances de Barbara Kingsolver e pedimos a mesma entrada: omelete de claras com vegetais frescos e queijo de cabra. Ela manteve o casaco de pele sobre os ombros, mas o sorriso se abriu mais e ela riu de minhas piadas.

Mais tarde, Brandon contou que sua mãe gostara de minha "alegre companhia", e presumi que o passo seguinte seria conhecer seu irmão caçula, que morava em Londres, e então ele poderia conhecer meus pais na primavera, quando eles viessem me visitar. Em cada imagem que projetava de meu futuro, manipulava a imagem para que Brandon também estivesse na moldura. Logo além da moldura, conseguia sentir meus colegas do grupo e o Dr. Rosen comemorando, embora ninguém além de mim pudesse vê-los.

36

Brandon parou de me beijar na boca. Quando o questionei sobre isso, ele respondeu que meu hálito cortava o tesão dele, mesmo depois de eu escovar os dentes, passar fio dental e fazer bochecho com enxaguante bucal. Chateada, escovei com mais força e usei mais enxaguante. Ainda nada de beijos.

Então ele começou a trabalhar até mais tarde. Marcava reuniões fora da cidade e recusava minha oferta para levá-lo ao aeroporto. Ainda transávamos cerca de uma vez por semana e meu rosto estava sempre apertado contra o travesseiro — 100% das vezes. E minha voz ficava trêmula e inutilizada todas as vezes. No trabalho, me imaginava parando e dizendo algo — qualquer coisa — na próxima vez que ele me virasse. Ou puxando o assunto no carro, durante o jantar, por mensagem de texto. Eu havia prometido a mim mesma que não dormiria com ele se não conseguisse conversar sobre como estávamos fazendo sexo. Porém, em seu quarto, sobre seus lençóis sofisticados, não conseguia abrir a boca.

Também ficava em silêncio no grupo. Queria tanto tagarelar e pedir opiniões. Fazia tanto tempo que não atualizava meus colegas que já não imaginava que conselhos me dariam. Eles me diriam para pedir beijos na boca? Discutir como eu me sentia com aquelas viradas? Aceitá-lo como ele era? Acabar com tudo de uma vez? Assustava-me pensar que minha conexão com os membros dos grupos e suas respectivas vozes estivessem se esvaindo de minha memória.

As manhãs de domingo com Brandon ainda pareciam normais. Dormíamos até mais tarde, líamos o *New York Times* e íamos à academia. Naquelas poucas horas, passando o jornal ou comemorando depois de correr na esteira, eu acreditava que nosso relacionamento era mais forte do que qualquer coisa que estivesse acontecendo no trabalho dele. Relacionamentos reais têm altos e baixos. Todo mundo dizia isso. Nosso coração podia não ter a sintonia perfeita, mas tinha entalhes suficientes para que se conectassem.

Em certo domingo no início de fevereiro, encontramos um amigo de faculdade de Brandon em frente à academia. Ficamos parados no estacionamento, dando saltinhos para permanecermos aquecidos enquanto gordos nacos de neve caíam de um céu cinzento. Fiquei escutando os dois falarem de amigos em comum, ortopedia e da Dow Jones.

— Como está Marcie? — perguntou Bill.

Eu conhecera Marcie, uma das colegas em comum dos dois, em agosto, quando ela veio a Chicago para se encontrar com compradores de sua linha exclusiva de armações de óculos de altíssima qualidade. Tive inveja de seus cabelos longos e cacheados, sua jaqueta de couro incrível e seus óculos com armação moderna. Em comparação a seu estilo nova-iorquino, me senti um saco de lixo do Meio-Oeste.

— Vou encontrar com ela daqui a duas semanas — respondeu Brandon.

Ora, eu não sabia.

— Em Nova York? — perguntou Bill.

— Cancún, na verdade.

Se minha vida fosse um filme, eu teria cuspido a comida ou esvaziado a boca cheia de refrigerante na cara de alguém. Meu namorado, com quem estou há dez meses, acabara de anunciar casualmente suas férias com outra mulher em outro país. Devo ter ouvido errado. Brandon não percebeu meu choque. Alguns minutos depois, Bill tocou meu ombro, despediu-se e foi embora. Brandon começou a caminhar em direção à academia. Não me movi. Depois de dar alguns passos, ele olhou para trás e me perguntou qual era o problema.

— É sério isso? — Minha voz saiu baixa e imponente. Estava falando de meu âmago.

— O quê?

— Você está brincando, né?

Dei as costas a Brandon e comecei a caminhar em direção ao carro. Para mim já era o suficiente.

Quando abri a porta do motorista, ele me alcançou. No carro, olhei fixamente para a frente enquanto enfiava a chave na ignição e ligava o aquecimento no máximo. Cobri a boca com as mãos e soltei meu hálito quente nelas. Um CD qualquer estava tocando, e aumentei o volume até o máximo. Ele se sentou no assento do carona e abaixou o volume.

— Christie.

Aumentei o volume outra vez. Ele apertou com força o botão para desligar o aparelho e segurou minha mão longe.

— Por que você está tão brava?

— Saia, por favor.

Ele não se moveu. Pela primeira vez, eu não estava histérica mesmo sabendo que, ao pôr do sol, eu estaria solteira.

— Não se faça de idiota. Não combina com você. Além disso, Cancún é onde os alunos de ensino médio dos colégios do Texas vão para encher a cara e farrear nas férias no começo do ano...

— Ela tem uma reunião de trabalho e pediu que eu fosse...

— Me diga o que está acontecendo ou saia já do meu carro.

Ele soltou um suspiro pesado, o que me fez querer lhe dar um soco. Aquilo tudo era demais para o pobrezinho do Brandon.

Então ele começou a dizer coisas como "você deveria estar com alguém que queira estar com você" e "você merece alguém melhor".

— Se você quer terminar, termine como um adulto.

— Estou dizendo que você merece alguém que queira estar com você.

— Você está dizendo que o problema não é você.

Ele não respondeu.

— Você não está nada sexy — disse Max.

Eu ainda estava usando as mesmas roupas do dia anterior — um suéter, agora todo amassado, e uma blusa, agora para fora da calça.

— Terminei com Brandon ontem à noite.

Arquejos. Olhos arregalados.

— Você tem algum objeto pontiagudo escondido? — perguntou Lorne.

Ergui as palmas das mãos em posição de rendição. Nada de armas. Não tinha nenhum impulso de me ferir ou quebrar minhas coisas. Esse término, diferentemente dos outros, tinha algo de novo: uma forte sensação de alívio. Agora eu poderia parar de fingir que Brandon era minha alma gêmea e seguir em frente. Quando contei a eles sobre Marcie e Cancún, ninguém pareceu chocado.

— O doutorzinho tem problemas sérios — sentenciou Lorne.

— Dinheiro não cura maluquice — concluiu Max, olhando para Brad, que ainda tinha certeza de que curava, sim, senhor.

O Dr. Rosen ficou me encarando por um longo tempo.

— Já sei o que você vai dizer — falei.

Eu estava com as mãos abertas, incapaz de brigar. O terapeuta abriu as dele, me imitando.

— Sou todo ouvidos.

— Você vai dizer que esse grupo me ama. Que meu outro grupo me ama. Que você me ama. E que vou ficar bem.

É óbvio que ele reforçaria que ficar sentada naquele círculo com as roupas desalinhadas e entregar meus pensamentos e sentimentos a ele e ao grupo era suficiente.

— Ei! — O rosto de Lorne se acendeu como uma abóbora iluminada durante o Halloween. — Você pode contar o segredo dele agora?

Olhei para o Dr. Rosen, cuja expressão era inescrutável. Queria contar tudo a eles — voltar a como era antes de escolher Brandon em detrimento deles, mas não queria que fosse assim. Não queria que fosse para satisfazer a curiosidade de Lorne ou enquanto tudo ainda era tão recente. Fiz que não com a cabeça — contaria depois. E comecei a sentir um tremor incontrolável. Meus dentes batiam feito moedas caindo no mármore. Meus joelhos sacudiam para cima e para baixo. Envolvi o tronco com meus braços e tentei ficar parada. Era impossível.

— O que está acontecendo? — perguntou o Dr. Rosen.

Balancei a cabeça. Nenhum esforço era capaz de conter o tremor, que ficava cada vez mais violento.

— Peguem um cobertor para ela — sugeriu Patrice.

Olhei para o canto onde ficava a coleção tristonha de almofadas com franjas dos anos 1970 e vi um velho cobertor marrom que gritava "varíola".

— Não precisa, obrigada — respondi, entre batidas de dentes.

O Dr. Rosen ficou em pé e afastou sua cadeira. Sentou-se no chão, com as pernas bem afastadas, e abriu os braços.

— Putz, lá vem — murmurou Max.

— O que você está fazendo? — perguntei.

— Tenho uma ideia. — O Dr. Rosen me lançou um largo sorriso e abriu ainda mais os braços. — Tenho a sensação de que você precisa de um abraço. Você está prestes a assumir uma nova identidade e uma nova maneira de pensar sobre si mesma.

Ele alongou ainda mais os braços.

— Ele está te oferecendo um abraço — disse Max.

— Como?

Max me jogou uma almofada. Caminhei até onde o Dr. Rosen estava sentado e estendi a almofada para ele, que a posicionou como uma folha de figueira. Ajoelhei e, em seguida, sentei-me. O terapeuta dobrou o joelho esquerdo para apoiar minhas costas e seu joelho direito formou uma ponte sobre as minhas pernas estendidas. Eu ainda estava tremendo, com as mãos e pernas sacudindo sem parar.

— Respire — instruiu ele.

Inspirei até sentir que meu peito ia explodir. Lentamente, deixei o ar sair, molécula por molécula. O tremor persistia, mas com menos força. Uma onda de vergonha por estar ali com outro fracasso na conta lavou meu corpo. Deixei que lavasse. Não tentei expulsá-la de minha mente e não me assustei com pensamentos sobre morrer sozinha. O Dr. Rosen me abraçou. Deixei que o fizesse.

Depois de alguns minutos, acomodei a cabeça no ombro dele. Ele passou o braço pelas minhas costas e me puxou para mais perto. Enterrei o rosto em sua camisa como uma criança e comecei a balançar, para a frente e para trás. Ele me deu tapinhas gentis nas costas. Para a frente e para trás, até chegar a outro lugar — a um tempo ancestral quando eu ainda não falava e era preciso me ninar para dormir, antes de saber o nome das coisas, antes de conhecer o significado das palavras *fracasso* e *fracassada*.

A sessão seguiu como sempre: Lorne nos contou uma história sobre sua ex-mulher e Max disse algo sobre a candidatura de sua filha para a faculdade. Estavam todos ali, mas eu estava bem longe — era uma criança, bem novinha, um bebê. Quando o Dr. Rosen falava, seu pescoço vibrava em meu crânio. Mantive os olhos fechados, mas, quando eles se abriam vez ou outra, eu via o relógio do Dr. Rosen, os sapatos de Max, o carpete manchado. Passaram-se vinte minutos. Depois mais vinte.

— Vamos parar por aqui — disse o Dr. Rosen.

Nós dois ainda estávamos no chão, e a sessão havia terminado. Abri os olhos e me sentei direito. Meus quadris doíam, e não tinha certeza de que conseguiria ficar em pé sozinha. Max pegou uma mão, e Brad, a outra. Fiquei em pé e entrei no círculo.

37

Para me ajudar a superar Brandon, o Dr. Rosen me passou duas prescrições: sentir meus sentimentos em qualquer lugar, a qualquer hora, e não cometer nenhum ato que exigisse óculos de proteção. Concordei e decidi que minha solteirice seria diferente dessa vez. Eu abraçaria e exploraria a vida. Deixaria ir embora essa ideia de que ser solteira era uma sentença de morte ou doença fatal. À noite, me sentaria em meu sofá e observaria o horizonte de Chicago. Quando meus dedos se sentissem ansiosos para quebrar algo, telefonaria para Rory, Lorne ou Patrice. Atravessaria a solidão, rastejando até aquelas vozes familiares que eram promessas de consolo.

Certa noite, o marasmo parecia uma maldição, e não havia ninguém por perto. Perambulei da cozinha ao quarto e fiquei na porta, observando minha cama e imaginando os fantasmas de Jeremy, do Estagiário, de Alex e Brandon pairando sobre o edredom.

— Adeus — sussurrei.

Em seguida, abri o notebook, passando por lojas de móveis em busca de uma cama nova. Gostava da ideia de uma cama nova para esse novo capítulo de minha vida, independentemente do que me aguardava. Mesmo que fosse apenas eu.

Clique. Clique. Clique.

Agora eu era a nova proprietária de uma cama gigante tipo tradicional, uma senhora cama pesada de carvalho claro que seria entregue em duas semanas. Uma rajada quente de triunfo me fez erguer o punho em comemoração. Sonhara com essa cama para minha prima mais nova e comprometida na noite em que cortei o braço do ursinho do Dr. Rosen, mas agora a reivindiquei para mim.

Na semana seguinte, me propus o desafio de dizer "sim" a qualquer convite social. Sem exigências. De alguma maneira cósmica, a notícia de minha nova resolução deve ter se espalhado, pois os convites não paravam de chegar. *Vamos ao show de uma banda country de que nunca ouvi falar com uma colega de trabalho? Vamos acompanhar Nan até o sex shop para ela comprar um vibrador novo? E quanto a um filme em preto e branco de Preston Sturges em um antigo banco transformado em cinema a 15 quilômetros de Chicago?* "Sim, sim, sim. Eu vou. Estou viva. Eu existo."

No Dia do Presidente — uma manhã de inverno mais que congelante —, acordei em meio a uma névoa de vergonha e raiva. Meus punhos se fecharam e a cabeça latejava.

"É isso. É agora que deslizo e caio do penhasco." Brandon e eu deveríamos estar, naquele momento, em New Hampshire para um casamento — se ainda estivéssemos juntos. Provavelmente ele levara Marcie e eles estavam fazendo o que quer que se fizesse em New Hampshire no meio do inverno: batendo em árvores para obter xarope de bordo? Pescando no gelo? Trepando em frente à lareira? Diante de mim, um dia longo e vazio se estendia: o escritório estava fechado e eu não tinha outros planos além do grupo. Feriados iminentes sempre foram minha ruína. Eu mal conseguia respirar. Para espantar o desespero, calcei os tênis de corrida e saí.

O céu ainda estava cinzento e a temperatura pairava em torno dos 10º negativos. Uma camada de neve deixava as calçadas escorregadias, então corri na rua. O ar estava tão gelado e úmido que respirar era um esforço por si só. Quando cheguei à beira do lago, o Sol estava nascendo sobre a água meio congelada. A cada passo, minha respiração soprava em uma nuvem de ar branco. Aquela corrida era quase um autoflagelo — o mundo estava congelando ao meu redor —, mas decidi: se avistasse outro corredor solitário nos próximos dois minutos, continuaria. Se não, entraria em um táxi e iria para a cafeteria na esquina do consultório do Dr. Rosen até dar o horário do grupo.

Menos de um quilômetro depois, avistei uma corredora solitária com uma jaqueta verde e comecei a segui-la como à estrela do Norte.

Pé esquerdo, pé direito, respira.

Pé esquerdo, pé direito, respira.

Siga a jaqueta verde. As luzes verdes. Vai, vai, vai.

Quando o Sol despontou no horizonte, parei para olhar aquele punho ardente e desafiador elevando-se do lago Michigan. Elevei e movi o punho em resposta. Quando fiz a curva onde a Wacker cruza com a Lake Shore Drive, parei, apoiando as mãos nos joelhos, e tentei acalmar a respiração. Alguma coisa estava acontecendo. Todo o meu corpo estava inexplicavelmente quente — por dentro.

Então, olhando aquela bola de luz, ouvi uma voz: "Está tudo bem." Olhei para trás, sobre o ombro. Não havia ninguém ali. De quem era aquela voz? Nunca na vida tivera um pensamento tão subversivo: que eu estava bem exatamente como estava, mesmo sem um companheiro, um amor, uma perspectiva, um amado, um parceiro, uma família para chamar de minha, com um futuro brilhante, rodeada de pessoas que me conheciam de verdade.

Uma camada de gelo estava se formando em meu nariz, então tive que continuar correndo. Meu ritmo dobrou — a velocidade de uma redenção silenciosa. "Está tudo bem, está tudo bem, está tudo bem" a cada batida de meu coração acelerado. Foi uma revelação. E elas continuavam a vir. O meu bem-estar não pertencia a Brandon, nem a ninguém. Nem mesmo ao Dr. Rosen — ele não podia me fazer ficar bem. Tudo o que ele podia fazer era comparecer às sessões e testemunhar as trapalhadas de minha vida pessoal, oferecendo-se para me abraçar quando a dor ameaçava me derrubar. Eu estava bem, ou bem o suficiente, pela primeira vez na vida. Porque assim decidi.

Não tinha a intenção de comentar esses pensamentos no grupo, pois os considerei muito fugazes. Mas aconteceu, no meio da sessão. Lorne estava lendo a última ordem jurídica relacionada à luta pela guarda dos filhos e aquele sentimento tomou conta de mim outra vez — a sensação de bem-estar, bem ali, naquele momento.

— Pessoal, alguma coisa está acontecendo comigo.

Patrice tocou minha bochecha com as costas da mão.

— Sim, você está congelando.

— Tive uma revelação, mas é difícil descrever. Era como se alguém estivesse falando comigo, mas era eu. Disse a mim mesma que está tudo bem. Tipo, agora, nesse exato segundo, está tudo bem.

O Dr. Rosen abriu um sorriso perplexo.

— Mesmo se o Grande Amor nunca aparecer, mesmo se eu tiver que adotar uma criança e ser mãe solo, mesmo se todos os romances, de hoje em diante, derem errado, estou bem. Consigo viver e trabalhar. E consigo vir para cá.

O Dr. Rosen se inclinou em minha direção.

— E nós sempre a amamos assim, como você é. Faz muito tempo.

Eles sempre me amaram. Assim como o grupo das terças. Continuaram o meu lado mesmo quando surtei, detonei bombas de autopiedade, me lamentei, chorei, briguei e monopolizei as sessões com minhas questões. Eu não morreria sozinha. Essas pessoas estariam comigo. Ajudariam minha família a organizar um funeral adequado, diriam coisas legais sobre mim e explicariam para minha mãe, confusa e enlutada, a origem do bebê Jeremiah.

Visualizei meu coração e vi entalhes de cada sessão de grupo a que compareci, de cada rapaz que namorei, de cada discussão com o Dr. Rosen ou com algum colega do grupo. Cada "vá à merda" dirigido a meu terapeuta era um talhe. Cada mensagem de voz inflamada, cada acesso de raiva durante uma sessão, cada puxada de cabelo, cada louça quebrada. Cortes, talhos, marcas de arranhões, lascas, furos, estrias. Meu coração, pulsante e desordenado, ganhou entalhes a cada tentativa, cada semiacerto, cada investida em direção a outras pessoas — àquelas que retribuíam meu amor e àquelas que não.

Para complementar minha política de dizer "sim", comecei a expressar exatamente o que desejava dos outros, como uma forma de compensar meu comportamento inexpressivo com Brandon. Nunca mais abandonaria a mim mesma durante o sexo. Porém, para manter esse compromisso, teria que começar a me expressar em situações não sexuais. "Quero sair esse fim de semana", escrevia a meus amigos, em vez da versão mais segura: "Seria legal sair esse fim de semana." Quando Anna, uma colega de trabalho, respondeu dizendo que tinha planejado assistir a um show do Rusted Root na House of Blues, preenchi o quadradinho no calendário. Minha voz, expandindo-se no vazio, começou a moldar minha vida.

Então enviei outra mensagem: *Sábado vou a um show com alguns amigos. Quero você lá!* Cliquei "enviar" e ri. Eu mandei mesmo uma mensagem para John, do nada? John era o cara da Skadden, aquele que usei para testar Brandon. A mensagem era uma aula de voz própria. Pouco antes de enviá-lo, sorri para o *Quero você lá!* — nunca havia dito algo parecido a um homem.

Não tinha perspectiva de casamento nem esperança de que John e eu pudéssemos dar certo. Apenas me lembrei dele. Depois de clicar em "enviar", voltei ao trabalho sem querer verificar compulsivamente as respostas. Para ser sincera, eu não me importava se ele fosse conosco ou não.

Depois que cancelei o jantar com John, no outono passado, pensei que nunca mais teria notícias dele. Porém, seis semanas antes do término com Brandon, John me ofereceu um ingresso para assistir ao *Turandot*, de Puccini, no Lyric Opera. Quando contei a Brandon, como sempre, ele pareceu imperturbável. Ele nem estava mais na fase de teste — o brunch no Peninsula já havia acontecido. Então, três dias antes da data em que eu deveria sair com John, Brandon me telefonou no trabalho para perguntar se eu tinha planos naquela noite. Era uma noite de quarta-feira naquela zona dominada pela neve no início do inverno — meus planos eram me enrolar no edredom e amaldiçoar a temperatura de Chicago. Ele me perguntou se eu queria ver o *Turandot* naquela noite. Ingressos de seus pais, exclusivos da temporada. Quarta fila, no meio da plateia. À maneira tipicamente disfuncional que nos relacionávamos, ninguém mencionou que eu tinha combinado de assistir à mesma ópera com John no sábado à noite. Sorri no meio da conversa, pois Brandon estava demonstrando que se importava comigo. Conosco. Talvez se sentisse um pouco ameaçado.

Três dias depois, assisti à mesma ópera do segundo foyer com John e seus dois amigos. Depois do espetáculo, Michael, um dos amigos, nos deu uma carona para casa. "Nessun dorma" tocava alto no carro. Do banco de trás, escutei Michael e John discutindo a respeito da melhor sobremesa de Chicago. Durante toda a noite, fiquei pensando que John era mais atraente do que eu me lembrava, mas também me veio à mente que ele poderia ser gay.

Perguntar a um cara talvez gay se queria ir comigo e uns amigos a um show: baixas expectativas.

Eu adoraria ir. Que horas?

Seis horas antes do show, cheguei à sessão com um péssimo humor. Minha vida nova — da maneira que a estava vivendo — era cara e cansativa. Ingressos de shows, cama nova, sushi para um... Nada disso era barato. Estava exausta daquilo tudo, e muito frustrada. Gritei com o Dr. Rosen. Muitos "vá à merda", "isso não funciona" e "por que você não admite que não é capaz de me ajudar?". Nada que o terapeuta ou os membros do grupo disseram acalmou minha mente, dominada por um único pensamento: *Estou ferrada demais, e odeio isso.*

Depois do grupo, irrompi de volta para o escritório, amaldiçoando o show ao qual eu deveria comparecer com um sorriso no rosto e toda sociável. Aquelas horas passaram. Continuei em minha mesa. Eram quase 19 horas. Eu deveria encontrar todos, inclusive John, em vinte minutos. Liguei para Rory do escritório e chorei enquanto o Sol se punha no rio Chicago, deixando minha sala escura, iluminada apenas pela luz do computador. Todos já tinham ido embora, menos o pessoal da limpeza.

— Estou cansada de só dizer "sim".

— Você não consegue ir nem por uma hora? Só uma horinha.

Rory ficou na linha até me ouvir dizer "sim".

Antes de sair do trabalho, fui ao banheiro para verificar os estragos de uma hora de choro. A maquiagem havia saído, e eu não tinha um pincel, um batom, nada que se parecesse com um produto de beleza. Penteei o cabelo com os dedos e fiz um coque o qual esperava que parecesse sexy e despojado — que não denunciasse minha crise existencial momentânea. No caminho para o bar, encontrei um gloss velho da Burt Bees no bolso do casaco, o que me pareceu um sinal do Universo — um sinal cintilante em cor de vinho. Ainda havia neve pelo chão, mas era possível sentir o cheiro da primavera anunciando sua chegada.

Quanto mais me aproximava do bar onde deveríamos nos encontrar, mais animada ficava. Lembrei-me de que estava tudo bem. E que em uma hora poderia voltar para casa, para minha cama gigante.

Anna e os outros estavam agrupados em um canto do bar. Alguém me passou um prato quadrado com queijos e frutas secas. Enchi a boca de queijo roquefort cremoso e gouda defumado. John chegou dez minutos depois. Uma pontada de preocupação me acometeu: será que seria meu dever enturmá-lo? Conforme ele se aproximava do bar, captei seu passo seguro, seu sorriso calmo. Ele cumprimentou os colegas de trabalho que mal conhecia e me abraçou de lado. Passava uma sensação de ar fresco, de roupas limpas. Esse cara sabia cuidar de si mesmo. E eu poderia ir embora quando quisesse.

— Desculpe o atraso — disse John, inclinando o corpo em minha direção para que eu pudesse ouvi-lo no bar lotado. — Acabei de comprar uma cama nova e tive que esperar o entregador.

Contei a ele sobre minha cama estilo tradicional nova. Havia algo sugestivo nesse papo de camas e isso mexeu comigo. Talvez ele não fosse gay.

Outros colegas chegaram e nosso grupo se reorganizou no bar. Mas eu sempre acabava ao lado de John.

Eu o observei. Ele não falava muito, mas seus olhos brilhavam, vívidos, enquanto acompanhava as conversas. Quando chegou a hora de ir para a House of Blues, mais uma vez, John e eu acabamos lado a lado. Seu estilo era simples: suéter azul, calça jeans, sapato social preto de bico arredondado. O casaco era do tipo que aquecia, mas não era da moda ou excessivamente sério. Não senti nenhum segredo obscuro ou vergonhoso escondido — nenhum poço de solidão ou indício de algo sombrio que me deixasse tentada e obcecada por consertar.

O celular vibrou em minha bolsa com uma mensagem de texto de Rory, querendo saber se estava tudo bem. Fui ao banheiro para respondê-la: *Ainda na rua e quase me divertindo!*

A House of Blues estava lotada de pessoas suadas e bêbadas com botas. John me comprou uma garrafa de água, e me flagrei desejando com força que ele não fosse gay. Ele parecia alguém, mas não conseguia me lembrar de quem. Uma vaga lembrança cintilava em minha consciência. Não queria interrogá-lo, era apenas uma pergunta. Uma pergunta inofensiva para um rapaz com quem estava gostando de conversar.

— Você tem alguma religião?

Não fazia ideia do porquê daquela pergunta, com aquelas palavras. Ele arqueou as sobrancelhas, surpreso.

— Não esperava por essa pergunta. — Ele deu um golinho na água antes de responder. — Sou judeu de nascença.

Tudo ao redor ficou paralisado e em silêncio: a pista de dança, a área do bar, as pessoas que organizavam o palco. Em um instante que se estendeu até o dia seguinte, também congelei. O cara que dispensara meses atrás, presumi que fosse gay — mas agora queria beijar —, me lembrava do Dr. Rosen. Foi o detalhe do judaísmo que me trouxe a revelação. De repente, tudo me pareceu tão óbvio. Eram dois introvertidos com senso de humor afiado e uma masculinidade gentil, mas firme, que não faziam questão de exibir. Estilo simples que não ostentava status ou denunciava tendências de moda atuais. Ambos tinham um ar de confiança que, às vezes, beirava a arrogância. E eram francos — jamais ignorariam o elefante na sala. Meu bom Deus — ali estava um jovem, solteiro, na idade apropriada, com um ótimo emprego e que lembrava meu terapeuta.

O restante do show foi um misto de suor, dança e entrega ao ritmo da música. John ficou meio de lado, observando a cena toda. Às duas horas da madrugada, ele caminhou comigo até em casa. As ruas da cidade, salpicadas de neve, estavam desertas, exceto por um passeador de cães noturno. Sentia-me como jamais me sentira com um homem antes: calma, tranquila, feliz e animada. Queria ficar perto dele. Queria dormir ouvindo a voz dele. Queria ouvir a opinião dele sobre todas as pessoas que conhecíamos em comum e sobre os lugares para onde ele tinha viajado. Gostava dele, e isso parecia uma força secreta que se acumulava sob minha pele. Rimos outra vez do fato de nós dois termos comprado camas novas nas últimas 48 horas. Isso significava algo, nós dois com nossas camas novas. Um bom sinal.

No dia seguinte, John enviou uma mensagem de voz:

— Não sei se você é solteira, mas, se for, acho que deveríamos sair.

A empolgação que eu sentia era um pilar inabalável de esperança, algo que poderia me guiar, e não me distrair e ofuscar todas as outras coisas em minha vida. Era mais tranquila do que os fortes vendavais trazidos por Reed e o Estagiário. Era mais luminosa e dinâmica do que a linha reta de meu desejo por Brandon. Mas não era avassalador. Eu ainda tinha apetite. Dormia normalmente. Escrevia relatórios no trabalho e ia a reuniões dos Doze Passos.

— Ele é judeu, solteiro, lindo, progressista, gentil, tem um bom emprego e acabou de comprar uma cama nova. — Enumerei todas as qualidades de John para o grupo. — Vamos sair amanhã à noite.

— E te levou à ópera — adicionou Max. — Agora sou eu quem está dizendo: John é o cara.

— Não comece.

Era muita pressão.

— É só um jantar.

Ajeitei o corpo na cadeira e sorri de volta para o Dr. Rosen, igualando sua intensidade.

— Ele parece você.

O Dr. Rosen acariciou o peito.

O La Scarola parecia uma espelunca na Grand Street, mas por dentro era iluminado, cheirava a alho frito na manteiga e garçons se apressavam em servir bandejas de lasanha e lula frita entre o labirinto de corredores. Dezenas de pessoas se amontoavam na porta, mas John falou com o recepcionista, que na mesma hora nos guiou até uma mesa tranquila num canto. Dividimos a massa *arrabiata* e a cabelo de anjo, essa acompanhada de camarão. O assunto transitou entre o que estudamos na faculdade, como nos sentimos em relação a nossos chefes e com que frequência voltávamos para casa para visitar nossa família. Nas três horas que se seguiram, meus olhos não buscaram qualquer outro espaço que não fosse nossa mesa. Fiquei realmente surpresa quando as luzes foram acesas e a música parou.

— Me desculpem — disse nosso atencioso garçom —, mas precisamos dormir.

Eu acabara de passar quase três horas e meia com John e não tinha ido ao banheiro telefonar para nenhum colega do grupo. Meu coração ainda guardava a alegria que senti quando ele me levou para casa naquela outra noite.

No fim do encontro, John apertou minha mão, fazendo um choque percorrer todo o meu corpo. Chegando em casa, não mandei uma mensagem gigante para meus grupos e não liguei para Rory para reportar o que havia comido. Fui direto para a cama e caí no sono, com um sorriso no rosto.

No dia seguinte, foquei o relatório no qual estava trabalhando e encerrei o dia em uma reunião de Doze Passos. Tive o melhor encontro da vida e ainda era capaz de fazer as coisas direito. Antes de ir para a cama, dei uma olhada nas mensagens e vi uma de John.

Acho que acabei de ter o meu último primeiro encontro.

Li a frase inúmeras vezes e então caminhei até a cama na ponta dos pés, como se qualquer movimento brusco pudesse fazer o sentimento desaparecer. Coloquei a cabeça no travesseiro. Todo aquele tempo, esperei pela chance de ter um relacionamento sem dramas, dúvidas, etilismo ou óculos de proteção. Agora essa chance estava em minha caixa de mensagens.

Coloquei as mãos no coração — em meu coração lindo e entalhado.

38

Eu esperava que John ficasse bêbado e mijasse em mim, mas ele não gostava de álcool. Ele não jogava videogame, não era casado nem seguia regras religiosas severas. Quando me contava histórias sobre sua infância e adolescência em Los Angeles, eu ouvia com atenção, procurando sinais de que tivesse problemas com a mãe ou uma raiva inconsciente do pai, mas ele não parecia nada além de emocionalmente estável e trabalhador. Sua personalidade não parecia conter nenhum elemento extremo. Ele se exercitava, mas com moderação. Tinha um emprego que lhe exigia bastante, mas trabalhava apenas o quanto a tarefa demandava. Cuidava das finanças, mas não era mesquinho. Estava preparada para me entediar com aquela estabilidade toda, fazendo meu corpo se enrolar em si mesmo como uma folha no inverno. Porém, estar com John era como comer um pedaço perfeitamente assado de truta do Ártico acompanhado de batatas assadas com alecrim e aspargos grelhados. Saciante, saboroso, nutritivo. Meus gostos tinham mudado, e John era delicioso. Ele me fazia sentir como se eu pudesse me esticar que nem uma estrela-do-mar, transbordando vida.

— Deve haver algo errado — disse ao Dr. Rosen e aos grupos. — Como consegui passar de Brandon para isso em poucas semanas?

Achei que eram necessários meses depois de um término para encontrar um relacionamento saudável.

— Será que ele é meu estepe?

— Pergunte a ele sobre relacionamentos anteriores. Se ele teve algum e como terminaram — sugeriu o Dr. Rosen. — Você será capaz de identificar se ele tem medo de compromisso.

Lorne gemeu.

— Não faça isso. Homens não querem discutir "medo de compromisso".

— Não se preocupem. Serei discreta.

Naquela noite, John acendeu a lareira depois do jantar enquanto eu me encolhia debaixo de um cobertor branco de lã. Ele se acomodou ao meu lado no sofá e fechou os olhos — na noite anterior, trabalhara até a meia-noite.

Saí de baixo do cobertor e o observei.

— Você já teve algum relacionamento longo?

Ele abriu um dos olhos e me encarou.

— Vamos mesmo falar sobre isso agora?

— Estou pensando se você...

— Se já tive algo sério com alguém?

— Isso. Se já foi comprometido. Se sim, o que aconteceu?

— É um teste?

Assenti. Ele riu de seu jeito bem-humorado e contou sobre duas namoradas sérias. Uma logo depois da faculdade, e outra alguns anos depois. Descreveu ambas como ótimas pessoas, de quem provavelmente ainda seria amigo, se não fossem ex-namoradas. O primeiro relacionamento acabou porque ela o traiu, o que desencadeou muito drama. No segundo, terminaram porque eram absurdamente parecidos.

— Não era muito interessante estar com alguém que pensava e agia exatamente como eu.

Embora eu pudesse apresentar mais drama do que ele gostaria, John não precisava se preocupar, pois não éramos muito parecidos. Eu não era nada moderada e passava por mais sentimentos em uma hora do que ele em um mês.

Durante a segunda semana de encontros, John e eu estávamos dentro do carro na frente de meu prédio, nos beijando — nenhum de nós queria se despedir naquela noite. Fui dominada pelo impulso da confissão.

— Eu frequento reuniões de Doze Passos por causa de um transtorno alimentar. E também faço terapia em grupo três vezes por semana. Se você não gosta do que isso significa, talvez cada um devesse tomar seu rumo desde já. E não guardo segredos do grupo, nem adianta pedir. Eles vão saber o tamanho do seu pênis e se você me vira durante o sexo.

Eu estava preparada para uma negociação tensa.

— Sobre a virada durante o sexo, parece uma boa ideia.

Ele não parecia inquieto.

— Estou falando sério.

Ele deu de ombros.

— Fale sobre o que quiser na sua terapia.

— E não chupo pinto sujo, tipo, nunca.

— Anotado.

Ele sorriu, como querendo dizer "o que mais?".

Coloquei a mão na bochecha dele. De onde ele veio?

Nós nos beijamos outra vez, mas logo John se afastou e ficou olhando para baixo, para as mãos. Sua expressão era séria.

— O que foi?

— Eu já sabia da terapia e das reuniões.

— O quê? Como?

— Li alguns dos seus escritos. Dos que você salvou no sistema da Skadden.

Ah, meu Deus. Tinha me esquecido deles. Às vezes, enquanto aguardava — talvez por horas — o retorno dos sócios sobre meus relatórios, escrevia alguns textos, pedaços de histórias, sobre como foi crescer no Texas, frequentar o colégio de freiras e alguns causos da terapia em grupo. Salvava os escritos com meu nome no sistema da empresa com títulos falsos como "Informações de faturamento_Tate" e "Arquivo de litígio_Tate". Pensei que estivessem bem camuflados.

— Você os encontrou?

Ele corou.

— Queria saber mais sobre você.

— Lendo "Informações de faturamento"?

— Funcionou.

Voltamos a nos beijar. Mas então interrompi o beijo mais uma vez. Minha consciência doía como um músculo inflamado.

— Vi *Turandot* com meu ex três noites antes de ir com você.

Seu rosto se cobriu de surpresa.

— Mas você agiu como se não soubesse de nada!

Antes da ópera, John me convidara para ir até a casa dele, onde fizera uma apresentação no PowerPoint sobre a vida de Puccini e o enredo de *Turandot*. E acrescentara um desenho animado sobre o acidente de carro de Puccini pouco antes de ele concluir *Madame Butterfly*. Fiquei encantada com seu empenho em me apresentar o mundo da ópera para que eu pudesse aproveitar o espetáculo. Jamais levantaria a mão para dizer que já tinha visto da quarta fileira.

— Eu não queria magoar você.

— É preciso muito para me abalar.

— Eu consegui?

— Quase.

Depois de três semanas de encontros, levantei-me para ir embora da casa de John bem depois da meia-noite. Ele me disse que eu poderia ficar, mas não estava preparada. Fazia apenas seis semanas desde que dormira na cama de Brandon.

— Não precisamos transar — disse ele.

— É que ainda não estou pronta.

Ele foi comigo até meu carro e me abraçou sob o céu azul-marinho.

— Não quero transar com alguém que não me ame. Não estou interessada nisso.

Minha voz, quem diria, estava firme e bela.

— Eu amo você, sim, sabe — sussurrou ele em meu ouvido.

— O quê?

Ele olhou em meus olhos e repetiu.

— Como você sabe?

— Posso sentir.

— Mas só estamos saindo há três semanas.

— Então faz umas três semanas que sei.

Logo passamos a dormir um na casa do outro e a ficar a noite acordados conversando e fazendo "tudo menos aquilo" até os primeiros raios de sol se infiltrarem pelas cortinas. Sempre que chegávamos naquele momento em que o sexo era ou não o próximo passo, eu me afastava.

— Ainda não estou pronta — dizia, incapaz de explicar o motivo.

John era infinitamente mais adequado para mim do que qualquer outro homem com quem dormi ou me amassei em algum estacionamento suburbano, mas não conseguia avançar.

— Por que você está torturando a ele e a si mesma assim? — perguntou Max. — Estou com pena do sujeito.

— Do que você tem medo?

Todos queriam saber, inclusive eu.

O Dr. Rosen pontuou que aquele relacionamento era saudável, no qual eu esperava me encontrar. Estava usando minha voz, estabelecendo limites e respeitando meu corpo quando estava com ele. Ele acreditava que eu temia o sexo porque nos aproximaria ainda mais. Para variar, concordei com ele, mas ainda queria saber mais.

— Por que não consigo apenas transar com ele?

— *Mamaleh*, você vai. Quando estiver pronta.

Então, em certa noite de primavera, não precisei mais manter John a distância. Nosso corpo se encaixou. A parte física de nosso relacionamento era uma extensão de todas as coisas que já fazíamos: conversar, comer, rir, nos beijar, nos tocar, dormir. Pela primeira vez, entendi que o sexo era algo importante para mim não por envolver as partes íntimas, ou porque as freiras me disseram que era uma das grandes preocupações de Deus, ou porque minha mãe me dizia que eu iria parar no inferno se transasse antes do casamento; era importante porque, com o sexo, eu entregava a John meu corpo de um jeito único, e ele me entregava o dele. Juntos, compartilhávamos o prazer dessa troca. E, apesar de ele ser gentil, comprometido e carinhoso, também era um gostoso.

39

Quando meu aniversário de 35 anos se aproximou, fazia apenas quatro meses que John e eu estávamos namorando. Eu esperava jantar num lugar exclusivo, desses que precisa fazer reserva, e algumas palavras amorosas em um cartão assinado: "Com amor, John." O Dr. Rosen sugeriu que eu poderia ganhar um anel de noivado, mas o interrompi. A última coisa de que eu precisava era o peso das expectativas em meu relacionamento tão recente. Ele virou alvo de piada quando John me deu uma escova de dentes elétrica e um porta-retratos de madeira feito à mão. Adorável, mas não eram os diamantes que anunciavam um "compromisso para toda a vida".

Alguns meses depois de meu aniversário, John e eu fizemos uma viagem de duas semanas para a Índia com os colegas de escola dele — nada como uma viagem a um país de Terceiro Mundo, onde nem sempre conseguimos controlar nosso intestino, para fortalecer um relacionamento. John segurou minha mão durante os fogos do Diwali, me ajudou a encontrar absorventes em um supermercado de Goa e carregou as lembrancinhas para todos os membros de meus grupos em sua mala de mão, inclusive um símbolo hindu de metal que representava sorte e fortuna e que, estranhamente, parecia com uma suástica ao contrário — para o Dr. Rosen.

Em dezembro, passamos nosso primeiro Natal-Hanucá em Los Angeles com a família dele. Durante a épica troca de presentes do Hanucá de trinta pessoas, ganhei de sua mãe um vale-presente da Victoria's Secret e, de sua avó, uma caixa de mármore branca com azulejos entalhados, lembrança de uma viagem à Índia de muito tempo atrás. Os primos de John me ensinaram a fazer *latkes* e seu irmão me mostrou antigas fotografias de família com seus antepassados russos — homens austeros com longas barbas e chapéus pretos e mulheres em vestidos também pretos com golas brancas. Quando John colocou a câmera no tripé para uma foto coletiva, fiquei ao lado dele e senti seu abraço. Eu me entreguei aos braços receptivos de sua família.

Certa tarde, escapamos da celebração oficial para uma caminhada tranquila pela praia em Orange County. O sol reluzente da Califórnia sobre a areia branca e quente quase fazia meus olhos doerem — era o mesmo oceano diante do qual Brandon e eu caminháramos no ano anterior, a mesma água que tirou a vida de David. Era reconfortante ver que ela ainda se agitava em direção à costa. Dobrei a barra da calça e tirei as botas para sentir a areia quente e áspera entre meus dedos dos pés. Paramos em uma borda rochosa para observar o oceano. Ali, sob um céu azul surreal, fiquei olhando a praia à procura das celebridades com seus cães. John ficou em silêncio até voltarmos para o carro.

— Quero seguir em frente. Com você.

Ele disse palavras que nunca nenhum homem dissera para mim: "noiva", "certa", "juntos" e "futuro". Coloquei as mãos sobre meu coração acelerado.

Em uma segunda de manhã do mês de março, cheguei ao grupo alguns minutos atrasada e ocupei a cadeira vazia ao lado do Dr. Rosen. Sentei-me sem fazer alarde, sem gesticular ou chamar a atenção para minha mão esquerda.

— Me desculpem, quase fiquei cego com o anel no dedo da Christie — comentou o Dr. Rosen depois de esperar que eu falasse alguma coisa.

Rindo, pulei da cadeira e desfilei pela sala com a mão esticada na frente de cada um.

— Nem muito grande, nem muito pequeno — disse Max, em tom de aprovação.

Patrice segurou minha mão perto da janela para ver o anel na luz do sol.

— Eu sabia, queridinha! — exclamou Vovó Maggie, radiante.

Nunca dei muita bola para joias, mas aquele anel significava muito mais do que as pedras nele incrustadas. John e eu o desenhamos juntos. Havia uma pedra maior, no centro, ladeada por três pedras menores. A grande representava eu e John; as três menores eram o Dr. Rosen e meus grupos, a base de minha vida. Eles me apresentaram a mim mesma, meus apetites, minha raiva, meu terror, meu prazer, minha voz. Tornaram-me uma pessoa real. Não haveria "eu e John" sem eles. Cada dia de meu casamento seria uma homenagem a meu crescimento no grupo, e eu não podia separar meu relacionamento romântico das horas e horas que passei na terapia, conhecendo minha vida.

— Não consigo *entender* como John aguenta você — disse Lorne, dando uma piscadela para mim. — Muito bem! Encontrou um homem que não vira seu corpo todas as noites.

O Dr. Rosen olhou o anel e fez seus *ooohs* e *aaaahs*, e depois celebrou com um *Mazel Tov* genuíno que aqueceu meu coração — recebi esse *Mazel Tov* de um jeito diferente do primeiro, por minha classificação na turma sete anos antes, durante minha primeira consulta. Agora, eu sabia que o Dr. Rosen me amava e que eu merecia sua homenagem e o que quer que "*Mazel*" significasse. Só que queria algo mais. Queria uma bênção explícita — não uma permissão, mas uma consagração. Olhei para ele e pedi.

— Quero algo mais de você.

— O que tem em mente?

— Não tenho certeza.

— Fale sobre isso no grupo e veja se ajuda.

~

O Dr. Rosen atendeu à porta de sua casa toda branca e arrumadinha vestindo jeans e sandálias marrons que expunham os dedos dos pés. Será que tudo bem ver os dedos dos pés do próprio terapeuta? Eu achava estranho, então desviei meu olhar para sua cozinha impecável. Porém, logo senti a cabeça praticamente se dividir em duas por causa da dor — uma dor de cabeça feroz por vir jantar com meu noivo na casa de meu terapeuta. Estava me sentindo levemente enjoada enquanto John dirigia na direção da vizinhança silenciosa no subúrbio, onde o Dr. Rosen morava, mas agora tudo o que eu queria era uma compressa fria e uma dose dupla de ibuprofeno. Apertei a mão de John e tentei me acalmar. *É normal jantar na casa de seu terapeuta.* Entreguei à Sra. Rosen um buquê de peônias cor-de-rosa claras, que ela cheirou e afirmou serem suas favoritas.

— Posso ir ao banheiro? — perguntei, não porque precisava ir ao banheiro, mas porque não estava preparada para conversinhas durante os aperitivos com o homem com quem planejava me casar e o homem que testemunhara tantos chiliques temperamentais e monólogos inspirados por oxiúros.

Sentei-me no vaso sanitário e massageei as têmporas, desejando que minha dor de cabeça se dissolvesse. Contei o número de folhas de papel higiênico — seis — e de bombeadas de sabonete líquido — três — que usei. A tentação de abrir o armário do espelho fez meus dedos coçarem, mas a ideia de confessar minha espionagem para o grupo na semana seguinte me deteve.

No caminho de volta para a cozinha, queria olhar os livros nas estantes, as fotos nos porta-retratos e os *tchotchkes* na mesa de centro, mas estava muito assustada. Não se deve fuçar os pertences de seu terapeuta. E se eu encontrasse coisas embaraçosas, como romances de Nicholas Sparks, ou fotos do Dr. Rosen e a esposa posando com o Pateta em uma viagem para a Disney?

Ainda bem, logo sua esposa nos convidou para nos sentarmos à mesa. Ela tinha um sotaque russo carregado e sorria amorosamente. Entre meu prato e o de John havia um presente.

— Abra — disse o Dr. Rosen, sorrindo.

John puxou o papel e ergueu um ladrilho branco decorado com flores coloridas e uma inscrição que dizia *Shalom Y'all*. Eles o haviam encontrado na última viagem a Israel e acharam ideal, pois celebrava nossas origens: texana e judia. Fiquei sem palavras — tudo o que eu conseguia fazer era olhar para o que estava escrito, absorvendo a ideia de que, mesmo em uma viagem para o outro lado do mundo, meu terapeuta ainda pensava em mim. Em mim e em John.

O Dr. Rosen acendeu duas velas e fez uma oração em hebraico. Então, como combinamos no grupo, ele colocou as mãos sobre minha cabeça e fez a oração hebraica para um filho. A pressão de suas mãos fez a pulsação da dor parar, mas, quando ele passou para John, a dor voltou com tudo. Vi lágrimas brotarem nos olhos de John enquanto o Dr. Rosen recitava a oração, o que me fez chorar também.

A Sra. Rosen pediu desculpas, pois não era época de nabo. Olhei para o Dr. Rosen, que sorria para mim. Uma semana antes, ele tinha me perguntado quais eram minhas comidas preferidas e respondi com uma crise de choro. Os alimentos surgiam em minha mente, mas as palavras ficaram presas como imagens em meu cérebro.

Lembrei-me da primeira vez que fui tratar a bulimia, de como me agarrei às dezenas de regras para não voltar a me empanturrar e vomitar. Não comia açúcar, farinha, trigo, milho, banana, mel ou batatas. Não comia entre as refeições ou depois das 21 horas. Nunca repetia e nunca comia em pé. Logo depois que comecei a recuperação, fui com meus pais de Dallas a Baton Rouge para a formatura de meu irmão, e meu pai parou para o almoço na Lea's Lunchroom em Lecompte, Louisiana — o restaurante de tortas preferida de meus pais. As únicas coisas que tinham no cardápio eram sanduíches de presunto curado no mel e quatro tipos de torta. Perguntei à garçonete se eles poderiam pegar a alface americana picada dos sanduíches de presunto e me fazer uma salada. “Não podemos”, respondeu. Faminta, pedi dois sanduíches de presunto e comi a alface com sal e pimenta, deixando o presunto e o pão de lado. Meu prato parecia o cenário de um crime. Fiquei olhando enquanto meus pais comiam seus sanduíches de presunto e dividiam duas fatias de torta, uma de chocolate, outra de limão. Eu não sabia como pedir que me levassem a um lugar onde tivesse algo que eu pudesse comer. Não sabia como explicar minha crença de que seguir aquelas regras alimentares me manteria viva. Tudo o que sabia fazer era ficar sentada na cadeira e sorrir como uma idiota enquanto meu estômago vazio roncava e implorava que eu pegasse um garfo e o enchesse de torta.

No grupo, o Dr. Rosen usava metáforas alimentares comigo desde o primeiro dia, mas o jantar na casa dele não era uma metáfora: era ele e sua esposa alimentando e abençoando a mim e John. Ele queria me alimentar exatamente do que eu desejava. Com meus alimentos preferidos. No grupo, Rory me pediu para fechar os olhos e gritar minhas comidas preferidas. Fechei os olhos com força e grudei os punhos nos olhos, sussurrando:

— Nabo. Manga. Salmão. Batatas.

A Sra. Rosen serviu uma sopa de cenoura de um laranja vivo com um monte de creme derretido no centro. Misturei com a colher e o creme dissolveu. Era sofisticado e natural. O Dr. Rosen listou os ingredientes de cada prato, mesmo que eu já tivesse abandonado quase todas as minhas regras alimentares. O salmão estava perfeitamente rosado, e as batatas tinham um toque de alecrim e sal. Depois de comermos, enquanto tiravam a mesa, o Dr. Rosen e a esposa conversavam baixinho em outra língua que parecia meio russo, meio hebraico.

Não me lembro de ter dito uma única palavra sequer durante toda a noite, embora deva ter dito algo. Estava dominada pelas sensações: minha dor de cabeça latejante, os sabores em minha boca, a mão de John em minha perna, a sensação de querer chorar sem motivo algum exceto pela noite estar sendo adorável, pelo jantar ser delicioso, pela ocasião tão improvável. Lembro-me de que parecia que a Sra. Rosen era quem estava no comando, quando disse a ele onde encontrar as colheres de prata para o chá e a faca para os queijos. Que coisa louca ver alguém mandando e desmandando em meu terapeuta! Mal podia esperar para contar a Max.

Para a sobremesa, o Dr. Rosen trouxe para o centro da mesa uma tábua de madeira com queijos duros, uvas e frutas secas. Coloquei uma uva na boca. Sua doçura úmida afastou um pouquinho minha dor de cabeça. Os últimos raios de sol brilhavam pela janela desenhando sombras na mesa. O Dr. Rosen disse que às vezes eles viam cervos em seu quintal arborizado. Meu corpo estava satisfeito. Estava muito bem alimentada e pronta para ir para casa.

Voltando do subúrbio para Chicago, reclinei o assento e liguei o ar-condicionado no máximo, desejando o vento no rosto. Chorei pelos trinta e poucos quilômetros que nos levavam de volta à cidade. John segurou minha mão.

— Isso está mesmo acontecendo?

John segurou minha mão com mais força.

— De onde você veio? — perguntei, chorando um pouco mais.

Chorei a cada quilômetro, desaguando sentimentos.

— Não acredito que esteja acontecendo. Como vim parar aqui?

John continuou segurando minha mão conforme o horizonte urbano brilhava além do para-brisa.

— Estou com medo — confessei, quando chegamos a minha casa.

— De quê?

— De você.

Ele arqueou as sobrancelhas e sorriu.

— Agora estamos presos um ao outro. Sinto uma solidão estranha. Não sei muito bem onde estou.

John apertou minha mão, como se compreendesse.

Pensava que, uma vez noivos, ficávamos repletos de certezas e felicidade em relação à pessoa com quem nos casaríamos e com a vida que estávamos construindo. Pensava que encontrar o homem com quem iria me casar curaria minha profunda solidão. Mas não sentia a felicidade pura. Sentia sussurros de medo e solidão. Eu ainda era eu.

— Por todos esses anos, eu era a pessoa mais solteira aonde quer que fosse. Nos grupos, na faculdade, entre meus amigos do Texas, com a família. Christie, sem vínculos, solteira, apenas Christie. Eu detestava esse papel, mas, agora que ele não é mais meu, sinto que estou em queda livre. Como se estivesse perdendo algo. Parece que não sou mais especial agora que não estou chorando por todas as esquinas de Chicago por causa da porcaria da minha vida amorosa e meus fins de semana vazios. Agora sou como todo mundo. Isso faz algum sentido?

Para onde foram as maçãs? Os vermes? A toalhinha lilás que despedacei? Quem eu era agora? Onde estava minha velha eu?

John fez um carinho em minha bochecha.

— Você ainda chora mais do que a maioria das pessoas. Acho que isso nunca vai mudar.

40

Faltavam algumas horas para Barack Obama vencer a eleição para 44º presidente dos Estados Unidos. Todo mundo em Chicago estava doido — as pessoas saíam exultantes de seus escritórios rumo ao Grant Park, esperando que ele ocupasse o pedestal de presidente eleito. Raj passou a cabeça pela porta de minha sala por volta das 16 horas e me ofereceu um ingresso que tinha sobrando para o comício. Recusei, embora eu e John tivéssemos feito campanha para Obama no Wisconsin e estivéssemos embriagados de alegria com a vitória. Não estava me sentindo eu mesma fisicamente, e isso já fazia alguns dias. Naquela tarde, tive que desligar meu microfone no meio de uma conferência on-line porque estava prestes a explodir com um advogado oponente que insistia que nosso cliente deveria ser responsabilizado por fraude. Dei um soco tão forte na mesa que meu grampeador quase caiu. Uma hora depois da conferência, estava tão cansada que apoiei a cabeça na mesa e dormi por vinte minutos. Achei que fosse uma gripe e tinha certeza de que, se fosse ao Grant Park naquela friagem de novembro, acabaria internada no hospital com mononucleose.

Naquela noite, eu e John pedimos comida e esperamos o discurso de Obama. As câmeras de televisão registravam a multidão a menos de 10 quilômetros de nossa casa, e me arrependi por não estar lá. John viu amigos da época da faculdade a 1,5 metro de Oprah.

— Poderia ser a gente! — comentei.

O que havia de errado comigo? Era a noite mais memorável de minha vida e preferi ficar no sofá, sem sutiã, comendo uma salada Cobb, os pés apoiados sobre duas caixas da Crate & Barrel — presentes de casamento adiantados da tia de John.

O rosto de McCain ocupou toda a tela: era hora de ele reconhecer a derrota. Ao seu lado, sua esposa, Cindy McCain, estava com um penteado perfeito, vestindo um terninho amarelo. Não estava torcendo para McCain, mas, quando ele colocou a mão sobre o peito e se despediu de seus apoiadores, comecei a chorar, de soluçar. Debaixo de nosso cobertor vermelho de chenille novo, chorei por John McCain como se ele fosse meu amigo mais querido. Não conseguia conter as lágrimas, não importava o quanto tentasse me convencer de que McCain reencontraria a felicidade.

A próxima coisa de que me lembro é sentir John mexendo em meu ombro.

— Você não vai querer perder isso — disse, aumentando o volume.

Levantei a cabeça. Onde eu estava?

— Você estava chorando por causa do McCain e acabou pegando no sono.

Maravilhados, assistimos ao discurso de Obama. E mais uma vez comecei a chorar. Mas, dessa vez, de pura alegria.

Na noite seguinte, caí no sono logo depois do jantar, apenas para me flagrar encarando o teto do quarto às duas horas da madrugada. John se mexeu e abriu os olhos. Disse a ele que eu precisava fazer xixi.

— Já que vou até lá, vou fazer um teste de gravidez.

Ele riu e me desejou sorte, como se eu estivesse brincando.

Agachei e pesquei sob a pia a caixinha roxa com o teste de farmácia. Tínhamos transado sem camisinha no 14º dia do meu ciclo, então era possível. Porém, tantas mulheres que eu conhecia enfrentavam dificuldade para engravidar, mesmo fazendo tratamento, que eu achava não ter a menor chance. Meu ginecologista me alertou de que poderia levar um tempo, porque eu já tinha mais de 35 anos. Fiz xixi no palitinho de plástico e voltei para a cama.

— E aí? Tem um pãozinho no forno? — perguntou John em um tom bem-humorado, mas de brincadeira.

— Gêmeos, provavelmente. Vamos precisar de uma casa maior.

Depois de três minutos, cutuquei-o com o cotovelo.

— Vai lá dar uma olhada.

Eu não queria sair de debaixo do casulo de cobertores para ver um resultado negativo. Virei o travesseiro para apoiar a cabeça do lado fresco. Ouvi John fazendo xixi e, depois, silêncio. Ele passou pelo batente, a cabeça iluminada por trás pela luz do banheiro, o rosto na sombra.

— Acho que tem duas linhas aqui...

— Tem sim, com certeza.

Eu sequer tinha certeza de que minha menstruação estava atrasada. Perdi a conta porque em outubro precisei sair da cidade para ajudar Jack nas negociações de um novo caso. Aconcheguei-me ainda mais sob os cobertores e esperei John se aproximar, mas ele ficou parado na porta do banheiro, olhando para o teste de gravidez. Ele estava falando sério. Chutei os cobertores e pulei para pegar o teste das mãos dele.

Duas linhas, brilhantes como listras em uma bala de menta, aparecendo no meio do pequeno círculo.

Gritei e dancei de alegria. Um bebê! Um bebê! Um bebê!

Listras mentoladas da sorte. Que sorte a nossa.

41

Você já deve ter ido a um casamento. Já viu vestidos de cetim perolados, gravatas pretas, madrinhas cobertas de joias. Já ouviu quartetos de cordas e votos cheios de sentimento. Sabe como é: procissão com música, leituras, votos e um pronunciamento em nome do Estado.

Meu casamento com John não foi nada assim. Imagine:

Eu e minhas seis madrinhas, quatro delas pacientes do Dr. Rosen, correndo pelo Chicago Millenium Park para que o fotógrafo pudesse nos fotografar na frente do "The Bean" antes do pôr do sol. A gente se agitando pelo lobby de um prédio comercial com espelhos hexagonais no teto, rindo e deixando o fotógrafo desnorteado.

— Vamos ver meu terapeuta!

Eu, grávida de seis semanas, usando um salto alto de tiras brancas e um vestido justo em cima, devido à quantidade de carboidratos que comi no primeiro trimestre.

O Dr. Rosen todo arrumado em seu terno cinza e sapatos pretos engraxados abrindo a porta para um grupo de sete mulheres escandalosas, como se ele fosse um rockstar e nós tivéssemos ido até o camarim só para tietá-lo. Ele sorrindo e nos conduzindo para dentro da sala que eu conhecia melhor do que qualquer outro lugar no planeta, com a luminária frisada no canto de trás, a mancha de café ao lado da janela, as pequenas persianas tortas. Ele arrumando as cadeiras em círculo — como se fosse uma sessão, só que era sábado à noite e faltavam noventa minutos para meu casamento. Ele sentado na cadeira de sempre e nos convidando a fazer o mesmo. Perguntando-me se eu estava pronta.

— Sim, estou!

Eu fechando meus olhos e respirando fundo enquanto a náusea dos primeiros meses de gravidez percorria meu corpo.

— Esqueci meus biscoitos! — contei, em pânico.

O Dr. Rosen saindo pela porta e voltando com um copo vermelho de plástico cheio de leite e cereal — com aveia, frutas e frutas secas.

— É isso o que você come antes das sessões? — pergunto. — Você tem cara de quem gosta mais de torrada!

John e eu, parados em um canto da sala antes da cerimônia. Nós nos abraçando e nos entregando à cena que nos cerca. Todo o amor que meu coração marcado pode guardar entre seus músculos esticados. Nós dois caminhando juntos pelo corredor — nada de meu pai me entregar a ele, apenas nossa escolha, aceitação, comprometimento. Nós prometendo construir um lar e uma vida juntos, com o apoio das pessoas que nos amam. Falando sobre a existência de nossa família.

Nós apresentando nossos votos diante das testemunhas. Eu apoiando a palma das mãos na barriga, e o coração de nosso bebê a um ritmo de 175 batimentos por minuto.

Você já deve ter ido a festas de casamento. Já sabe dos arranjos de mesa, das capas de cadeira, da caligrafia dos convites. Provou canapés com cogumelos e queijo brie, espumante e bolo com cobertura branca. Ouviu os brindes ao novo casal e os primeiros acordes de "Brown Eyed Girl".

Nossa festa de casamento não foi nada assim. Imagine:

Na mesa 5, o Dr. Rosen e a esposa acompanhados de Max, Lorne, Patrice e seus respectivos cônjuges. Na mesa 6, as mulheres do grupo de terça-feira à tarde. Na mesa 7, Rory, Marty e Carlos se servindo de peixe e massa. Cada um deles me abraçando ao longo da noite, desejando felicidades e me apertando com força — como sempre fizeram.

No departamento dos milagres, imagine Reed e sua esposa, Miranda, vindo em minha direção depois do segundo prato.

— Parabéns — dizem ambos.

Eu os abraçando, perplexa com o que o coração humano é capaz de fazer — como pode se surpreender e se deleitar, como pode se regenerar, perdoar e reconectar depois de atravessar oceanos de dor e abismos de solidão.

— Obrigada por virem. Significa muito para mim.

A maioria dos casamentos são uma mistura de famílias, como meu clã texano e a família judia da Costa Oeste de John. Todas as pistas de dança, em todos os casamentos, são um borrão de corpos, alguns que pertencem a um lado, alguns, a outro. Quando os parentes de John me colocaram sobre uma cadeira e me levantaram sobre suas respectivas cabeças para a *hora*, pude ver nossa festa de cima. Meus pais e irmãos batendo palmas, absorvendo um costume que não fazia parte da vida deles. O Dr. Rosen e sua esposa em meio aos pacientes, unidos de braços dados enquanto nos rodeavam e cantavam uma canção que conheciam de cor. O irmão, os pais e os primos de John agitando os guardanapos no ar. Enquanto "Hava Nagila" tocava, aquela cena caótica e adorável se tornou um mosaico de rostos adoráveis e braços que seguravam a mim e John no alto.

Nas semanas que antecederam o casamento, perguntei ao Dr. Rosen se ele dançaria comigo na festa. Queria homenagear todo o trabalho que ele fizera no grupo, que tornou possível minha vida com John e nosso bebê.

— Não quero tomar o lugar de seu pai.

— Não se preocupe. É lógico que vou dançar com meu pai. Nossa dança pode ser depois, uma valsa tradicional entre paciente-terapeuta no meio da recepção.

— Fale sobre isso nos grupos.

Quanto mais eu discutia o assunto, mais queria aquela dança. Queria comemorar que fui a centenas de sessões de terapia e não era mais uma mulher isolada sem nada além de horas úteis no futuro. Depois de tanto choro e ranger de dentes, de tanta destruição e tantos berros, era hora de dançar.

Eu queria dançar.

Logo depois que fiquei noiva, Clare me perguntou se eu achava que em algum momento acabaria com John mesmo se não tivesse frequentado o grupo por tanto tempo.

— Duvido — respondi, mas o que queria mesmo ter dito era: "Nem fodendo!"

Imagine escutar os primeiros acordes da famosa canção de *Um violinista no telhado* — aquela em que o pai canta a passagem veloz do tempo e o florescimento das sementes em girassóis. Imagine eu conduzindo meu terapeuta da cadeira ao lado de sua esposa à pista de dança. Ele rodopiando para a esquerda, para a direita, e logo depois nenhum rodopio por causa do enjoo de primeiro trimestre, que não demora a aparecer. A pista de dança repleta de meus colegas de grupo, atuais e passados, que sabiam exatamente o que aquele momento significava para mim e, talvez, para o Dr. Rosen. A música terminou, ele me cumprimentou com mais um *Mazel Tov*.

— Obrigada por tudo. Nos vemos na segunda — respondi.

Porque esta história não termina com um casamento.

No dia seguinte, John e eu nos despedimos de nossas famílias, que foram para o aeroporto. Flocos de neve caíam devagar por toda a tarde, e o sol do fim de novembro sequer fingia brilhar. Em casa, nós dois afundamos na cama, rodeados de presentes e restos de bolo. Os olhos pesados de John não resistiram ao sono, mas eu não conseguia sossegar. Pesquei as rosas de buttercream da cobertura e enfiei na boca. Liguei para Rory, e depois para Patrice.

— E agora? — perguntei a elas. — Estou me sentindo estranha e, eu sei, estranha não é um sentimento.

Amava John e estava feliz por ter me casado, mas também me sentia solitária, ansiosa e exausta. Estranha. Como se quisesse berrar para os pedaços de bolo de casamento.

As duas responderam justamente o que eu imaginava.

— Converse com o grupo.

Todos ocupavam as cadeiras de sempre. Meu corpo ainda tremia com o excesso de adrenalina do fim de semana tomado por familiares, amigos, alegria e bolo. Ainda estava em choque com a gravidez e zonza de amor por nosso pequeno feto.

Max iniciou a sessão perguntando por que o DJ caprichara tanto na hora que dancei com o Dr. Rosen. Patrice perguntou se minha irmã tinha gostado do passeio pelo consultório antes da cerimônia. Brad e Lorne tiraram sarro do corte do paletó do Dr. Rosen e Vovó Maggie elogiou o vestido cor de vinho tinto da Sra. Rosen.

Depois, simples assim, seguimos adiante. Lorne contou as novidades sobre a ex-mulher e as crianças, e discutimos se Max deveria insistir na possibilidade de um novo trabalho. O Dr. Rosen foi direcionando o olhar para cada um enquanto os demais se ofereciam por inteiro um ao outro. Senti o coração batendo forte — sua superfície arranhada protegendo câmaras, ventrículos, átrios, válvulas, aorta. Coloquei as mãos sobre o peito e ouvi a canção de meu grupo.

Epílogo

Dez anos depois

Antes de me esgueirar para o andar de baixo, dei um beijinho na testa de minha filha.

— Tchau, mamãe — sussurrou, sem nem abrir os olhos. — Nos vemos à noite.

No quarto ao lado, meu filho caçula continuava a dormir profundamente mesmo depois de eu mexer em seu cabelo e o beijar na bochecha. Eles sabem que vão se levantar e não vão me ver nas manhãs de segunda-feira. Sabem que tenho um compromisso com o Dr. Rosen e já têm idade suficiente para ficarem curiosos: "Por que você vai lá?", "O que vocês fazem?", "Você queria ter o Dr. Rosen só pra você?". Não sei o que imaginam quando conto que fico sentada, formando um círculo com o Dr. Rosen e meus colegas do grupo — pessoas que eles conhecem desde que nasceram —, e que falamos e ouvimos, às vezes choramos e gritamos. E não, eu jamais trocaria minhas sessões em grupo por individuais. Às vezes, nas segundas-feiras após o jantar, meus filhos perguntam sobre Patrice ou Max. Dou um sorriso ao pensar que meus filhos imaginam meus colegas dos grupos, assim como sempre faço.

Na cozinha, guardo o almoço em uma bolsa térmica e corro para a porta para não perder a hora. Enquanto o trem de 6h55 se aproxima do centro, penso nas questões que discutirei no grupo. Deveria contar sobre as discussões que eu e John tivemos das últimas vezes que ele voltou de viagens a trabalho, enquanto arrastava a mala pela entrada, e as crianças o cercavam, abraçando-o e mostrando seus trabalhos de arte, o que aprenderam a soletrar e os novos passos de dança. Ele tirava o casaco e dava toda a atenção a elas, fazendo *ooohs!* e *aaaahs!*, exibindo todo o amor que sentia para elas. Era lindo ouvir aquele reencontro da cozinha, onde eu estava lavando a louça do jantar ou preparando o almoço para o dia seguinte. Eu conhecia aqueles corações — eles eram meus, e uns dos outros. A briga vinha mais tarde, depois de John ter lido para eles e conferido a lição de matemática, depois de nossos filhos terem pegado no sono. Acontecia quando ele desmoronava na cama e eu começava a contar sobre um desentendimento no trabalho ou sobre o desprezo de um colega. John se esforçava para manter os olhos abertos, mas acordara às cinco horas da manhã, comparecera a várias reuniões, cruzara o país e dera atenção para as crianças até a hora de elas dormirem. Seu rosto abatido contava a história dos milhares de quilômetros viajados. Racionalmente, eu sabia que ele devia estar cansado até os ossos, que o sono o estava arrastando pelos tornozelos para um merecido descanso. Mas também queria ser ouvida. Queria que ele guardasse para mim um pouco daquela energia toda. O Dr. Rosen perguntou como eu me sentia.

— Distante de John e envergonhada por ter ciúmes de meus filhos — confessei.

Max abria um sorriso maldoso.

— Era essa a vida que você queria, lembra?

Em seguida, o grupo oferecia sugestões de como eu e John poderíamos nos reconectar quando ele chegasse em casa sem ignorar suas limitações físicas ou as necessidades das crianças. Alguém iria sugerir que marcássemos um encontro sexual para o dia seguinte de sua volta.

Também poderia contar ao grupo sobre a conversa que tivera com meu supervisor na sexta-feira.

— Me esforço pra caramba e faço um ótimo trabalho — dissera eu. — Não preciso de mais dinheiro ou de uma sala maior, mas um agradecimento cairia bem.

Tinha arquivado um número recorde de petições nos trinta dias anteriores e queria um reconhecimento. Brad aprovou o que fiz e me incentivou a pedir a sala maior. E um aumento. Patrice me deu um *high-five* por eu expor o que queria. No trabalho, é difícil para mim estabelecer limites e dizer "não" quando me pedem tarefas ingratas sem nenhum retorno positivo perceptível, mas pelo menos dessa vez tinha pedido reconhecimento.

O grupo também se divertiu com o show que acontecera em minha casa no fim de semana. Meus filhos tinham um recital de piano, atividade que classificavam como pior do que escovar os dentes e tomar vacina para gripe. Quando chegou a hora de sair, as crianças protestaram vestindo shorts rasgados e blusas de pijama. John e eu explicamos que o evento pedia roupas um pouco mais formais, enfatizando que deveríamos respeitar os outros estudantes, a professora e todo o trabalho que tiveram para se preparar.

— Pensem nas dezenas de vezes que vocês ensaiaram "When the Saints Go Marching In".

Eles reagiram batendo os pés e as portas. Recusaram-se a andar ao nosso lado na rua. Eu tinha certeza de que receberia uma cartinha à mão, como a que recebi quando não permiti que comprassem balas a granel: "Querida mamãe, obrigada por arruinar nossa vida." Mas não havia tempo para pegar papel ou caneta. Contei ao grupo como tento dar vazão às intensas emoções de meus filhos, em vez de insistir que eles as guardem para si, em seus pequenos corpinhos. Na verdade, canalizei o Dr. Rosen por uns bons vinte minutos antes de perder a compostura e rosnar, entre dentes, para eles pararem já com aquela cena. Chegamos ao recital atrasados e furiosos.

A raiva alheia ainda me assusta, mas sei que faz parte da intimidade. Sei que não há problemas em permitir que se manifeste. E respiro o mais fundo que posso, esperando que passe.

Todos os meus impulsos mais básicos ainda vivem dentro de mim, em modo de espera. Impulsos para manter em segredo minha relação para sempre conturbada com a comida; para demonizar John por tomar a decisão racional de colocar a energia na paternidade depois de alguns dias longe de casa. Impulsos para mergulhar no desespero vertiginoso em vez de respirar fundo e sentir a verdadeira emoção que está tentando vir à tona; para engolir a frustração e a sensação de ser invisível no trabalho em vez de ter uma conversa razoável sobre o que estou pensando e sentindo, o que quero e preciso; de fazer qualquer coisa para impedir que os outros sintam raiva de mim. Ainda preciso de ajuda para não ceder a todos esses impulsos. Preciso de ajuda para descobrir as palavras que descrevam meus sentimentos com exatidão. Dizer a verdade sobre meu desejo, mesmo que às vezes ele me envergonhe. Lidar com os sentimentos intensos dos outros. E com os meus.

Às vezes eu encontro ex-pacientes do Dr. Rosen.

— Você *ainda* está com o Dr. Rosen? — perguntam.

— Sim, sou uma das eternas — respondo, querendo explicar que não continuo com ele por ser um caso perdido ou viver em crise.

Tenho as conexões que desejava quando entrei pela primeira vez no consultório do Dr. Rosen, agora precisava de ajuda para aprofundá-las. E passei a ter novos sonhos: uma vida mais criativa; um relacionamento mais próximo com meus filhos conforme eles passam pela escola, pelo ensino médio e tudo o mais; um caminho agradável por entre o caos iminente da menopausa; e o estresse de cuidar de pais idosos que vivem a três estados de distância. O Dr. Rosen e o grupo me guiaram por meio das questões do início da vida adulta. Por que não me guiariam pelas da meia-idade? Não continuo merecendo apoio, testemunhas e um local para expor minha confusão, mesmo que já não arranque os cabelos e não saia mais dirigindo por aí desejando que uma bala perdida acerte minha cabeça? E o que dizer sobre meu amor e apego a meu terapeuta e meus colegas? Por que abriria mão disso só porque nossa cultura afirma que a terapia deveria nos deixar em pé sozinhos em trinta sessões ou menos? O Dr. Rosen nos oferece um cargo de titulares, se quisermos. Eu quero.

Depois de desembarcar do trem, caminho dois quarteirões até o consultório. Chegando lá, vejo o rapaz novo que entrou no grupo há mais ou menos um ano. Tem seus trinta e poucos anos e é um médico brilhante que fala seis idiomas e está cansado de viver sozinho. Ele não tem amigos próximos em Chicago para encontrar nos fins de semana, e sua especialidade é se apaixonar por mulheres que somem depois do segundo encontro. No grupo, ele se desespera achando que nada vai mudar em sua vida. Tem medo de nunca constituir a própria família, e diz que já é tarde para isso. Pego emprestado os movimentos de meus colegas de grupo, que me consolaram por tantos anos. Dou tapinhas em seu braço quando ele compartilha a dor de ter as mensagens ignoradas mais uma vez, por outra mulher. Digo palavras de consolo quando ele nos conta que fez algo que não queria para conquistar o afeto de uma mulher que não está disponível. "Isso já aconteceu comigo. Também fiz isso. Você já ouviu sobre o pau sujo que eu chupei?" Atendo aos telefonemas dele nas manhãs de domingo ou nas noites de terça-feira, quando ele se dobra sob o peso da própria solidão. Digo-lhe que não tenho dúvida de que está no caminho certo para transformar a própria vida. No grupo, quando o Dr. Rosen garante a ele que frequentar as sessões e conversar é suficiente, ele olha para mim, e concordo com a cabeça.

— É suficiente. Prometo.

Agradecimentos

Enquanto eu escrevia este livro (e os outros quatro que vivem em meu computador), pensava no "mercado editorial" como um grupo de nova-iorquinos terríveis e elegantes com franjas à la Anna Wintour e roupas da Barneys ou de lojas chiques que nunca ouvi falar ou cujo nome sequer saberia pronunciar. Nunca imaginei o rosto, o corpo e o coração das pessoas que um dia me abririam as portas. Agora, jamais pensarei no meio editorial sem pensar em quem de fato tocou neste livro e mudou minha vida para sempre. São mentes audazes e corações generosos que se dedicaram em uma época angustiante e incerta para todo o planeta. Eles também têm nomes. Obrigada a Lauren Wein, pela edição cuidadosa e por todas as vezes que me salvou de escolhas bastante ruins, principalmente nas cenas de sexo. Obrigada a Amy Guay, Meredith Vilarello, Jordan Rodman, Felice Javit, Morgan Hoit e Marty Karlow, por emprestarem todo o seu talento e trabalho a estas páginas.

Obrigada a Amy Williams, por sempre me fazer rir enquanto também trocava tantas vezes de papel: agente, irmã mais velha, mãe, amiga, companheira de viagem. É muita sorte tê-la em minha equipe.

Este livro jamais existiria se não fossem o oceano de amor e apoio de Lidia Yuknavitch e seu programa Corporeal Writing. Os escritores cuja compreensão da história e do corpo mudou o rumo deste livro e de minha vida incluem estas parteiras: Mary Mandeville, Tanya Friedman,

Lois Melina Ruskai, Anne Gudger, Jane Gregorie, Anne Falkowski, Emily Falkowski, Kristin Costello, Helena Rho e Amanda Niehaus. Um agradecimento especial a Zinn Adeline, que contribuiu com sua leitura cuidadosa e comentários incisivos, especialmente quando disse que minhas piadas interferiam na condução da história real.

Obrigada a Tin House, por me colocar em contato com a generosa — e talentosa — Jeannie Vanasco no inverno de 2019. E um agradecimento especial a meus colegas de oficina: Wayne Scott, Sasha Watson, Melissa Duclos e Kristine Langley Mahler.

Minha irmã de alma, que me inspira todos os dias como escritora, mãe, filha, esposa, criadora de podcasts, advogada e tudo o mais que vier: Carinn Jade.

Muito tempo atrás, comecei a escrever com um grupo de escritores malucos que me ensinou sobre voz, ganchos, arcos e aspectos do ofício que pulsavam em meus ossos, mas que eu tinha muito medo de praticar. Obrigada a toda equipe do Yeah Write: Erica Hoskins Mullinex, William Dameron, Mary Laura Philpot e Flood. Obrigada a meus primeiros grupos de escrita, que tiveram que sobreviver arduamente a rascunhos torturantes: Sara Lind, Samantha Hoffman e Mary Nelligan.

Gratidão não é dívida, mas não consigo evitar a sensação de que devo muito aos escritores e amigos que leram as versões deste livro, alguns mais de uma vez: Krista Booth, Amy Liszt, Andrew Neltner. Uns santos — é isso o que vocês são. Joyce Polance leu inúmeros rascunhos e sempre esteve disponível para conversas sobre a dor e o êxtase de tentar acertar uma história. Este livro não existiria sem sua generosidade, sua sabedoria e seu apoio. Frank Polance também foi muito legal.

Muito obrigada a todas as babás que tivemos ao longo dos anos, cuja presença tornou possível, para mim, a escrita deste livro. Obrigada a Sabrina, Tiffani, Christian, Brittney, Molly, Hailey, Mattie, Kathi, Dayane e Gesa.

Obrigada a Irvin Yalom, cujo trabalho de vida possibilitou que uma mulher como eu pudesse obter ajuda na terapia em grupo e depois contasse ao mundo como foi.

Um agradecimento especial a Marcia Nickow, doutora em psicologia, que leu o primeiro esboço e me incentivou a seguir adiante. O compromisso e a crença de Sara Connell no poder da escrita trouxeram um prazer imenso e uma grande alegria ao fim deste projeto. Gratidão eterna à Dra. Dana Edelson, por separar um tempo para me ajudar a revisar este livro.

Tenho certeza de que meu terapeuta sabe o quanto sou grata, mas vou repetir: ao longo desses anos, te dei dinheiro suficiente para comprar um iate de luxo, mas você me deu toda uma vida — acho que estamos quites.

Meus companheiros de grupo aguentaram tanta merda vinda de mim por todos esses anos. Amo-os do fundo de meu coração. Menção especial a meus favoritos: R. S., T. L., C. C., D. E., J. T., S. M., K. S., M. N., J. S., K. B. B., J. P., C. G., A. R., B. A., S. M., S. N. e S. K. E a M. C., que não está mais entre nós, mas cujos amor e sabedoria continuam a me guiar e confortar.

Obrigada a cada um que compartilha sua história de recuperação, tanto dentro como fora das reuniões de Doze Passos. Significam muito para mim. Serei sempre grata a Dax Shepard, por seu compromisso com a honestidade e com a verdade sobre vício e etilismo tantas vezes por semana em seu podcast *Armchair Expert*.

Quando meus pais ficaram sabendo deste livro, disseram as palavras que todo escritor deseja ouvir de seus pais: "Esta é sua história. Você tem o direito de contá-la como quiser." Sou grata por todos os anos de apoio e todos os presentes que me deram.

A Doug e Alex Tate, por seu apoio e entusiasmo, que espero nunca menosprezar. Sou grata por fazermos parte da mesma família.

Obrigada a Leslie Darling, Michael Lach, Keme e Jamail Carter, Thea Goodman, Marc Dubin, Caroline Chambers, Betty Seid, Maria Tamari, Davey Baby, Carol Ellis, Karen Yates, Steve e Celia Ellis, e ao The Writing by Writers Program.

Meus filhos ficarão perplexos se algum dia lerem este livro. Ninguém quer saber sobre a vida sexual da mãe. A boa notícia é que deixo para eles um amplo material para as próprias sessões de terapia. Obrigada por me fazerem mãe. Estar presente e amar e ser amada por eles são as razões pelas quais continuo em recuperação e na terapia.

Por fim, para o homem que tem mais paciência e talento do que qualquer um que conheço. Obrigada por me amar e por incentivar minha história e minha voz. Sinto-me muito sortuda, todos os dias. Todas as pessoas que vão à terapia em busca de um relacionamento sonham com alguém tão bondoso e firme como você. Obrigada por estar no fim deste livro e em meus dias mais felizes.

Este livro foi composto na tipografia Life LT Roman,
em corpo 10,5/15,5, e impresso em
papel off-white no Sistema Cameron da
Divisão Gráfica da Distribuidora Record.